KU-751-446

Ciro Massimo Naddeo • Euridice Orlandino

DIECI
lezioni di italiano

corso di lingua italiana per stranieri

A2

ALMA
Edizioni

redazione: Diana Biagini

apparati
test, progetto, fonetica: Euridice Orlandino
cultura: Ciro Massimo Naddeo, Euridice Orlandino
grammatica, vocabolario, esercizi: Diana Biagini

videocorso (script e attività): Marco Dominici

copertina e progetto grafico: Lucia Cesarone

impaginazione: Sandra Marchetti

illustrazioni: Manuela Berti

I crediti delle immagini sono riportati all'indirizzo www.almaedizioni.it/dieciA2/crediti

Un grazie a tutti i consulenti scientifici, i collaboratori, gli insegnanti, gli studenti, le scuole e le istituzioni che ci hanno aiutato in questo progetto. Un ringraziamento particolare a Giovanna Rizzo, Anna Colella, Anna Barbierato, Danila Piotti, Francesca Branca, Giuliana Trama, Giorgio Massei, Rosella Bellagamba, gli insegnanti e gli studenti della scuola Edulingua di San Severino Marche (Italia), Andrea Moro, Isabella Munari e gli studenti della scuola Come mai di Madrid (Spagna).

© 2019 ALMA Edizioni
Tutti i diritti riservati

Printed in Italy
ISBN 978-88-6182-633-5
Prima edizione: dicembre 2019

ALMA Edizioni
Viale dei Cadorna, 44
50129 Firenze
alma@almaedizioni.it
www.almaedizioni.it

L'Editore è a disposizione degli aventi diritto per eventuali mancanze o inesattezze. I diritti di traduzione, di memorizzazione elettronica, di riproduzione o di adattamento totale o parziale, con qualsiasi mezzo (compresi i microfilm, le riproduzioni digitali e le copie fotostatiche), sono riservati per tutti i Paesi.

INDICE

INDICE

INDICE

DIECI è un manuale diverso dagli altri. Perché?

1 Perché ha una struttura agile e innovativa

DIECI A2 comprende **10 lezioni**, oltre a una **lezione 0 di ripasso** sui contenuti del volume precedente. Ognuna è composta da una pagina introduttiva **1** di presentazione del tema e da **4 sezioni** su doppia pagina affiancata. **1A 1B 1C 1D**

Le sezioni, anche se collegate tematicamente, prevedono **percorsi autonomi** che l'insegnante può completare in uno o due incontri.

Gli elementi grammaticali e lessicali più importanti di ogni sezione sono indicati nella parte alta della pagina.

Alla fine di ogni sezione si rimanda alle relative **schede di GRAMMATICA e VOCABOLARIO** con esercizi sugli elementi grammaticali e lessicali presentati. Lo studente può così esercitare ciò su cui ha appena lavorato.

2 Perché ha i testi parlanti

testo parlante ▶

Oltre agli audio dei dialoghi, ogni lezione propone un **TESTO PARLANTE**: una lettura ad alta voce di un testo scritto della lezione.

In un momento successivo al lavoro in classe, lo studente può così tornare su un testo già noto e concentrarsi su intonazione e pronuncia, scoprire ulteriori sfumature di significato, rinforzare la memorizzazione di vocaboli, espressioni o costrutti.

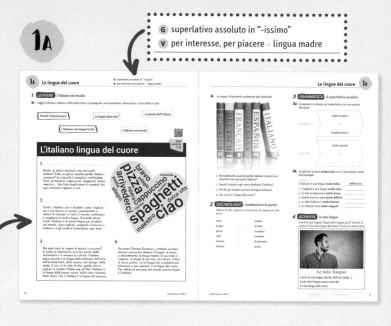

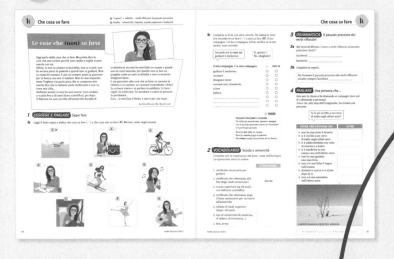

ITALIANO IN PRATICA

ASCOLTO IMMERSIVO©
Inquadra il QRcode a sinistra o vai su
www.almaedizioni.it/dieciA2, chiudi
gli occhi, rilassati e ascolta in cuffia.

3 Perché presenta la lingua pratica

L'ultima sezione ha un forte **carattere pratico** e permette allo studente di districarsi nelle principali situazioni comunicative previste dal Quadro Comune Europeo di Riferimento per il livello A2.
Si chiama infatti **ITALIANO IN PRATICA**.

4 Perché ha i decaloghi

Alla fine di ogni lezione DIECI propone una **lista riassuntiva** con i 10 elementi lessicali, grammaticali o comunicativi più importanti appena presentati. Un modo efficace per fissare le strutture studiate in classe e un utile strumento di consultazione che lo studente può usare per recuperare parole, forme grammaticali o espressioni.

5 Perché ha l'ascolto immersivo©

Come compito finale, lo studente è invitato ad ascoltare (preferibilmente in cuffia) un audio di durata più lunga che ingloba parti di dialoghi proposti nella lezione appena conclusa. La traccia, accompagnata da una **base musicale**, favorisce una condizione di **"concentrazione rilassata"** e l'**acquisizione profonda** di forme linguistiche, formule comunicative, costrutti analizzati nella lezione.
L'**ASCOLTO IMMERSIVO**©, ideale per lo studio individuale a casa, può essere proposto anche in classe dagli insegnanti interessati a sperimentare nuove tecniche di apprendimento.

Perché è flessibile e adattabile alle diverse esigenze

DIECI ha una struttura che facilita il lavoro degli insegnanti, perché li lascia liberi di decidere di volta in volta se seguire in tutto o in parte il percorso proposto nelle lezioni, in base al tempo e ai bisogni specifici degli studenti.

In particolare la sezione **COMUNICAZIONE** raccoglie le attività e i giochi di coppia o di gruppo, il cui **carattere opzionale** permette di scegliere se adottare una modalità di lavoro più o meno dinamica e di decidere se dedicare più o meno tempo all'approfondimento di determinati argomenti della lezione.

Perché ha un videocorso a puntate

DIECI è accompagnato da un **VIDEOCORSO in 10 puntate**. Si tratta di una vera e propria **sitcom** su una coppia di giovani fidanzati. Gli episodi sono disponibili con o senza sottotitoli.

Perché ha progetti, liste di cultura e test a punti

Ogni lezione di DIECI prevede un **PROGETTO** finale da realizzare in gruppo e una scheda di **CULTURA** che è anche un **vademecum** in 10 punti per scoprire l'Italia, sfatare cliché, evitare malintesi.

Inoltre alla fine di ogni lezione lo studente può verificare le proprie conoscenze con i **TEST** di autovalutazione a punti.

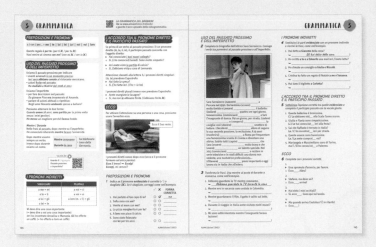

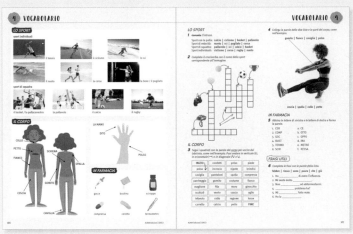

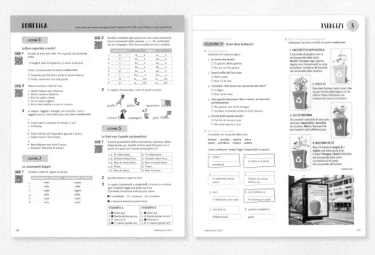

9 Perché ha una grammatica e un vocabolario illustrato con esercizi

Per ogni lezione, **DIECI** propone una doppia pagina di **GRAMMATICA** (e la relativa videogrammatica), con tabelle e spiegazioni a sinistra e esercitazioni a destra.
In questo modo, per ogni regola è possibile visualizzare immediatamente i relativi esercizi.

Anche la sezione di **VOCABOLARIO** è organizzata su doppia pagina affiancata: a sinistra è disponibile un vero e proprio **dizionario illustrato**, con le parole della lezione; mentre a destra sono collocati gli esercizi lessicali.

In aggiunta a questi apparati, **DIECI** propone anche una sezione sulla **FONETICA**, con regole ed esercizi.

Infine, è presente anche un **ESERCIZIARIO** generale alla fine del volume, che segue la suddivisione delle lezioni (A, B, C, D) e propone esercizi di fissazione, rinforzo e ampliamento.

10 Perché ha i fumetti di "Vivere e pensare all'italiana"

Collocato all'interno dell'eserciziario finale, **VIVERE E PENSARE ALL'ITALIANA** presenta divertenti episodi a fumetti ambientati in diverse città italiane. Ogni episodio illustra le vicissitudini di un turista straniero, Val, e del suo amico Piero, che lo aiuta a districarsi in situazioni difficili per chi non conosce la cultura del nostro Paese.

E non finisce qui! Se hai l'ebook puoi fruire di tutti i materiali del corso da computer, tablet o smartphone, sia online che offline.
Con oltre 400 esercizi interattivi e la possibilità per l'insegnante di creare e gestire la classe virtuale, assegnare compiti e monitorare il lavoro e i progressi degli studenti.

vai su www.blinklearning.com

9

ISTRUZIONI UTILI IN CLASSE

IN QUESTO LIBRO TROVI QUESTE ISTRUZIONI:

LEGGI

ASCOLTA

SCRIVI

PARLA

ABBINA

COMPLETA

SOTTOLINEA

LEZIONE
GIOCHIAMO!

0

Qui riattivo quello che so in italiano:
- il vocabolario
- la grammatica
- le espressioni per comunicare

COMINCIAMO

Lavorate in piccoli gruppi. Quali parole italiane ricordate?
L'insegnante dice una lettera dell'alfabeto. Avete 1 minuto di tempo per cercare di scrivere una parola per ogni categoria, come nell'esempio. Una parola = 1 punto. Poi ripetete con altre lettere. Vince il gruppo che alla fine ha più punti.

ESEMPIO:
Insegnante: Lettera *enne*!

VERBI	AGGETTIVI	NOMI DI CIBI E BEVANDE	NOMI DI CITTÀ ITALIANE
nuotare	*nuovo*	*Nutella*	*Napoli*

0 Giochiamo!

GIOCO Una "gara di italiano"

Gioca contro un compagno (o forma un piccolo gruppo e gioca contro un'altra squadra).

A turno, lanciate il dado e rispondete alla domanda nella casella dove arrivate. Se la risposta è giusta, conquistate la casella. Se la risposta è sbagliata, tornate alla casella precedente.

Attenzione: non potete arrivare su una casella già conquistata. Per andare su una casella libera, rilanciate il dado finché necessario.

Vince chi arriva per primo alla fine o chi è più avanti allo STOP dell'insegnante.

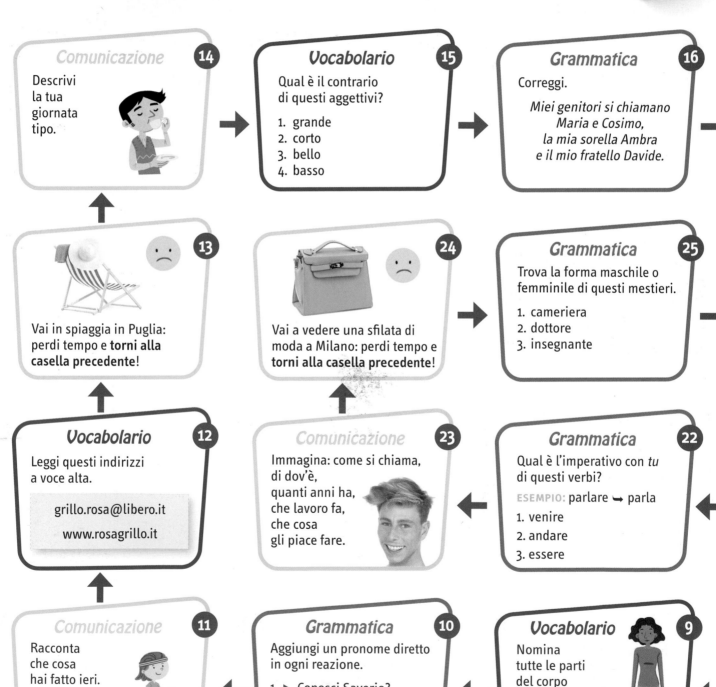

Comunicazione 14

Descrivi la tua giornata tipo.

Vocabolario 15

Qual è il contrario di questi aggettivi?

1. grande
2. corto
3. bello
4. basso

Grammatica 16

Correggi.

Miei genitori si chiamano Maria e Cosimo, la mia sorella Ambra e il mio fratello Davide.

13

Vai in spiaggia in Puglia: perdi tempo e **torni alla casella precedente!**

24

Vai a vedere una sfilata di moda a Milano: perdi tempo e **torni alla casella precedente!**

Grammatica 25

Trova la forma maschile o femminile di questi mestieri.

1. cameriera
2. dottore
3. insegnante

Vocabolario 12

Leggi questi indirizzi a voce alta.

grillo.rosa@libero.it

www.rosagrillo.it

Comunicazione 23

Immagina: come si chiama, di dov'è, quanti anni ha, che lavoro fa, che cosa gli piace fare.

Grammatica 22

Qual è l'imperativo con *tu* di questi verbi?

ESEMPIO: parlare ➜ parla

1. venire
2. andare
3. essere

Comunicazione 11

Racconta che cosa hai fatto ieri.

Grammatica 10

Aggiungi un pronome diretto in ogni reazione.

1. ▶ Conosci Saverio?
   ● No, non conosco.
2. ▶ Belle, queste scarpe!
   ● Hai ragione, compro.

Vocabolario 9

Nomina tutte le parti del corpo che conosci.

inizio

Grammatica **1**

Queste parole sono maschili o femminili?

1. stazione
2. bicchiere
3. studente
4. chiave

Comunicazione **2**

Racconta come vieni a scuola: che strada fai, che mezzi prendi?

Vocabolario **3**

Generalmente di che colore sono questi alimenti?

1. latte
2. banana
3. pomodoro
4. carota

Comunicazione **17**

In quale luogo puoi dire queste frasi? Sono possibili soluzioni diverse.

1. Il conto, per favore.
2. Questo c'è in giallo?
3. Ci sono biglietti ridotti?

Vocabolario **18**

Di' almeno tre espressioni con il verbo *fare*, come nell'esempio.

ESEMPIO:
fare shopping

Grammatica **19**

Coniuga al presente <u>due</u> di questi verbi:

avere
uscire
volere
andare
fare

Grammatica **4**

Trasforma da informale a formale.

1. Di dove sei?
2. Come ti chiami?
3. Puoi ripetere?
4. Che lavoro fai?

fine: hai vinto!

Vocabolario **21**

Qual è il maschile di queste parole?

1. moglie
2. zia
3. nonna
4. sorella

20

Un'abbondante cena di pesce in Liguria ti dà energia: **guadagni un turno!** Rilancia il dado.

Comunicazione **5**

Immagina: come si chiama, di dov'è, quanti anni ha, che lavoro fa, che cosa le piace fare.

Comunicazione **8**

Immagina domande che vanno bene con queste risposte.

1. L'una e mezza.
2. Sì, è la prima a destra.
3. Non posso. Facciamo sabato?

Grammatica **7**

Quali sono i participi passati di questi verbi?
ESEMPIO: dire ↦ detto

1. fare
2. prendere
3. vedere
4. leggere

6

Visiti il Museo Enzo Ferrari vicino a Modena: **guadagni un turno** a tutta velocità! Rilancia il dado.

Qui imparo a:
- *esprimere il mio parere sull'italiano e la mia lingua*
- *collocare eventi nel tempo*
- *dire che cosa so e non so fare*
- *ottenere informazioni per iscrivermi a un corso*
- *sintetizzare il mio percorso di studi*

COMINCIAMO

Rispondi alle domande, poi confronta le tue risposte con alcuni compagni.

1. Da quanto tempo studi l'italiano?
- ○ Da un anno.
- ○ Da 6 mesi.
- ○ Da _____

2. Perché hai deciso di studiare l'italiano?
- ○ Perché mi interessa la cultura italiana.
- ○ Perché devo usare l'italiano per lavoro.
- ○ Perché vado in vacanza in Italia.
- ○ Perché abito in Italia.
- ○ Perché ho parenti italiani.
- ○ Perché _____
  _____

3. L'italiano per te è:
- ○ una lingua facile.
- ○ una lingua difficile.
- ○ una lingua bella.
- ○ una lingua divertente.
- ○ una lingua musicale.
- ○ una lingua utile.
- ○ _____

G superlativo assoluto in "-issimo"
V per interesse, per piacere • lingua madre

1 **LEGGERE** L'italiano nel mondo

1a Leggi l'articolo e abbina i titoli della lista e il paragrafo corrispondente. Attenzione: c'è un titolo in più!

> Perché l'italiano piace

> Le lingue della vita

> Le parole dell'italiano

> L'italiano: una lingua facile

> L'italiano nel mondo

testo parlante 1 ▶

L'italiano lingua del cuore

1

Avete un amico straniero che non parla italiano? Fate un gioco: quante parole italiane conosce? La risposta è semplice: moltissime. *Ciao, arrivederci, cappuccino, spaghetti, bravo, maestro...* Una lista lunghissima di vocaboli che ogni straniero capisce e usa.

2

Certo, l'italiano non è studiato come l'inglese, ma il suo fascino è sempre grandissimo e milioni di stranieri in tutto il mondo continuano a scegliere la nostra lingua. Secondo alcuni studi, l'italiano è la quinta lingua più studiata nel mondo, dopo inglese, spagnolo, francese e tedesco, e gli studenti aumentano ogni anno.

3

Ma quali sono le ragioni di questo successo? In tutte le statistiche al primo posto delle motivazioni c'è sempre la cultura: l'italiano piace perché è la lingua della bellezza, dell'arte, dell'architettura, della musica, del design, della moda. E poi c'è lo stile di vita, quello che in inglese si chiama l'*Italian way of life*: l'italiano è la lingua della buona cucina, dello stare insieme, della *dolce vita*. L'italiano è la lingua del piacere.

4

Secondo l'Unione Europea, i cittadini europei devono conoscere almeno 3 lingue: la prima è naturalmente la lingua madre; la seconda è l'inglese, la lingua di servizio, del lavoro. Infine, al terzo posto, c'è la lingua che scegliamo per interesse o per piacere: è la lingua del cuore. Per milioni di persone nel mondo questa lingua è l'italiano.

1b *In coppia. Rispondete oralmente alle domande.*

1. Normalmente, quante parole italiane conosce uno straniero che non parla italiano?
2. Quanti stranieri ogni anno studiano l'italiano?
3. Perché gli stranieri amano la lingua italiana?
4. Che cos'è la "lingua del cuore"?

2 `VOCABOLARIO` **Combinazioni di parole**

Abbina le due colonne e ricostruisci le espressioni del testo.

stare	madre
lingua	di vita
primo	Europea
stile	insieme
Unione	di persone
milioni	posto

3 `GRAMMATICA` **Il superlativo assoluto**

3a *Completa lo schema sul superlativo con una parola del testo.*

lungo/a ⟩ molto lungo/a
=
lunghissimo/a

grande ⟩ molto grande
=
....

3b *Sostituisci le parti **evidenziate** con il superlativo, come nell'esempio.*

ESEMPIO:
L'italiano è una lingua **molto bella**. *bellissima*

1. L'inglese è una lingua **molto utile**. _____
2. La mia insegnante è **molto brava**. _____
3. Questi esercizi sono **molto difficili**. _____
4. Lo stile italiano è **molto famoso**. _____
5. Le italiane sono **molto eleganti**. _____

4 `SCRIVERE` **Le mie lingue**

Com'è la tua lingua? Quali altre lingue parli? Perché le conosci? Hai una lingua del cuore? Scrivi un breve testo.

Le mie lingue

Com'è la mia lingua (facile, difficile, bella...).
Quali altre lingue parlo e perché.
La mia lingua del cuore.

Il bel canto

1 ASCOLTARE Da quanto tempo studi canto?

1a Ascolta il dialogo e rispondi alla domanda.

Chi parla?

○ Paula, una studentessa di canto, e Claudia, una studentessa di piano.

○ Paula, un'insegnante di canto, e Claudia, un'insegnante di piano.

○ Paula, una studentessa di canto, e Claudia, la sua insegnante di italiano.

1b Ascolta ancora e rispondi alle domande.

1. **Da quanto tempo Paula studia canto?**
   ○ Da 4 anni.
   ○ Da 10 anni.
   ○ Da 18 anni.

2. **Quando ha cominciato a studiare italiano Paula?**
   ○ 10 anni fa.
   ○ 4 anni fa.
   ○ 6 mesi fa.

3. **Chi dice queste cose?**

	PAULA	CLAUDIA	NESSUNO
È difficile capire l'opera:			
quando i cantanti sono stranieri e non pronunciano bene.	○	○	○
quando i musicisti non suonano bene.	○	○	○
sempre.	○	○	○

1c Completa il dialogo con le espressioni di tempo. Poi ascolta di nuovo e verifica.

a 10 anni | da circa 18 anni | da quanto tempo
domani | per 6 mesi | prima di | quando
quando | 4 anni fa

Claudia Paula, hai finito di cantare?

Paula Sì, per oggi basta così.

Claudia Prendiamo un caffè? Ti va?

Paula Sì, dai.

…

Claudia Tu _da quanto tempo_ studi canto?

Paula Dunque… Ho cominciato a studiare da piccola, _a 10 anni_, quindi studio _da circa 18 anni_…

Claudia È tantissimo tempo! E il tuo rapporto con l'italiano _quando_ è cominciato?

Paula Molto più tardi. _prima_ venire in Italia, _4 anni fa_, ho fatto un corso intensivo in una scuola della mia città.

Claudia A Vienna?

Paula Sì. Ho frequentato le lezioni _per 6 mesi_ e quando il corso è finito, ho continuato a studiare da sola.

Claudia Complimenti, parli molto bene! E hai anche un'ottima pronuncia.

Paula Grazie, per me che voglio fare la cantante lirica l'italiano è importantissimo. Soprattutto la pronuncia. Non mi piacciono quei cantanti stranieri che pronunciano male, il pubblico non capisce niente.

Claudia È vero, ma anche _quando_ i cantanti sono italiani il pubblico non capisce… L'opera è bellissima ma è difficile!… Bene, ora devo andare, ho la lezione di piano e alla mia insegnante non piace cominciare in ritardo. Scappo, ci vediamo _domani_!

1d Hai capito quanti anni ha Paula?

1e *Ricostruisci la vita di Paula, come nell'esempio.*

Paula
- ha cominciato a studiare canto
- studia canto
- ha cominciato a studiare italiano
- ha frequentato il corso di italiano

- a 10 anni.
- da 18 anni.
- a Vienna.
- da piccola.
- per 6 mesi.
- prima di venire in Italia.
- 4 anni fa.

2 GRAMMATICA Cominciare e finire

Osserva le frasi del dialogo, poi completa la regola: quando usiamo avere *e quando usiamo* essere *con il passato prossimo di* cominciare *e* finire*?*

AVERE

Ho cominciato a studiare da piccola.

Allora Paula, **hai finito** di cantare?

ESSERE

E il tuo rapporto con l'italiano quando è cominciato?

Quando il corso è finito, ho continuato a studiare da sola.

Con il passato prossimo di **cominciare** e **finire** usiamo:

1. l'ausiliare _____ quando dopo il verbo c'è un oggetto o un verbo all'infinito.

   Maria _____ cominciato a studiare il portoghese.

   Marco _____ finito il libro.

2. l'ausiliare _____ quando dopo il verbo non c'è un oggetto.

   La lezione _____ cominciata alle 8:00.

   Il film _____ finito alle 22:30.

3 PARLARE L'estate è finita

Gioca con un compagno. A turno, selezionate una casella e formate una frase con il verbo e l'ausiliare nella casella, come negli esempi. Se la frase è giusta, conquistate la casella. Vince chi fa TRIS o conquista più caselle.

ESEMPIO:

| cominciare (AVERE) | Ho cominciato a camminare a due anni. | finire (ESSERE) | Due settimane fa l'estate è finita. |

cominciare (AVERE)	finire (ESSERE)	finire (AVERE)
cominciare (ESSERE)	cominciare (AVERE)	finire (AVERE)
finire (ESSERE)	finire (AVERE)	cominciare (ESSERE)

1c **Che cosa so fare**

G "sapere" + infinito • verbi riflessivi al passato prossimo
V hobby • università / laurea, scuola superiore / maturità

Le cose che (non) so fare

Oggi parlo delle cose che so fare. Ma prima dico le cose che non so fare perché sono molte e voglio essere onesta con voi.

Allora, io non so andare in bicicletta, non so sciare, non ho ancora preso la patente e quindi non so guidare. Non so neanche nuotare. E poi: ho sempre avuto la passione per la danza, ma non so ballare. Non ho mai imparato bene l'inglese e lo parlo poco. Ma in compenso mio marito dice che in italiano parlo moltissimo e non so stare mai zitta...

Andiamo avanti: io non ho una laurea. Sono andata a scuola fino a 18 anni (liceo scientifico), poi dopo il diploma mi sono iscritta all'università (facoltà di architettura) ma non ho mai fatto un esame e quindi non mi sono laureata, per questo non so fare un progetto come un vero architetto e non so neanche disegnare bene.

E ora passiamo alle cose che so fare: so suonare la chitarra e so cantare, so cucinare (soprattutto i dolci). So scrivere storie e so parlare in pubblico. So fare i regali. So scherzare. So ascoltare e capire le persone. So perdonare.

Ecco... la mia lista è finita, e non è poi così male.

dal blog Miriam, Me, Myself and I

1 *LEGGERE E PARLARE* Saper fare

1a Leggi il testo sopra e indica che cosa sa fare (✓) e che cosa non sa fare (✗) Miriam, come negli esempi.

1 ✗
2 ✓
3
4
5
6
7
8
9

1b Completa la lista con altre attività. Poi indica le cose che secondo te sa fare (✓) o non sa fare (✗) il tuo compagno / la tua compagna. Infine verifica se le tue ipotesi sono corrette.

> Secondo me tu **non sai** guidare il motorino.

> Sì, giusto! / No, sbagliato!

Il mio compagno / La mia compagna	sa	non sa
guidare il motorino	○	○
cucinare	○	○
disegnare bene	○	○
suonare uno strumento	○	○
sciare	○	○
ballare	○	○
_____	○	○
_____	○	○
_____	○	○

💡 **FOCUS**

PASSATO PROSSIMO E AVVERBI
Di solito gli avverbi **mai**, **ancora** e **sempre** con il passato prossimo vanno tra l'ausiliare e il participio passato.

Non <u>ho</u> **mai** <u>fatto</u> un esame.
Non <u>ho</u> **ancora** <u>preso</u> la patente.
<u>Ho</u> **sempre** <u>avuto</u> la passione per la danza.

2 *VOCABOLARIO* **Scuola e università**

Completa con le espressioni del testo, come nell'esempio. Le espressioni sono in ordine.

	ESPRESSIONE
1. certificato necessario per guidare	
2. certificato che otteniamo alla fine degli studi universitari	*laurea*
3. scuola superiore (14-18 anni), con indirizzo scientifico	
4. certificato che otteniamo dopo il liceo, necessario per iscriversi all'università	
5. istituto di studi superiori (dopo i 18 anni)	
6. tipo di università (di medicina, di lettere, di economia...)	
7. test, prova	

3 *GRAMMATICA* **Il passato prossimo dei verbi riflessivi**

3a Nel testo di Miriam ci sono 2 verbi riflessivi al passato prossimo. Quali?

iscriversi: _____

laurearsi: _____

3b Completa la regola.

> Per formare il passato prossimo dei verbi riflessivi usiamo sempre l'ausiliare _____.

4 *PARLARE* **Una persona che...**

Gira per la classe e fai domande ai compagni (non più di 3 domande a persona).
Vince chi, allo stop dell'insegnante, ha trovato più persone.

> Tu ti sei iscritto a un corso di ballo negli ultimi anni?

TROVA UNA PERSONA CHE:	NOME
● non ha mai visto il deserto	
● si è iscritta a un corso di ballo negli ultimi anni	
● si è addormentata una volta al cinema o a teatro	
● si è trasferita in una nuova casa nell'ultimo anno	
● non ha mai guidato una macchina	
● non si è mai fatta il bagno nell'oceano	
● domenica scorsa si è alzata dopo le 11	
● non si è mai ammalata nell'ultimo anno	

IL DESERTO BIANCO DI PORTO PINO, SARDEGNA

1D ITALIANO IN PRATICA
Titolo di studio?

G sia... che... • ancora + non
V È permesso? • Non importa. • Ho una laurea in...

1 ASCOLTARE In segreteria

3 ⊙ 1a *Lavora con un compagno. Ascoltate più volte il dialogo e rispondete alle domande.*

1. Che cosa vuole fare Giulio Banfi?
2. Che titolo di studio ha?
3. Quando, dove e per quanto tempo ha studiato il russo?
4. Quali sono i prezzi dei corsi nella scuola?

1b *Seleziona il significato delle espressioni **evidenziate**.
Poi ascolta ancora e verifica.*

1. **È permesso?**
   ○ Mi scusi, posso entrare?
   ○ Va tutto bene?

2. Lo conosco **a memoria.**
   ○ Lo ricordo molto bene.
   ○ Non lo ricordo bene.

3. **Ancora non parlo russo.**
   ○ Parlo russo da pochissimo tempo.
   ○ In questo momento non parlo russo.

4. **Non importa,** tranquillo.
   ○ Non è corretto.
   ○ Non c'è problema.

5. **Mah,** dipende dai prezzi...
   ○ Non lo so.
   ○ Come, scusi?

6. **Sia** i corsi individuali **che** i corsi di gruppo hanno una quota di iscrizione di 50 euro.
   ○ Tutti i corsi hanno una quota di iscrizione di 50 euro.
   ○ Solo i corsi di gruppo hanno una quota di iscrizione di 50 euro.

💡 **FOCUS**

CODICE FISCALE
Codice di numeri e lettere che serve a identificare una persona residente in Italia.

2 VOCABOLARIO : Iscrizione a un corso

Abbina le parole delle 3 colonne e ricostruisci 10 espressioni del dialogo, come nell'esempio. Attenzione: non tutte le espressioni contengono d', di o in.

quota		fiscale
corso		gruppo
codice		individuale
data	d'	ingresso
luogo		iscrizione
titolo	di	lingua
laurea		nascita
test	in	nascita
corso		psicologia
corso		studio

3 PARLARE : In segreteria

Lavora con un compagno. Dividetevi i ruoli (studente A e B), leggete le istruzioni e fate un dialogo.

UNIversità Popolare UNIP

www.unip.it

corsi di
lingue • fotografia
filosofia • storia
dell'arte • musica
pittura • cucina
danza • yoga

test di ingresso e lezione di prova gratuita

STUDENTE A

Vuoi frequentare un corso dell'Università popolare.
Vai in segreteria per chiedere informazioni sul corso che ti interessa (orari, costi, ecc.) e iscriverti.

STUDENTE B

Lavori in segreteria all'Università popolare. Una persona vuole iscriversi a un corso. Fai tutte le domande necessarie per l'iscrizione (dati personali, studi, ecc.).

Che titolo di studio ha?

Ho una laurea in economia.

DIECI verbi con preposizione

1 cominciare
→ Hai cominciato _____ studiare?

2 continuare
→ Perché continui **a** guardarmi?

3 pensare
→ Penso sempre **a** Maria.

4 finire
→ A che ora finisci _____ lavorare?

5 ricordarsi
→ Ti ricordi **di** me?

6 iniziare
→ Ho iniziato _____ leggere un nuovo libro.

7 iscriversi
→ Mio figlio si è iscritto **all'**Università.

8 laurearsi
→ Leo si è laureato **in** matematica.

9 imparare
→ Voglio imparare **a** sciare.

10 cercare
→ Cerca **di** ascoltarmi!

Completa le 3 frasi con la preposizione giusta.

ASCOLTO IMMERSIVO©
Inquadra il QRcode a sinistra o vai su www.almaedizioni.it/dieciA2, chiudi gli occhi, rilassati e ascolta in cuffia.

1 VIDEOCORSO Non ho studiato matematica!

VIDEO ▶

1 *Prima di guardare il video, leggi il titolo dell'episodio e osserva questa immagine: perché secondo te Ivano è in un'aula? Fai ipotesi e parla con un compagno. Poi guardate il video e verificate le ipotesi.*

2 *Guarda il video e rispondi. Vero o falso?*

	V	F
1. Ivano racconta un brutto sogno (un incubo).	○	○
2. Ivano è ancora in terapia da Francesca Busi.	○	○
3. Ivano deve veramente fare un esame di matematica.	○	○
4. Ivano sogna di essere all'università.	○	○
5. A Ivano la matematica è sempre piaciuta.	○	○
6. Un regista famoso cerca attori per un film storico.	○	○
7. Francesca dice a Ivano di rilassarsi.	○	○
8. Alla fine Ivano torna a casa e fa lo stesso sogno.	○	○

3 *Completa il dialogo con le espressioni della lista. Poi guarda ancora il video e verifica.*

occasione | prima | ho sempre odiato
appuntamento | molti anni fa
stanotte | importantissima | personaggio
passato | mi sono svegliato | dopo molto

Ivano   Ma... Io ho finito il liceo
_____, e...
Non ho studiato... Non sono
preparato in matematica... E poi...
_____.

Francesca A Lei la matematica piace?

Ivano   No, _____ la
matematica, sono sempre andato malissimo
in matematica.

Francesca Ha fatto questo sogno altre volte,
in _____?

Ivano   _____, quando ero
ragazzo, sì. Ma ultimamente no, è la prima
volta _____ tempo...
Davvero non so spiegare questo sogno.

Francesca E secondo Lei, perché ha ricominciato
a sognare questa cosa _____?
Voglio dire: ha un appuntamento
importante? Un appuntamento di lavoro, o
personale...

Ivano   Un appuntamento? Sì, eh, ieri mi ha
telefonato Guido Guidi, il famoso regista
di cinema... Cerca un attore per un
_____ storico, non ha
detto quale... Può essere la mia grande
_____...

Francesca Questo spiega il sogno: per Lei questa
è una prova _____.
E quindi è stressato. Quando ha
_____ con il regista?

Ivano   Domani.

Ivano dice: *Sono sempre andato malissimo in matematica.*
Andare bene in una materia significa avere buoni risultati in quella materia; *andare male* significa il contrario.

4 *C'è una materia scolastica che hai sempre odiato anche tu? Leggi la lista delle materie e parla con alcuni compagni.*

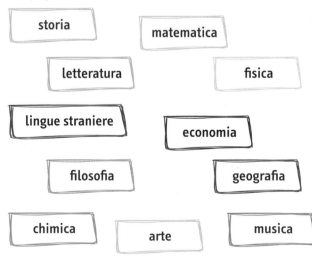

storia | matematica | letteratura | fisica | lingue straniere | economia | filosofia | geografia | chimica | arte | musica

5 **Nel prossimo episodio...**

Immagina: che cosa succede?

Ivano **incontra** / **non incontra** il regista e...

_____

NOI, L'ITALIANO, LA NOSTRA LINGUA

1 *In piccoli gruppi.*
Sotto trovate parole e espressioni italiane famose nel mondo. Voi le usate nella vostra lingua? Confrontate le vostre esperienze.

> una parola:
> **allegro**

> più parole insieme:
> **al dente**

> parole "quasi" italiane (in realtà non lo sono):
> **mokaccino**

> espressioni:
> **Mamma mia!**

> ex nomi di persona:
> **paparazzo**
> (era un fotografo)

Corriere della Sera, La Lettura

2 *Quali altre parole o espressioni italiane usate nella vostra lingua? Ognuno fa una lista.*
Poi insieme selezionate le parole o espressioni che avete in comune.

3 *Confrontate la vostra lista del punto **2** con quelle degli altri gruppi. Quali sono le parole o espressioni più usate? Fate una lista degli italianismi più usati dalla classe.*

4 *Da solo/a. Guarda le parole e espressioni della classe e completa lo schema. Poi confronta le tue risposte con il resto della classe.*

▶ una parola / espressione bella:
_____

▶ una parola / espressione divertente:
_____

▶ una parola / espressione utile perché non ha equivalenti nella tua lingua:
_____

DIECI OPERE FAMOSISSIME NEL MONDO

1 LA TRAVIATA (Giuseppe Verdi)

2 CARMEN (Georges Bizet)

3 LA BOHÈME (Giacomo Puccini)

4 IL FLAUTO MAGICO (Wolfgang Amadeus Mozart)

5 LA TOSCA (Giacomo Puccini)

6 MADAMA BUTTERFLY (Giacomo Puccini)

7 LE NOZZE DI FIGARO (Wolfgang Amadeus Mozart)

8 IL BARBIERE DI SIVIGLIA (Gioacchino Rossini)

9 RIGOLETTO (Giuseppe Verdi)

10 DONGIOVANNI (Wolfgang Amadeus Mozart)

GRAN TEATRO LA FENICE, VENEZIA (1792)

1 *Solo due delle opere sopra <u>non</u> sono in italiano: quali, secondo te?*

2 *Cerca su internet uno dei cori più famosi nella storia dell'opera, "Va, pensiero" di Giuseppe Verdi (da "Nabucco", 1842): ti piace?*
Esiste anche nel tuo Paese un canto antico o tradizionale molto famoso e importante? Se sì, come si chiama?

GRAMMATICA

1 <u>Sottolinea</u> l'opzione corretta tra quelle **evidenziate**.

Lila, studentessa di italiano a Marsiglia (Francia)

Studio italiano **da / di** circa due anni, per motivi familiari: ho parenti a Milano e spesso vado a trovarli. La mia lingua madre è il francese, **ma / quando** parlo molto bene anche l'arabo: la mia famiglia è di origine algerina. **Ho sempre / Sempre ho** parlato arabo a casa. **Sono cominciata / Ho cominciato** a studiare italiano in un corso individuale, ma non **era / ero** contenta, così ho cambiato e mi **sono iscritta / ho iscritto** a un corso di gruppo. Lo trovo **divertirsi / divertentissimo** e adoro i miei compagni. Prima **– / di** imparare l'italiano ho studiato anche lo spagnolo, tre anni **da / fa**: le due lingue sono molto simili e a volte non **capisco / so** distinguerle!

> **OGNI OPZIONE CORRETTA = 2 PUNTI** ___ / 20

2 *Scrivi sotto le foto i verbi della lista al passato prossimo.*

addormentarsi | perdersi | divertirsi | annoiarsi

1. Io _____ alla festa.

2. Elio _____ sul divano.

3. Noi _____ al parco.

4. Mara _____ in vacanza.

> **OGNI ABBINAMENTO CORRETTO = 1 PUNTO** ___ / 4
> **OGNI VERBO CORRETTO = 3 PUNTI** ___ / 12

VOCABOLARIO

3 *Completa il testo in alto a destra con le parole della lista.*

gruppo | laureati | costi | madrelingua
ingresso | individuali | imparare | corsi

Scuola di italiano BlaBlaBla
Via Teatro Greco 22 – 98039 Taormina

Vieni a _____ l'italiano in un paradiso di arte e natura!

corsi _____ e corsi di _____

test d' _____: ogni lunedì alle 10 in segreteria, o online

insegnanti qualificati _____

_____ speciali di cucina siciliana e arte antica con esperti _____ in archeologia

_____ dei corsi e iscrizione: chiamare il numero 0942 21246, o scrivere a info@blablabla.it.

> **OGNI COMPLETAMENTO CORRETTO = 3 PUNTI** ___ / 24

COMUNICAZIONE

4 *Forma la domanda a sinistra, poi abbina domande e risposte.*

Intervista a Cesare, studente senior.
L'ex cameriere si è iscritto al liceo… a 80 anni!

1. finito | ha | media quando | scuola | la
   _____?

2. lavorato | tempo | quanto ha | per
   _____?

3. scuola | che | va | a | ora | a
   _____?

4. liceo | al | che | imparato ha | cosa
   _____?

5. lezione | prima | fa | a cosa | andare | di | che
   _____?

a. Alle 18, con altri adulti che non si sono diplomati come me.

b. Faccio i compiti! Studio moltissimo.

c. Che studiare significa non invecchiare mai.

d. A 16 anni, poi ho cominciato a lavorare.

e. Per quasi tutta la vita, fino a dieci anni fa.

> **OGNI DOMANDA CORRETTA = 4 PUNTI** ___ / 20
> **OGNI ABBINAMENTO CORRETTO = 4 PUNTI** ___ / 20

> **TOTALE** ___ / 100

AUTOVALUTAZIONE

CHE COSA SO FARE IN ITALIANO?	☺	😐	☹
dire che cosa so o non so fare	○	○	○
raccontare che cosa ho studiato	○	○	○
iscrivermi a un corso	○	○	○

Qui imparo a:
- *parlare della mia infanzia*
- *fare paragoni*
- *descrivere aspetto e personalità*
- *scrivere una breve biografia*
- *esprimere irritazione e discutere*

COMINCIAMO

a   Secondo te, com'era il tuo insegnante / la tua insegnante da bambino/a?

Era:

○ ribelle   ○ educato/a   ○ divertente   ○ serio/a   ○ _____

b   Confrontati con due compagni. Poi tutta la classe domanda all'insegnante: com'era?

c   E tu com'eri?

Ero: _____

1 LEGGERE L'infanzia di una scrittrice

1a Elena Ferrante è una famosissima scrittrice italiana. I suoi libri hanno venduto milioni di copie in tutto il mondo. Secondo te, di che cosa parlano i suoi romanzi? Confronta le tue ipotesi con un compagno.

1b Leggi il testo e verifica le tue ipotesi.

testo parlante 4 ▶

La mia infanzia

Sono nata a Napoli, in una famiglia numerosa. Stare da soli `era` impossibile: tutte le mattine `mi svegliavo` nella confusione e nel rumore. Io e la mia famiglia `vivevamo` e `dormivamo` tutti insieme, in un incredibile caos. Qualche volta stare continuamente tra la gente `era` piacevole, qualche volta drammatico, perché gli altri intorno a te non `erano` sempre di buon umore.

In famiglia `eravamo` molti e `discutevamo` spesso: con le zie, le cugine, i nonni... `Discutevamo` sia in italiano che in dialetto, ma le due lingue non `avevano` la stessa funzione: in base al problema che `avevi`, `usavi` una lingua diversa.

Nei miei libri c'è la famiglia, l'amore, l'amicizia tra donne e c'è soprattutto la mia infanzia. Nel romanzo *L'amica geniale* le due protagoniste, Lenù e Lila, anche quando sono sole, non lo sono mai veramente: nelle loro teste non c'è mai silenzio, non c'è mai pace.

Io sono come loro: non sono abituata a stare da sola, e non so immaginare la mia vita senza la presenza costante degli altri.

corriere.it

1c Immagina di essere Elena Ferrante da bambina: come rispondi a queste domande? Leggi ancora il testo e seleziona le risposte corrette.

	SÌ	NO	DIPENDE
1. Stai spesso da sola?	○	○	○
2. Ami stare tra la gente?	○	○	○
3. Nella tua famiglia ci sono molte discussioni?	○	○	○
4. Quando discutete, usate il dialetto?	○	○	○
5. La tua infanzia è come quella di Lenù e Lila?	○	○	○

2 GRAMMATICA L'imperfetto

2a Scrivi al posto giusto l'infinito dei verbi evidenziati nel testo del punto **1b**, come negli esempi.

VERBI IN -ARE
svegliarsi

VERBI IN -ERE
avere

VERBI IN -IRE

VERBI IRREGOLARI
essere

2b Completa la coniugazione dell'imperfetto. I verbi mancanti sono nel testo del punto **1b**.

	VERBI IN -ARE	VERBI IN -ERE
	USARE	AVERE
io	usavo	avevo
tu		
lui / lei / Lei	usava	aveva
noi	usavamo	avevamo
voi	usavate	avevate
loro	usavano	

	VERBI IN -IRE	VERBI IRREGOLARI
	DORMIRE	ESSERE
io	dormivo	ero
tu	dormivi	eri
lui / lei / Lei	dormiva	
noi		
voi	dormivate	eravate
loro	dormivano	

2c In coppia. A turno, uno studente coniuga il verbo all'imperfetto e fa la domanda. L'altro risponde. Se necessario, guardate il testo.

ESEMPIO:
Domanda: (*Essere*) _____Era_____ possibile stare
        da soli?
Risposta: No, non era possibile.

1. Come (*loro – vivere*) _____ Elena e la sua famiglia?
2. Come (*loro – dormire*) _____?
3. Per Elena come (*essere*) _____ stare sempre tra la gente?
4. Gli altri (*essere*) _____ sempre di buon umore?
5. Quanti (*loro – essere*) _____ in famiglia?
6. (*Loro – discutere*) _____ spesso?
7. In che lingua (*loro – discutere*) _____ ?
8. Le due lingue (*avere*) _____ la stessa funzione?

2d Quando usiamo l'imperfetto? Osserva le frasi del testo e seleziona la risposta giusta.

Tutte le mattine mi svegliavo nella confusione e nel rumore.

In famiglia eravamo molti e discutevamo spesso: con le zie, le cugine, i nonni...

Usiamo l'imperfetto per:
○ raccontare situazioni **abituali** del passato.
○ raccontare situazioni **non abituali** del passato.

3 PARLARE La mia infanzia

Pensa a un LUOGO, un SUONO, un SAPORE, una PERSONA, un AGGETTIVO che associ alla tua infanzia. Poi parla con un compagno e spiega le tue scelte.

G comparativo con "più" e "meno"
V aggettivi su aspetto e personalità

1 **ASCOLTARE** Bambini

5 ▶ **1a** *Ascolta il racconto di Antonio e guarda i disegni. Quali sono Antonio, Leonardo, Sara e Alessia da bambini? Scrivi i 4 nomi sotto i 4 disegni giusti.*

1 _____

2 _Antonio_

3 _Leonardo._

4 _Alessia_

5 _Sara_

6 _____

1b *Ascolta ancora. Abbina le colonne e forma frasi coerenti con il racconto di Antonio.*

Antonio		alto/a		Antonio.
Leonardo	era più	basso/a	di	Leonardo.
Sara		magro/a		Sara.
Alessia		timido/a		Alessia.
		socievole		
		simpatico/a		

2 **VOCABOLARIO** Aspetto e carattere

Completa le immagini con le parole della lista.

basso | biondi | corti | intelligente
magro | socievole

FISICO

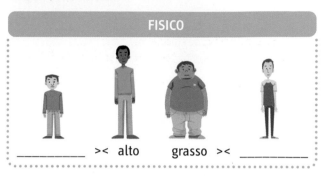

_____ >< alto   grasso >< _____

CAPELLI

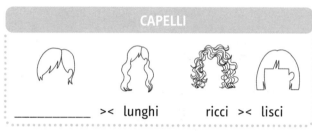

_____ >< lunghi   ricci >< lisci

CAPELLI (COLORE)

_____ castani   neri   grigi

CARATTERE

_____ >< timido
allegro >< triste
divertente >< noioso
_____ >< stupido
simpatico >< antipatico

ETÀ

giovane >< anziano

3 [PARLARE] Com'è?

3a In coppia. A turno, uno studente seleziona due personaggi e l'altro studente deve fare due frasi con il comparativo, uno di maggioranza (con più) e l'altro di minoranza (con meno). Seguite l'esempio.

ESEMPIO:
Toni / Simonetta
Toni è **più** giovane di Gianni.
Secondo me Simonetta è **meno** simpatica di Elena.

> 🎈 **FOCUS**
>
> **COMPARATIVO DI MAGGIORANZA E MINORANZA**
> ↑ Alessia era molto **più** simpatica **di** Sara.
> ↓ Alessia era **meno** bella **di** Sara.

RITA

VALERIA

TONI

MARTINA

SIMONETTA

GIANNI

ELENA

DANIELE

AUGUSTO

MAURIZIO

3b Se vuoi imparare altri aggettivi per descrivere la persona, vai in ▶ COMUNICAZIONE a pagina 137 e gioca con i compagni.

1 *LEGGERE* Giacomo Casanova

1a *Conosci Giacomo Casanova? Fai il quiz.*

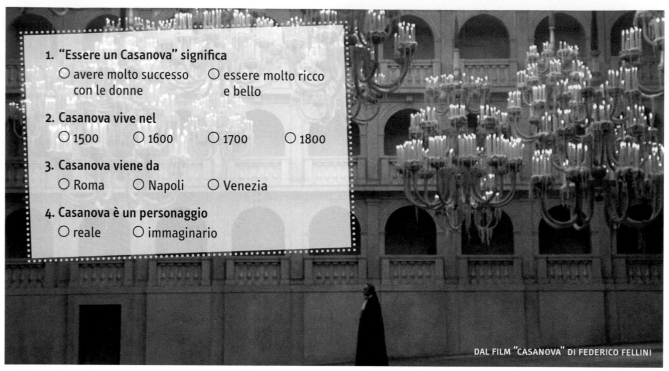

1. **"Essere un Casanova" significa**
   ○ avere molto successo con le donne
   ○ essere molto ricco e bello

2. **Casanova vive nel**
   ○ 1500   ○ 1600   ○ 1700   ○ 1800

3. **Casanova viene da**
   ○ Roma   ○ Napoli   ○ Venezia

4. **Casanova è un personaggio**
   ○ reale   ○ immaginario

DAL FILM "CASANOVA" DI FEDERICO FELLINI

1b *Leggi la biografia di Casanova e abbina ogni parte del testo al disegno corrispondente alla pagina successiva, come negli esempi. Poi confronta le tue soluzioni con un compagno.*

1. Giacomo Casanova nasce a Venezia **nel 1725** da una famiglia di attori.

2. **Da ragazzo** per vivere suona il violino, gioca a carte e pratica la magia.

3. **A 30 anni** finisce in prigione ma **dopo un anno** scappa e inizia una lunghissima fuga attraverso l'Europa: Parigi, Vienna, Praga, Londra, Madrid, Berlino, San Pietroburgo, Varsavia.

4. Sono anni ricchi di incontri, avventure e amori. Grazie al suo carattere brillante e alla sua personalità di grande seduttore, Casanova conosce personaggi importanti del suo tempo: Voltaire, Rousseau, Mozart, Federico II di Prussia, Caterina II di Russia.

5. **Dopo 18 anni** di esilio ritorna a Venezia e **dal 1774 al 1783** lavora come agente segreto per la Repubblica veneziana.

6. **Da anziano** , alla fine di una vita incredibile, scrive le sue memorie ("Storia della mia vita"). Nel libro parla di storia, di filosofia, di politica e soprattutto delle sue storie d'amore con più di 100 donne.

7. Muore **nel 1798** , **a 73 anni** , triste e solo.

8. **Dopo la sua morte** e la pubblicazione del suo libro, Casanova diventa famoso in tutto il mondo. Da allora "essere un Casanova" significa "essere un seduttore" o "essere una persona che ha successo con le donne".

4

8

💡 **FOCUS**

PRESENTE STORICO
Per parlare di eventi o personaggi storici, è possibile usare il presente invece del passato.

Giacomo Casanova **nasce** a Venezia nel 1725.

2 GRAMMATICA Espressioni di tempo

2a *Completa con le preposizioni le espressioni di tempo* **evidenziate** *nel testo.*

1. Data esatta: _____ 1725
2. Età esatta: _____ 30 anni / 73 anni
3. Periodo della vita: _____ ragazzo / anziano
4. Periodo di tempo: _____ 1774 _____ 1783
5. Momento successivo, seguente:
   _____ un anno / 18 anni / la sua morte

2b *In coppia (studente A e B).*
Andate in ▶ COMUNICAZIONE (lo studente A va a pagina 135, lo studente B a pagina 138) e rispondete alle domande sulla vita di Casanova.

3 SCRIVERE Una biografia

In coppia. Scegliete un personaggio, immaginate la sua vita e scrivete insieme una breve biografia.

Maurizio Benetti (Milano 1922 – New York 1997) imprenditore di successo • infanzia povera • inventore della pillola della felicità (1974) • 4 mogli, 12 figli

Leopoldo Leonelli (Firenze 1959 – Tangeri 2009) poeta e scrittore • unico libro pubblicato: *Poesie per il mio cane* (1992) • vita con problemi economici • amore infelice per l'attrice Sara Antonucci

Monica Giusti (Bologna 1933 – Milano 2014) cuoca di successo, fondatrice della "post cucina" (1985) • prima cuoca a utilizzare ingredienti non naturali come plastica, metallo, goretex • proprietaria di ristoranti in tutto il mondo

2D C'ero prima io!

G né... né...

V A chi tocca? • C'ero prima io!

1 ASCOLTARE In un ufficio pubblico

6 ▶ 1a *Ascolta il dialogo e rispondi.*

1. Come si chiamano i due signori?

2. Secondo te i due signori si conoscono?

1b *Ascolta ancora e completa.*

◆ A _____ tocca?

● A me.

◆ Prego.

▶ No, guardi, c'ero _____ io. Sono in fila da un'ora. Lei è arrivato adesso.

● Sì, ma io _____ solo chiedere un'informazione.

▶ Mi _____, deve fare la fila come tutti.

● Va bene. Ma... io ti _____, tu sei Sandro!

▶ No, guardi...

● Ma sì, Sandro! Come stai? Sono Luigi, ti _____ di me? _____ a scuola insieme!

▶ Mi scusi, ma io non La conosco.

● E dai... Sono Luigi, il tuo amico del liceo! Non mi _____ ? Certo, da ragazzo _____ i capelli lunghi e castani, ora invece sono tutti _____, ed ero più _____... Sandro, amico mio!

▶ Guardi, non sono Sandro. Lei si sbaglia.

● Hai ragione, Sandro era _____ alto di te. Allora sei Antonio!

▶ Non mi chiamo né Sandro _____ Antonio, il mio nome è Giuseppe, ora per _____ o Lei va via o chiamo la polizia!

◆ Scusate signori, qui non abbiamo tempo di ascoltare le vostre cose private. Chi è il _____?

1c *Seleziona il significato giusto delle espressioni evidenziate.*

1. **A chi tocca?**
   ○ Di chi è il turno?
   ○ Chi ha parlato?

2. **C'ero prima io.**
   ○ Sono arrivato per primo.
   ○ È la prima volta che vengo qui.

3. **Non mi riconosci?**
   ○ Non hai capito chi sono io?
   ○ Non mi parli?

4. **Non mi chiamo né Sandro né Antonio.**
   ○ Non mi chiamo Sandro, mi chiamo Antonio.
   ○ Non mi chiamo Sandro e non mi chiamo Antonio.

5. **Chi è il prossimo?**
   ○ Chi è il più anziano?
   ○ Chi c'è dopo?

2 VOCABOLARIO Espressioni con verbi

Completa le espressioni del dialogo, come nell'esempio.

✓ tempo | a scuola | fila
informazione | ragione | via

chiedere (un') _____

avere _____ *tempo* _____
_____

fare (la) /
essere (in) _____

andare _____
_____

3 PARLARE Non mi riconosci?

In gruppi di 3: studente A, B e C.
Leggete le vostre istruzioni e fate un dialogo.

STUDENTE A

Sei in fila in banca. Tocca a te, ma una persona che non ha fatto la fila vuole chiedere un'informazione. Tu sei lì da molto tempo e non vuoi aspettare ancora. Poi lei dice che ti conosce, ma tu non ti ricordi di lei.

STUDENTE B

Sei in banca. Devi chiedere solo un'informazione ma c'è molta fila. Chiedi alla prima persona della fila se puoi passare avanti, ma lei non accetta. Poi ti ricordi che la conosci.

STUDENTE C

Lavori allo sportello di una banca. Due persone sono in fila e discutono per decidere a chi tocca. Cerca di capire chi è arrivato prima e comunicagli che ci sono molte persone che aspettano.

'ALMA.tv ▶

Guarda il video
C'ero prima io! nella rubrica
Vai a quel paese.

DIECI aggettivi per descrivere l'aspetto

1 alto 2 basso 3 magro

4 grasso 5 bello 6 brutto

7 grande 8 piccolo

9 giovane 10 anziano

Guarda le foto di Maurizio e Daniele a pagina 31, poi rispondi alla domanda.

Maurizio è più <u>grande</u> di Daniele: che cosa significa?

○ Maurizio è più alto di Daniele.
○ Maurizio è più grasso di Daniele.
○ Maurizio ha più anni di Daniele.

ASCOLTO IMMERSIVO©
Inquadra il QRcode a sinistra o vai su www.almaedizioni.it/dieciA2, chiudi gli occhi, rilassati e ascolta in cuffia.

VIDEO ▶

1 *Guarda il video, poi* <u>sottolinea</u> *l'opzione corretta fra quelle* **evidenziate.**

Ivano è in uno studio per fare **il provino / il film** con il regista. Racconta che da bambino **recitava spesso / non recitava mai** e che ora è **meno / più** timido di quando era piccolo. Ivano dice che ha lavorato molto in teatro e **nel cinema / in TV**. Ha interpretato Giulio Cesare in **una pubblicità / una serie tv** sull'antica Roma, ma non dice al regista che la sua interpretazione è stata **ottima / così così.**

2 *Completa con i verbi della lista all'imperfetto (prima persona singolare). I verbi non sono in ordine. Poi guarda ancora il video e verifica.*

diventare | essere | essere | fare | recitare

Ivano Quando _____ bambino,
        _____ più timido di adesso.
        Ma... Quando _____,
        _____ un'altra persona.
        E... Spesso _____ spettacoli
        davanti a amici, parenti...

3 *Nella pubblicità della pasta "Colossea", Ivano fa molti errori. Guarda ancora il video e cerca di capire quanti e quali sono. Poi confrontati con un compagno.*

4 *Abbina le due colonne e ricostruisci gli errori di Ivano.*

1. Ivano fa un gesto
2. Ivano inizia a
3. A Ivano cadono
4. Ivano sbaglia
5. A Ivano cade

a. lo slogan.
b. il costume da romano.
c. gli spaghetti dalla mano.
d. con la mano.
e. ridere in un momento sbagliato.

Ivano fa un gesto tipicamente italiano che significa: *mangiamo un piatto di spaghetti?*

5 *Nella pubblicità che ha girato Ivano, puoi vedere lo slogan della pasta "Colossea". È una marca inventata. In coppia: usate l'immaginazione e inventate anche voi un nome e uno slogan efficace per un prodotto tipico italiano o del vostro Paese. Alla fine potete anche recitare la pubblicità davanti ai compagni.*

6 **Nel prossimo episodio...**

Immagina: che cosa succede?

○ Il regista chiama Ivano e gli dice che ha avuto una parte nel film.
○ Il regista non dà una parte a Ivano e non lo chiama.
○ Ivano riceve un'offerta più interessante.

LA BIOGRAFIA DELLA CLASSE

1 In coppia.
A turno, uno di voi racconta eventi importanti della sua vita. L'altro ascolta e indica gli eventi su una linea del tempo, come nell'esempio.
Lo studente che ascolta può fare domande, per esempio:

▸ Quando sei nato/a?
▸ Dove sei nato/a?
▸ In che anno hai finito la scuola?
▸ A quanti anni hai cominciato a lavorare?

ESEMPIO: la vita di Filip

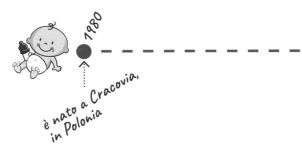

1980
è nato a Cracovia, in Polonia

2 La classe prepara un foglio molto grande con una lunga linea del tempo.
Ogni studente la completa con le informazioni sul compagno del punto 1, come nell'esempio.
Ora avete la biografia della classe!

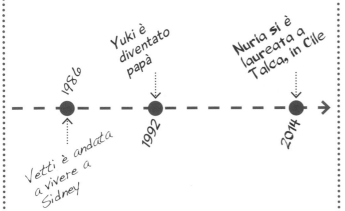

Yuki è diventato papà
Nuria si è laureata a Talca, in Cile
1986
1992
2014
Vetti è andata a vivere a Sidney

3 Se volete, potete intervistare l'insegnante e completare la linea del tempo con le informazioni su di lui / lei!

DIECI ITALIANI IMPORTANTI

1 Dante Alighieri (1265 – 1321)

2 Leonardo da Vinci (1452 – 1519)

3 Niccolò Machiavelli (1469 – 1527)

4 Michelangelo Buonarroti (1475 – 1564)

5 Lucrezia Borgia (1480 – 1519)

6 Galileo Galilei (1564 – 1642)

7 Caravaggio (1571 – 1610)

8 Giacomo Puccini (1858 – 1924)

9 Maria Montessori (1870 – 1952)

10 Federico Fellini (1920 – 1993)

Indica di che cosa si occupavano gli uomini e le donne sopra, come negli esempi.

● pittura, scienza e ingegneria: __2__
● pedagogia: __9__
● pittura, scultura e architettura: __4__
● letteratura: ____ e __3__   ● opera: ____
● fisica e astronomia: ____   ● cinema: ____
● pittura: ____   ● politica: ____

GRAMMATICA

1 Completa con i verbi tra parentesi all'imperfetto.

Intervista a Lya, ex allieva della scuola Di Donato a Roma durante gli anni del fascismo

Quali materie (*voi – studiare*) _____ **a scuola?**

(*Noi – avere*) _____ lezione di letteratura, matematica, geografia, storia, scienze, igiene e lavori domestici.

(*Voi – fare*) _____ **anche attività fisica?**

Sì, a scuola la ginnastica (*essere*) _____ molto importante, forse più importante di adesso.

E a Lei quale materia (*piacere*) _____ **?**

(*Io – adorare*) _____ studiare le poesie.

Le classi (*essere*) _____ **miste?**

No, bambini e bambine (*andare*) _____ in classi separate.

Le (*piacere*) _____ **i Suoi insegnanti?**

Sì, ma quando (*tu – comportarsi*) _____ male, (*tu – dovere*) _____ andare dietro alla lavagna... e (*tu – rimanere*) _____ lì per un'ora!

Quante ore (*voi – passare*) _____ **a scuola?**

Quattro.

E a che ora (*cominciare*) _____ **le lezioni?**

Alle 8:30.

Quante bambine (*esserci*) _____ **in classe?**

Circa 30. In classe (*fare*) _____ sempre freddo perché non (*esserci*) _____ il riscaldamento.

(*Lei – essere*) _____ **felice da bambina?**

Non lo so, (*essere*) _____ tempi difficili. Durante il fascismo (*noi – essere*) _____ molto meno liberi.

Il cielo sopra Esquilino

OGNI VERBO CORRETTO = 2 PUNTI   ___ / 40

VOCABOLARIO

2 Guarda l'immagine e completa lo schema in alto a destra.

Teo   Alvaro

Dei due, chi...	né Teo né Alvaro	sia Teo che Alvaro	Teo	Alvaro
1. ha i capelli corti?	○	○	○	○
2. è castano?	○	○	○	○
3. è più alto?	○	○	○	○
4. è più magro?	○	○	○	○
5. ha i capelli ricci?	○	○	○	○
6. è meno giovane?	○	○	○	○

OGNI RISPOSTA CORRETTA = 3 PUNTI   ___ / 18

3 Completa gli aggettivi con le lettere mancanti.

1. Pino fa amicizia con tutti rapidamente: è ☐ oc ☐ ev ☐ ☐ e.
2. Eva ha bisogno di tempo per parlare con gente che non conosce bene: è t ☐ ☐ i ☐ a.
3. Frida capisce tutto subito, è molto ☐ n ☐ ell ☐ ge ☐ te.
4. Aldo non capisce niente, è così s ☐ ☐ p ☐ do!

OGNI COMPLETAMENTO CORRETTO = 3 PUNTI   ___ / 12

COMUNICAZIONE

4 Sottolinea l'espressione corretta tra quelle **evidenziate**.

In fila in un ufficio pubblico

1. C'ero **primo / prima** io!
2. Lei deve **fare / andare** la fila come tutti!
3. Guardi, ero **la / in** fila prima di Lei!
4. ● A chi **tocco / tocca**? ▶ A me!
5. Devo solo chiedere **un'informazione / una fila**.
6. Chi è **il prossimo / l'adesso**?

OGNI OPZIONE CORRETTA = 5 PUNTI   ___ / 30

TOTALE   ___ / 100

AUTOVALUTAZIONE

CHE COSA SO FARE IN ITALIANO?	☺	😐	⚫
parlare della mia infanzia	○	○	○
descrivere aspetto e carattere	○	○	○
paragonare due persone	○	○	○

ALMA Edizioni | DIECI

Qui imparo a:
- raccontare abitudini del passato
- indicare cose che non ho mai fatto
- congratularmi con qualcuno
- esprimere entusiasmo, stupore, dispiacere

COMINCIAMO

Le parole dell'amore ♥ o dei cuori infranti 💔: completa la tabella con le espressioni della lista, come nell'esempio.

✓ **innamorarsi** | **sposarsi** | **divorziare** | **matrimonio** | **fidanzato/a** | **separazione** | **amore** | **coppia**

innamorarsi	

"GLI INNAMORATI", EROS PELLINI, ALASSIO (LIGURIA)

1 **LEGGERE** Intervista al "padre" di Rocco Schiavone

1a *Evidenzia* nell'intervista allo scrittore Antonio Manzini le frasi o le parti di frasi con un significato uguale alle espressioni qui sotto, come nell'esempio.

paragrafo 1: quando ero giovane

paragrafo 2: siamo una coppia | proviamo a incontrarci

paragrafo 3: una persona intelligentissima | dovevo assolutamente | non lo leggo più

paragrafo 4: romanzi polizieschi | ho iniziato

paragrafo 5: permette di non avere problemi | non sono cambiato

testo parlante 7 ▶

1. Antonio Manzini, Lei dove vive?
Nel Lazio, in campagna. Prima, da giovane, amavo solo la città. A un certo punto, grazie a mia moglie, ho scoperto che apprezzo il silenzio, la natura, le passeggiate con lei e i nostri cani.

2. Chi sono le persone importanti nella sua vita?
Mia moglie è la mia migliore amica. Stiamo insieme da trent'anni e siamo sposati da sei. Un'altra persona importantissima è Nicolò Ammaniti, uno scrittore fondamentale e un fratello per me. Cerchiamo di vederci una volta al mese, anche se lui abita a Roma e io no.

3. Legge molto?
Sì. Adoro Georges Simenon. Un genio. Ma prima leggevo in modo diverso: mi sentivo obbligato a finire un libro, poi invece ho smesso di preoccuparmi. Adesso se un romanzo non mi piace, smetto di leggerlo.

4. Com'è diventato scrittore?
Prima facevo l'attore e scrivevo testi per il teatro, ma non provavo mai a pubblicarli: li mostravo a poche persone. Un giorno una cara amica che lavorava in una casa editrice mi ha detto: "Sei pronto per scrivere un romanzo!". Il protagonista dei miei romanzi gialli, il poliziotto Rocco Schiavone, è nato in montagna, in Val d'Aosta: fuori nevicava moltissimo, ho aperto il computer e ho cominciato a raccontare la sua storia.

5. Che cos'è il successo per Lei?
Il successo aiuta a non avere preoccupazioni materiali, ma è strano. Prima nessuno faceva attenzione a me, ma improvvisamente ogni mia parola è diventata una verità assoluta: ma io sono sempre la stessa persona.

ilfattoquotidiano.it

1b *Quali sono o sono state le persone importanti nella vita di Antonio Manzini? Perché?*
Completa lo schema, poi confronta le tue informazioni con un compagno.

CHI	PERCHÉ

2 VOCABOLARIO Espressioni per raccontare

Abbina le espressioni a sinistra e quelle a destra che hanno un significato simile.

1. a un certo punto
2. prima
3. poi
4. improvvisamente

a. dopo
b. all'improvviso
c. in un momento preciso
d. in passato

 FOCUS

PRONOMI E PREPOSIZIONI
Prima nessuno faceva attenzione **a me**.

a / con...   me te lui lei Lei noi voi loro

'ALMA.tv ▶

Guarda l'intervista a
Antonio Manzini nella rubrica
Dieci domande a.

3 GRAMMATICA I verbi del passato

3a *Leggi ancora la risposta di A. Manzini al paragrafo 4 del punto 1 e completa la tabella con tutti i verbi al passato.*

1. verbi che si riferiscono a eventi avvenuti in un momento preciso del passato:	2. verbi che usiamo per fare descrizioni nel passato o parlare di azioni ripetitive:
_____ _____	_____ _____
_____ _____	_____ _____
	_____ _____
sono	sono
↓	↓
○ al passato prossimo	○ al passato prossimo
○ all'imperfetto	○ all'imperfetto

3b <u>Sottolinea</u> *il verbo corretto tra quelli* **evidenziati.**

1. Non **ero / sono stata** contenta del mio lavoro, così un giorno **pensavo / ho pensato** "Basta, vado via!".

2. La prima volta che **leggevo / ho letto** un libro **avevo / ho avuto** dieci anni.

3. Da ragazzo Vittorio non **amava / ha amato** la natura, poi due anni fa **passava / ha passato** un fine settimana in campagna e **cambiava / ha cambiato** idea.

4. Quando Iris e Luigi **abitavano / hanno abitato** a Torino, **andavano / sono andati** spesso a sciare. Poi **si trasferivano / si sono trasferiti** a Bari e **smettevano / hanno smesso** di andare in montagna.

5. Prima non **leggevamo / abbiamo letto** molto, ma un giorno **scoprivamo / abbiamo scoperto** i romanzi di Antonio Manzini e da allora la lettura è il nostro hobby preferito.

4 PARLARE La gara delle domande

Andate in ▶ COMUNICAZIONE a pagina 137 e giocate con le informazioni su Antonio Manzini.

Che lavoro faceva prima?

▶ GRAMMATICA ES 1 e 2 ▶ VOCABOLARIO ES 1 e 2

3B Una coppia famosa

G passato prossimo e imperfetto • "mentre" + imperfetto
V relazione, fidanzato/a, divorziato/a

1 ASCOLTARE Ilary Blasi e Francesco Totti

1a Tutti insieme.
Quali coppie famose conoscete nel mondo della politica, del cinema, dello sport, eccetera?

8 ▶ 1b Ascolta il servizio sulla storia d'amore tra due celebrità italiane, Ilary Blasi e Francesco Totti, e completa lo schema.

Chi dei due:

	I. BLASI	F. TOTTI	NESSUNO
1. si è sposato in uno stadio?	○	○	○
2. aveva 20 anni all'inizio della relazione?	✓	○	○
3. si è innamorato subito?	○	✓	○
4. aveva una relazione con un'altra persona all'epoca del primo incontro?	✓	○	○
5. sembrava troppo tradizionalista all'altro?	○	✓	○
6. era divorziato?	○	○	○
7. lavora per la televisione?	✓	○	○

2 GRAMMATICA Passato prossimo e imperfetto

2a Ascolta ancora e completa le frasi con i verbi tra parentesi al passato prossimo o all'imperfetto.
Poi completa la regola nella colonna di destra.

1. (giocare) _____ con la Roma dal 1992 al 2017.

2. + (fidanzarsi) _____ nel 2002.

3. + si sono incontrati mentre (essere) _____ fidanzata con un altro uomo.

+ si sono sposati e hanno avuto il primo figlio nel 2005 mentre (lavorare) _____ al programma "Le Iene".

REGOLA
per un periodo che comincia e finisce in un momento preciso uso: ○ l'imperfetto ○ il passato prossimo
per un evento che si svolge in un momento preciso uso: ○ l'imperfetto ○ il passato prossimo
al passato con _mentre_ uso: ○ l'imperfetto ○ il passato prossimo

2b *Completa queste altre informazioni. Coniuga i verbi in* *azzurro* *al passato prossimo o all'imperfetto.*

1. giocare

Dal 1998 al 2017 _____ nella nazionale italiana.

2. avere

Nel 2007 _____ la seconda figlia.

3. giocare

Da bambino _____ a calcio nel suo quartiere di Roma.

4. decidere | essere

+

_____ di sposarsi mentre _____ a cena in un ristorante

3 SCRIVERE **Storia di una coppia**

Prendete tutti un foglio bianco. Guardate le foto della coppia sotto.
L'insegnante legge la domanda 1: ogni studente immagina l'informazione e la scrive. Poi chiude il foglio per nascondere la sua risposta e lo passa al compagno a destra. Poi l'insegnante legge la domanda 2, ecc.
Gli studenti non vedono mai quello che scrivono i compagni.
Alla fine la classe apre tutti i fogli e legge le diverse versioni della storia.

1. Come si chiamano? 2. Di dove sono?

3. Che lavoro fanno? 4. Che hobby hanno?

5. Quando e dove si sono incontrati la prima volta? 6. Che cosa è successo durante il primo incontro?

Lei si chiama...
Lui si chiama...

▶ *GRAMMATICA* ES 3

1 *LEGGERE* Intervista a Virginia Raffaele

1a Virginia Raffaele è una famosa imitatrice di celebrità italiane. Guarda le foto: secondo te qual è Virginia Raffaele? Discuti con un compagno.

Sabrina Ferilli
attrice

Carla Fracci
ex prima ballerina
della Scala di Milano

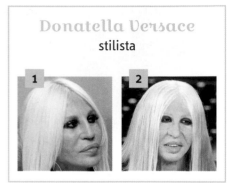

Donatella Versace
stilista

1b Leggi l'intervista a Virginia Raffaele. Abbina la prima parte di ogni risposta (colonna azzurra) alla parte finale (colonna rosa), come nell'esempio.

Le interviste di Rolling Stone
VIRGINIA RAFFAELE: IMITATRICE, ATTRICE, PRESENTATRICE TELEVISIVA

1. **Com'è stata la tua adolescenza?**
   Felice ma dura. L'ho passata a Roma: lavoravo con tutta la mia famiglia al Luna Park. **d**

2. **Com'è iniziata la tua carriera?**
   Ho cominciato a lavorare a teatro a 19 anni con "Due interi e un ridotto", un trio con Danilo De Santis e Francesca Milani.

3. **Poi hai iniziato a imitare donne famose. Le conosci tutte di persona?**
   Ho imitato moltissime "dive": ballerine (Fracci), attrici (Ferilli), stiliste (Versace), e altre ancora. Le ho incontrate tutte. Le ho studiate con attenzione per poterle imitare!

4. **Tu non sei solo un'attrice. Hai imparato anche altri mestieri in campo artistico, no?**
   Sì, ma non li ho imparati abbastanza bene, purtroppo! Ho studiato soprattutto danza classica e moderna.

5. **Hai un grande sogno?**
   Lavorare con il regista spagnolo Pedro Almodóvar!

6. **Il tuo uomo ideale com'è?**
   Non l'ho ancora trovato!

7. **Che cosa pensi del successo?**
   Che non dura per sempre, purtroppo.

a.
Ci ha mostrato donne meravigliose, sensuali, a volte anche comiche.

b.
Di Donatella vorrei gli amici VIP (e prendere un aperitivo con Lady Gaga), della Fracci ammiro l'eleganza, della Ferilli ho sempre amato la spontaneità.

c.
Per questo ho preparato un piano B: se finisce, vado in Costa Rica e apro un bar!

d.
Era un lavoro pesante, perché il parco era aperto tutti i giorni, ma mi piaceva molto stare lì.

e.
In generale per me la gentilezza è una qualità essenziale in un uomo.

f.
Loro due sono stati importantissimi nella mia carriera. Eravamo molto giovani e pieni di entusiasmo.

g.
Ma vi confesso una cosa: non ho mai trovato lavoro come ballerina perché non ero abbastanza brava.

rollingstone.it

1c Vero o falso?

V F

Virginia Raffaele:

1. ha avuto un'adolescenza molto triste. ○ ○
2. ha iniziato a lavorare a teatro insieme ad altri attori. ○ ○
3. ha incontrato le donne che ha deciso di imitare. ○ ○
4. ha lavorato anche come ballerina. ○ ○
5. ha trovato l'uomo ideale. ○ ○
6. sa che cosa fare se finisce il successo. ○ ○

2 GRAMMATICA Pronomi diretti e participi

2a Completa le frasi con le vocali giuste.

L'adolescenza? **L'**ho passat__ a Roma.

Le donne che imito? **Le** ho incontrat__ e studiat__ con attenzione!

Gli altri mestieri in campo artistico? Non **li** ho imparat__ abbastanza bene, purtroppo!

L'uomo ideale? Non **l'**ho ancora trovat__!

2b Adesso completa la regola.

Quando prima di un verbo al passato prossimo c'è un pronome diretto (*lo, la, li, le*), il participio passato:

○ è sempre al maschile.
○ concorda con l'oggetto diretto.
○ è sempre al femminile.

2c Abbina domande e risposte. Devi anche completare i participi passati con la vocale corretta. Segui l'esempio.

1. Sai dov'è Cristiana?
2. Conosci i romanzi di Elena Ferrante?
3. Dove hai trascorso l'infanzia?
4. Che belle scarpe!
5. Hai trovato l'uomo dei tuoi sogni?
6. Allora? Come è andata la tua prima lezione di danza?
7. Gli Uffizi sono un museo incredibile.

a. Così così, l'ho trovat__ molto difficile.
b. Non li ho mai vist__, ci devo andare assolutamente.
c. No, oggi non l'ho vist_a_.
d. Sì, e l'ho sposat__!
e. Sì, ma non li ho lett__.
f. L'ho passat__ quasi tutta a Trieste.
g. Grazie, le ho comprat__ stamattina.

💡 **FOCUS**

PRONOMI INDIRETTI
a me = mi a te = ti a lui = gli a lei = le
a noi = ci a voi = vi a loro = gli

Ci ha mostrato donne meravigliose.
(= ha mostrato donne meravigliose a noi)
Vi confesso una cosa.
(= confesso una cosa a voi)

3 PARLARE Un'intervista

Lavorate in coppia (studente A e studente B). Andate in ▶ COMUNICAZIONE (A va a pagina 135, B a pagina 139) e seguite le istruzioni.

3D Viva gli sposi!

1 ASCOLTARE E VOCABOLARIO
Un matrimonio bellissimo!

9 ▶ 1a Ascolta più volte e seleziona le parole che senti.

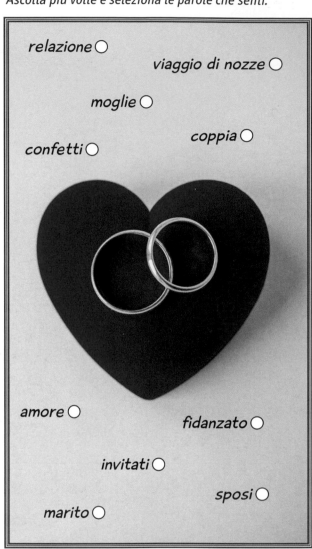

relazione ○

viaggio di nozze ○

moglie ○

coppia ○

confetti ○

amore ○

fidanzato ○

invitati ○

sposi ○

marito ○

1b Ascolta ancora e seleziona le frasi corrette.

1. Gli invitati al matrimonio ricevono i confetti dopo il pranzo. ○

2. Dopo la cerimonia gli invitati tirano riso agli sposi. ○

3. Gli sposi partono tra due giorni. ○

4. Gli sposi fanno un lunghissimo viaggio di nozze. ○

5. La mamma e la bambina, Gemma e Tiziana, non possono andare al pranzo di nozze. ○

1c Leggi la trascrizione e completa lo schema alla pagina successiva con le espressioni evidenziate nel dialogo. Le espressioni nello schema non sono in ordine.

Prete	Vi dichiaro marito e moglie.
Tiziana	Mamma, è finita la cerimonia?
Gemma	Sì, tesoro.
Tiziana	E quando ci danno i confetti?
Gemma	Dopo pranzo, no? Andiamo fuori, vieni, così tiriamo il riso agli sposi!
...	
Gemma	Ecco gli sposi, eccoli, eccoli!
Tutti	Viva gli sposi!!!
Gemma	Congratulazioni, Agostino, un matrimonio bellissimo!
Agostino	Grazie.
Tiziana	Adesso tu e Milena siete sposati?
Agostino	Eh, sì, Tiziana.
Tiziana	Perché vi volete bene?
Gemma	Tiziana, ma che dici!
Agostino	Certo, io e Milena ci vogliamo molto bene.
Tiziana	E non vi lasciate mai?
Gemma	Ma insomma!
Agostino	Ahaha, chissà! Io spero di no!
Gemma	Quando partite per il viaggio di nozze? Domani o dopodomani?
Agostino	Dopodomani, alla fine abbiamo deciso di andare a Praga. Milena l'ha vista anni fa, io invece non ci sono mai stato.
Gemma	Davvero? Stupendo! E quanto ci restate?
Agostino	Purtroppo solo pochi giorni, abbiamo molte cose da fare a casa e dobbiamo tornare presto.
Gemma	Ah, che peccato.
Agostino	Eh, sì, ma va bene così. Scusami, Gemma, non ho ancora salutato gli altri invitati, ci vediamo dopo al pranzo, ok?
Gemma	Ottimo! Vai, vai, a dopo... Ancora congratulazioni!

ESPRESSIONE NEL DIALOGO	SIGNIFICATO
	Perfetto!
	Adesso basta!
	Mi dispiace.
	Sul serio?
	Auguri! (per un evento felice)
	Forse sì, forse no.

2 PARLARE Congratulazioni!

In coppia. Fate un dialogo breve (di circa 5 frasi).
Uno di voi sceglie una categoria sotto e inizia
a raccontare una cosa reale o immaginaria.
L'altro reagisce quando vuole: può usare le espressioni
del punto 1, o altre.
Poi scambiate i ruoli. Seguite l'esempio. Ognuno di voi
deve usare tutte le categorie.

> un evento felice (matrimonio, nascita, laurea...)

> una notizia negativa

> un'esperienza particolare, strana

> una notizia positiva

> È nato mio nipote!

> Congratulazioni! E come si chiama il bambino?

DIECI parole del cuore

1 amare
2 corteggiare
3 fidanzarsi
4 frequentarsi
5 innamorarsi
6 mettersi insieme
7 avere una relazione
8 sposarsi
9 stare insieme
10 volere bene

Con i partner, gli amici e i parenti possiamo usare
*volere bene: **Ti voglio bene**, papà!*
*Usiamo amare solo con i partner: **Ti amo**, mi vuoi sposare?*
Anche nella tua lingua esistono verbi diversi per
esprimere l'affetto?

ASCOLTO IMMERSIVO©
Inquadra il QRcode a sinistra o vai su
www.almaedizioni.it/dieciA2, chiudi
gli occhi, rilassati e ascolta in cuffia.

3 VIDEOCORSO Io, l'imperatore Nerone.

1 _Prima_ di guardare il video, osserva le tre immagini: che cosa dice Anna? Abbina le frasi e le immagini. Attenzione: c'è una frase in più.

a. Sono felicissima, Ivano!   b. Che peccato!   c. Ti amo tanto!   d. Che cosa? Davvero?

 1
 2
 3

2 _Ivano ha avuto una bella notizia: quale, secondo te? Parlane con un compagno._

VIDEO ▶

3 _Adesso guarda il video: vero o falso?_

	V	F
1. Ivano ha parlato con la produzione del film.	○	○
2. Ivano dice che ha avuto una parte importante nel film.	○	○
3. Il film parla dell'antica Roma.	○	○
4. Ivano deve ancora leggere la sceneggiatura.	○	○
5. Il film è una produzione al 100% italiana.	○	○
6. Ivano immagina di interpretare l'imperatore Nerone.	○	○

4 _Ivano usa tre modi diversi per dire che ha ottenuto il lavoro. Quali? Guarda ancora la prima parte del video e completa._

1. Ho avuto _____ .
2. _____ .
3. Mi hanno _____ .

5 _Completa il dialogo nella colonna destra con gli elementi della lista. Poi guarda ancora il video e verifica._

**ha mandato | allora | mentre
pronto | ho avuto | era
davvero | hanno preso | ti amo
hanno capito | ho letta | che ruolo**

Ivano	_____? Sì, sono io. Che cosa? Ma veramente? Sì... Sì, sì, l'indirizzo è quello del curriculum e... Certo, è... Perfetto! E... Grazie mille, io... Sì. Sì, arrivederci, arrivederci.
Anna	_____? Che c'è?
Ivano	Anna, _____ la produzione del film storico. _____ una parte nel film. Il film di Guido Guidi, il grande regista!
Anna	Che cosa? _____? Che bello, tesoro! Ma è stupendo! _____ tanto!
Ivano	Mi _____, mi hanno dato una parte!
Anna	Amore, _____ che sei bravo! Ma _____ è?
Ivano	Non lo so, eh, perché... Il regista mi _____ la sceneggiatura _____ eravamo al telefono e ancora non l'_____.

6 _Ivano ha avuto una parte in un film su Nerone (37 avanti Cristo – 68 dopo Cristo). Nella tradizione popolare l'imperatore romano è famoso soprattutto per una cosa: quale?_

○ Ha sposato la sorella.
○ Ha causato l'incendio di Roma.
○ Ha ucciso suo padre.

7 **Nel prossimo episodio...**

Immagina: che cosa succede?

○ Dicono a Ivano che ha avuto la parte principale.
○ Ivano si sveglia tardi il primo giorno di lavoro e perde la parte.
○ Ivano riceve la parte, ma è un piccolo ruolo.

MUSICA E SENTIMENTI

1 Su internet o con una app musicale ascoltate la famosissima canzone di Mina "Parole, parole, parole" (cantata con Alberto Lupo nel 1972).

2 In coppia. Secondo voi di che cosa parla la canzone?
○ di una coppia felice   ○ di una coppia infelice

3 Adesso ascolta la prima metà della canzone e completa il testo. Poi confrontati con lo stesso compagno.

Lui _____, cosa mi succede _____, ti guardo ed è come la prima _____.

Lei Che cosa sei, che cosa sei, che cosa sei...

Lui Non _____ parlare.

Lei Cosa sei...

Lui Ma tu sei la frase d'_____ cominciata e mai finita.

Lei Non cambi mai, non cambi mai, non cambi mai.

Lui Tu sei il mio _____, il mio _____...

Lei Proprio mai...

Lui Il mio sempre, inquietudine...

Lei Adesso ormai ci puoi provare... Chiamami tormento dai, già che ci sei...

Lui Tu sei _____ il vento che porta i violini e le _____...

Lei Caramelle non ne voglio più...

Lui Certe _____ non ti capisco.

Lei Le _____ e i violini questa sera raccontali a un'_____, violini e _____ li posso sentire... Quando la cosa mi va, se mi va, quando è il momento e dopo si vedrà.

Lui Una parola _____!

Lei Parole, parole, parole!

Lui Ascoltami!

Lei Parole, parole, parole!

Lui Ti _____!

Lei Parole, parole, parole!

Lui Io ti giuro!

Lei Parole, parole, parole, parole, parole, soltanto parole, parole _____ noi.

4 In coppia. Secondo voi come sono lui (Lui) e lei (Lei)?

	Lui	Lei		Lui	Lei
disperato/a	○	○	arrabbiato/a	○	○
innamorato/a	○	○	disonesto/a	○	○
indipendente	○	○	annoiato/a	○	○

5 Nel testo <u>sottolineate</u> le parole significative. Poi leggetelo come una conversazione normale (uno studente è lui, l'altro lei). Date enfasi alle parole importanti. Alla fine le coppie che vogliono leggono la conversazione davanti alla classe. Attenzione all'enfasi!

DIECI COSE ROMANTICHE DA FARE IN ITALIA

1 Fare un giro in gondola a Venezia.

2 Passare un fine settimana alle Cinque Terre in Liguria.

3 Girare per il centro di Roma in carrozzella.

4 Cenare a lume di candela nel Golfo di Napoli, davanti a Ischia e Capri.

5 Regalare una scatola di Baci Perugina.

6 Andare all'opera, per esempio a Milano.

7 Baciarsi a Venezia sotto il Ponte dei Sospiri, il ponte degli innamorati.

8 Passeggiare mano nella mano sul Lago di Como.

9 Baciarsi sotto il balcone di Romeo e Giulietta, a Verona.

10 Comprare un gioiello da Bulgari.

Quali cose molto romantiche è possibile fare nel tuo Paese? Sono simili a quelle sopra?

GRAMMATICA

1 Sottolinea l'opzione corretta tra quelle **evidenziate**.

Michelle Hunziker e Tomaso Trussardi

Michelle è una famosissima conduttrice televisiva, attrice e modella italosvizzera.
Tomaso è di Bergamo: nel 2019 **è diventato / diventava** presidente dell'azienda di famiglia, un'importante casa di alta moda.
I due **si sono incontrati / si incontravano** anni fa, quando **sono stati / erano** molto giovani. **Si sono frequentati / Si frequentavano** per pochi mesi come amici, prima di mettersi insieme e di sposarsi tre anni dopo. Michelle: "Prima di fidanzarci **siamo andati / andavamo** sempre a cena fuori e **abbiamo parlato / parlavamo** tanto. Di solito dopo mi **ha dato / dava** un bacio sulla guancia e **è andato / andava** via. **Ha avuto / Aveva** paura di sbagliare. Poi finalmente **è arrivato / arrivava** il momento giusto!" Tomaso: "All'inizio della nostra storia Michelle **è stata / era** molto stressata per i paparazzi, **ha voluto / voleva** proteggermi. Un giorno **abbiamo trovato / trovavamo** dieci macchine di giornalisti sotto casa nostra!".

> OGNI OPZIONE CORRETTA = 2 PUNTI   __ / 26

2 Completa i participi passati con la vocale giusta.

1. ● Stai ancora con Nicoletta? ▶ Eh, sì, l'ho sposat☐!
2. ● Quando vi siete mess☐ insieme tu e Paolo?
   ▶ Due anni fa.
3. Non ero felice con Roberto: l'ho lasciat☐.
4. Romina e Alberto si sono fidanzat☐ ufficialmente.
5. Esco spesso con Mara e Luisa. Le ho conosciut☐ in vacanza in Corsica.
6. Angela è stat☐ importante per me, le ho volut☐ molto bene.

> OGNI COMPLETAMENTO CORRETTO = 2 PUNTI   __ / 14

VOCABOLARIO

3 Abbina i verbi della lista e le definizioni in alto a destra.

divorziare | mettersi insieme | sposarsi
separarsi | innamorarsi

1. lasciarsi = _____
2. diventare marito e moglie = _____
3. cominciare ad amare qualcuno = _____
4. diventare una coppia = _____
5. annullare un matrimonio = _____

> OGNI ABBINAMENTO CORRETTO = 4 PUNTI   __ / 20

4 Adesso sostituisci le parti **evidenziate** con due verbi di significato <u>opposto</u> (sono nella <u>lista</u> del punto **3**).

> MeetMe Agenzia per Single
> Cerchi l'amore?
> Contatta la nostra agenzia: il 70% dei nostri clienti **si separa** e il 25% **divorzia** dopo due anni!
> ....

> OGNI SOSTITUZIONE CORRETTA = 4 PUNTI   __ / 8

COMUNICAZIONE

5 Seleziona la reazione appropriata. Attenzione: in un caso sono appropriate tutte e due le reazioni.

1. ● Io e Camillo ci siamo sposati due mesi fa.
   ○ Chissà!   ○ Auguri!
2. ● Ero innamorato di Lisa, ma lei si è messa con Ivo.
   ○ Ottimo!   ○ Mi dispiace per te.
3. ● Secondo te Luisa e Danilo divorziano?
   ○ Congratulazioni!   ○ Spero di no.
4. ● Tu sei innamorato di Sara? L'ho invitata alla festa!
   ○ Ah, che peccato.   ○ Ottimo!
5. ● Cesare e Tina si sono messi insieme.
   ○ Sul serio?   ○ Davvero?
6. ● Frequento una persona da un paio di settimane.
   ○ Basta!   ○ Sono felice per te.
7. ● Abbiamo avuto un bambino, si chiama Giulio.
   ○ Ma insomma!   ○ Congratulazioni.

> OGNI REAZIONE APPROPRIATA = 4 PUNTI   __ / 32

> TOTALE   __ / 100

AUTOVALUTAZIONE

CHE COSA SO FARE IN ITALIANO?	😊	😐	●
raccontare abitudini ed eventi passati	○	○	○
reagire a una notizia importante	○	○	○

LEZIONE
STARE BENE

Qui imparo a:
- dare istruzioni e ordini formali
- indicare vantaggi e svantaggi di uno sport
- chiedere consiglio a un farmacista o a un medico
- chiedere assistenza al pronto soccorso

PIENZA, TOSCANA

COMINCIAMO

Che cosa fai per stare in forma? Seleziona le risposte.
Puoi completare la lista con altre abitudini o attività.
Poi confronta le tue risposte con due compagni: ci sono cose che fate tutti e tre?

○ mangiare cibo sano   ○ fare sport

○ andare in una spa   ○ fare meditazione

○ dormire molto   ○ fare massaggi

○ ballare   ○ camminare nella natura

altro: _____

Ministero della Salute

SPORT in PIAZZA

A

SPORT PER TUTTI I GUSTI
Di squadra o individuale? Divertente o utile?
Ogni sport ha i suoi vantaggi, ogni _____ ha interessi
e bisogni diversi. Cerca un'attività fisica per i Suoi _ _ _ _ _ _ _ _ _ _?
Legga il pratico schema sotto e scopra qual è lo sport adatto a loro.

NO ALLO STRESS
Non decida da solo: lasci il Suo _____ libero di scegliere
uno sport in base ai suoi gusti e bisogni. E ricordi che nello sport
l'importante non è la performance, ma stare bene e divertirsi.

PORTE APERTE ALLO SPORT
Regali ai Suoi _ _ _ _ _ _ _ _ _ _ un'esperienza eccezionale:

SPORT IN PIAZZA
il 20 aprile in tutte le piazze d'Italia,
per provare varie discipline sportive
con istruttori qualificati

B

	ossa	muscoli	spirito di gruppo	respiro	ATTENZIONE!
	✓	✓		✓	è sconsigliato per chi ha paura dell'acqua
tennis		✓			può stressare polsi e gomiti
		✓	✓		non rafforza spalle e braccia
corsa		✓		✓	può provocare mal di schiena, non rafforza spalle e braccia
	✓			✓	è sconsigliato per le ginocchia, rafforza molto le cosce
basket	✓	✓	✓		è uno sport molto faticoso

(intestazione tabella: A CHE COSA FA BENE — ossa, muscoli, spirito di gruppo, respiro)

1 LEGGERE Sport in piazza

1a Leggi la parte **A** del testo. Completa gli spazi _____ con *una* delle parole **rosse** e gli spazi _ _ _ _ _ con *una* delle parole verdi.

compagno | **bambino**   figli | amici

1b Completa la prima colonna dello schema nella parte **B** con gli sport della lista.

ciclismo | **calcio** | **nuoto**

1c Anche se non sei un bambino, nello schema ci sono sport adatti ai tuoi bisogni e interessi? Parla con un compagno.

> Nessuno di questi sport va bene per me perché...

> Lo sport adatto a me è... perché...

2 GRAMMATICA L'imperativo con *Lei*

2a Qual è l'imperativo formale (con Lei) di questi verbi?

regal**are** ➡ _____
legg**ere** ➡ _____
scopr**ire** ➡ _____

2b Qual è la forma negativa dell'imperativo con Lei?

decidere ➡ _____

2c Completa le frasi con i verbi della lista all'imperativo con Lei. I verbi non sono in ordine. Attenzione: in un caso devi aggiungere non.

chiudere | **sentire** | **lasciare** | **smettere** | **provare**

1. _____, scusi, sa dov'è la stazione?
2. _____ di bere alcol, fa molto male.
3. _____ la porta, per favore.
4. _____ il Suo cane solo a casa per periodi troppo lunghi.
5. Signor Tuzi, _____ a fare un po' di nuoto, è ottimo per la schiena.

3 VOCABOLARIO Contrari

Completa lo schema con i contrari presenti nel testo.

inutile   >< _____
svantaggi   >< _____
inadatto   >< _____
consigliato   >< _____
rilassante   >< _____

4 SCRIVERE Viva lo sport

Scrivi un testo per pubblicizzare una giornata "porte aperte allo sport". Decidi che tipo di sport pubblicizzare, se è individuale o di gruppo e a che cosa fa bene. Puoi aggiungere una rubrica "ATTENZIONE!" e indicare eventuali svantaggi.

Porte aperte allo sport

Sabato 15 settembre all'ARENA DI PESARO

disciplina sportiva: _____

4B **Dica 33!**

G imperativo con "Lei" irregolare • Quante ne prendo?
V farmaci • sentirsi giù • avere paura

1 *VOCABOLARIO* Farmaci

Abbina le parole della lista e le immagini, come nell'esempio.

✓bustina | compressa | sciroppo | gocce

1. _____   2. ___*bustina*_____   3. _____   4. _____

2 *ASCOLTARE* Studio medico Alberelli

10 ▷ **2a** *Ascolta e seleziona la diagnosi della dottoressa e la ricetta che dà al paziente.*

○ Diagnosi A		○ Diagnosi B	
PAZIENTE:	ETÀ:	PAZIENTE:	ETÀ:
ENZO POMPEI	40	ENZO POMPEI	40
SINTOMI:		SINTOMI:	
MAL DI GOLA, RAFFREDDORE, FEBBRE ALTA		RAFFREDDORE, DEBOLEZZA, FEBBRE	
INFLUENZA		INFLUENZA	

○ Ricetta A

Studio medico Alberelli
VIA PO 111, VITERBO

una confezione di gocce "Naso Libero"
aspirina in bustine, 2 volte al giorno;
riposo e latte caldo con miele

○ Ricetta B

Studio medico Alberelli
VIA PO 111, VITERBO

una confezione di gocce "Naso Libero"
aspirina in compresse, 2 volte al giorno
in caso di febbre; riposo e infusioni

2b *Ascolta ancora e completa con gli imperativi irregolari con* Lei.

1. Allora, mi (*dire*) _____: che succede?
2. Vediamo... (*Venire*) _____ qui.
3. (*Togliere*) _____ il maglione, per favore.
4. Non (*andare*) _____ al lavoro.
5. (*Bere*) _____ zenzero e limone in acqua calda.

2c *Ordina le parole e forma frasi, poi ascolta un'ultima volta e verifica.*

1. giù | sento | mi | molto

   _____ .

2. di | l' | avere | ho | paura | influenza

   _____ .

3. tre | do | giorni | Le | malattia | di

   _____ .

4. certificato | fa | medico | un | mi

   _____ ?

5. influenza | sono | contro | l' | ottimi

   _____ .

3 GRAMMATICA Il pronome *ne*

3a *Indica a quali elementi della lista si riferiscono i pronomi* ne *e li.*

sera | giorni | mattina | gocce
certificato medico | compresse

1.
Paziente   Preferisco le compresse. Quante **ne** prendo?
Dottoressa   **Ne** deve prendere due: una compressa la mattina e una compressa la sera...

ne = _____

2.
Dottoressa   Le do tre giorni di malattia.
Paziente   Tre?! Non sono troppi?
Dottoressa   No, no, **li** usi tutti: deve ri-po-sa-re.
Paziente   Ok... Mi fa un certificato medico?

li = _____

3.
Dottoressa   Provi queste gocce.
Paziente   Quante **ne** devo mettere?
Dottoressa   **Ne** bastano poche. Quattro la sera.

ne = _____

3b *Adesso completa la regola.*

> Il pronome *ne* si riferisce a:
> ○ tutta la quantità.
> ○ una parte di una quantità.

3c *In coppia: completate le frasi con* ne, li *o* lo.

1. Io non faccio sport, mio marito invece è super sportivo: _____ pratica tre!
2. Non comprare l'aspirina, _____ abbiamo ancora una confezione.
3. Sono contrario ai farmaci, non _____ prendo spesso.
4. Il dottore mi ha consigliato l'aspirina, ma non ho capito bene quanta _____ devo prendere.
5. Ho finito lo sciroppo per la tosse: puoi comprar_____, per favore?
6. Adoro il latte con il miele: quando ho l'influenza _____ bevo tre tazze al giorno!

4 PARLARE In farmacia

In coppia (studente A e B). Leggete le vostre istruzioni. Poi chiudete il libro e fate un dialogo in farmacia.

STUDENTE A	STUDENTE B
Sei Enzo Pompei. Vai in farmacia a comprare i farmaci che ha prescritto la dottoressa Alberelli. Purtroppo hai lasciato la ricetta a casa!	Sei un/una farmacista. Arriva un cliente, un signore che non si sente molto bene. Cerca di capire che problema ha e come puoi aiutarlo.

Mi sento debolissimo...   Ha la febbre?

'ALMA.tv ▶

Guarda il video *Andare dal medico* nella rubrica Italiano in pratica.

4C **Terme e salute**

G   tanto • nessun • partitivo singolare e plurale
V   Soffro di... • Non sto più bene. • Non riesco a...

TERME DI SIRMIONE SUL LAGO DI GARDA (LOMBARDIA)

1   *LEGGERE*   Un forum online

1a   *Leggi il messaggio di Melania e la risposta del Dottor Ponti in un forum medico online.*
Poi usa l'immaginazione e inventa il titolo del forum.

testo parlante 11 ▶

Titolo:

Salve, soffro di insonnia da un po' di tempo. Ho sempre sonno, sono tanto nervosa: non sto più bene con nessuno. Prendo sempre della camomilla prima di andare a letto, ma non riesco ad addormentarmi e la mattina sono stanchissima. Ho anche visto degli specialisti. Uno di loro mi ha detto che i bagni termali possono aiutare. Vorrei chiederLe: secondo Lei è così? Grazie per l'aiuto, Melania (Verona).

RISPONDE IL DOTT. PONTI

Gentile Melania, l'insonnia è un problema complesso. Nessun rimedio è universale, ogni persona ha bisogno di una terapia specifica. Sicuramente i bagni termali possono aiutare. L'acqua termale è ottima per i polmoni: respirare bene è essenziale per un sonno tranquillo. Grazie al calore i bagni termali rilassano i muscoli e calmano la mente. Per fortuna l'Italia ha tante località termali: ne esistono 370! Intorno al Lago di Garda, vicino a casa Sua, ci sono delle terme magnifiche: Aquaria a Sirmione, o Villa dei Cedri, giusto per fare due esempi. Cordiali saluti, Marco Ponti

1b In quali parti dei messaggi Melania e il Dott. Ponti fanno queste cose? _Sottolinea_ le parti in modo diverso nel testo, come nell'esempio.

MESSAGGIO DI MELANIA	MESSAGGIO DEL DOTT. PONTI
● apre il messaggio	● apre il messaggio
● indica che tipo di problema ha	● descrive il problema di Melania
● che cosa fa / ha fatto per risolvere il problema	● indica i rimedi generali al problema di Melania
● perché scrive al Dott. Ponti	● risponde alla domanda di Melania
● chiude il messaggio	● dà suggerimenti pratici
	● chiude il messaggio

1c Seleziona il significato delle frasi **evidenziate**.

1. **Non sto più bene con nessuno.**
   ○ Non sono mai stata bene con le altre persone.
   ○ Prima stavo bene con gli altri, adesso no.

2. **Non riesco ad addormentarmi.**
   ○ Per me è difficile addormentarmi.
   ○ Non voglio addormentarmi.

3. **Nessun rimedio è universale.**
   ○ Esiste un rimedio universale.
   ○ Non esistono rimedi universali.

4. **Giusto per fare due esempi.**
   ○ Sono solo due esempi.
   ○ Sono gli unici esempi.

💡 **FOCUS**

TANTO
Sono **tanto** nervosa. = Sono **molto** nervosa.

2 GRAMMATICA Il partitivo

2a Guarda le parole **evidenziate** nelle frasi sotto e completa la regola.

- prendo sempre **della** camomilla
- ho visto **degli** specialisti
- ci sono **delle** terme magnifiche

La preposizione _di_ + l'articolo determinativo indica:
○ una quantità definita
○ una quantità indefinita

2b Completa le frasi con le parole della lista.

delle | dell' | dello | degli | dei

1. Vorrei _____ aspirina, per favore.
2. Ci sono _____ sport adatti a ogni età.
3. Prenda _____ sciroppo per la tosse.
4. Ho preso _____ giorni di malattia.
5. Mangia _____ arance, hanno molta vitamina C.

3 SCRIVERE Un messaggio per il dottore

Vuoi scrivere nel forum del Dottor Ponti per avere un consiglio. Continua il messaggio.

Salve,
soffro di mal di testa / di schiena / di stomaco / ...

ANTICHI BAGNI TERMALI DI BAGNO VIGNONI (TOSCANA)

G ventunesimo

V codici del pronto soccorso • Mi sono fatto male. • Eh

1 ASCOLTARE Al pronto soccorso

12 ▶ 1a In piccoli gruppi. Ascoltate il dialogo, poi con il libro chiuso raccontate tutto quello che avete capito: che cosa è successo?

1b Seleziona l'opzione corretta tra quelle **evidenziate** nel dialogo al pronto soccorso. Poi ascolta ancora e verifica.

● Buonasera, è qui il pronto soccorso, vero?

▶ Sì, mi dica, che problema ha?

● **Ho fatto / Mi sono fatto** male al polso. Forse si è rotto.

▶ Che cosa è successo? Ha preso un colpo molto forte?

● Sì, mentre giocavo a tennis. Sul momento non ho sentito **nessun / né** dolore, ma ora mi fa malissimo. Non riesco **già / più** a muovere la mano.

▶ Ok, ok, non **provare / provi** a muovere niente! Quanto tempo fa è avvenuto l'incidente?

● Eh... Circa un'ora fa.

▶ Ok. Allora, **prendi / prenda** questo codice verde.

● Il "codice verde"?

▶ Indica la priorità. Deve attendere un po'. Oggi abbiamo **ne / dei** codici rossi, gialli... Sono casi più gravi.

● Hm. Secondo Lei quanto devo aspettare?

▶ Eh... Un po', ci sono venti persone prima di Lei.

● Eh? Io sono il ventunesimo paziente?

▶ Eh, sì. Adesso mi scusi. **Aspetta / Aspetti** in sala d'attesa, La chiamiamo noi. Comunque **sta' / stia** tranquillo, non c'è tanto da aspettare: entra un paziente ogni dieci minuti, più o meno.

● Eh? Devo aspettare un **po' / più** di due ore?! Vabbe'...

FOCUS

CODICI DEL PRONTO SOCCORSO

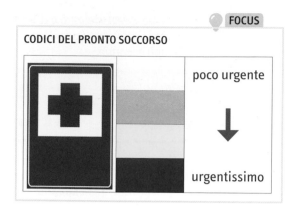

poco urgente

↓

urgentissimo

13 ▶ 1c Ascolta ancora queste frasi e indica nello schema sotto che cosa significa eh nei vari momenti del dialogo.

1 Eh... Circa un'ora fa.

2 Eh... Un po', ci sono venti persone prima di Lei.

3 Eh? Io sono il ventunesimo paziente?

4 Eh? Devo aspettare più di due ore?!

SIGNIFICATO DI *EH*	NUMERO DELLA FRASE
a. Mi dispiace, ma devo darLe un'informazione negativa.	
b. Che cosa? È assurdo!	
c. Aspetti, cerco di ricordare...	

14 ▶ 1d Ascolta ancora come si pronuncia eh e ripeti.

1e *In coppia. A turno, pronunciate* eh *in uno dei tre modi che avete visto. Chi ascolta deve indicare* *a quale foto corrisponde.*

2 **PARLARE** Al pronto soccorso

In coppia (studente A e B). Leggete le istruzioni e fate un dialogo al pronto soccorso.

STUDENTE A	STUDENTE B
Sei in Italia. Ti fa molto male la spalla, così decidi di andare al pronto soccorso. Spiega che problema hai e chiedi assistenza. Sei molto preoccupato/a e vuoi vedere un dottore subito!	Lavori al pronto soccorso di un ospedale italiano. Oggi ci sono moltissimi casi gravi e in questo momento per i problemi meno urgenti puoi dare solo codici bianchi o verdi.

È qui il pronto soccorso, vero?

Sì, mi dica, che problema ha?

DIECI imperativi irregolari

1 *venga*
→ _____

2 *abbia*
→ ____ *avere* ____

3 *vada*
→ _____

4 *beva*
→ _____

5 *sia*
→ ____ *essere* ____

6 *dica*
→ _____

7 *tolga*
→ ____ *togliere* ____

8 *esca*
→ _____

9 *faccia*
→ ____ *fare* ____

10 *stia*
→ _____

Completa la lista con gli infiniti mancanti.

ASCOLTO IMMERSIVO©
Inquadra il QRcode a sinistra o vai su www.almaedizioni.it/dieciA2, chiudi gli occhi, rilassati e ascolta in cuffia.

1 *Prima di guardare il video. Nella prima scena: che cosa legge Ivano e perché è arrabbiato? Nella seconda scena: perché è al pronto soccorso? Confronta le tue ipotesi con quelle di un compagno. Poi guardate il video e verificate.*

2 *Abbina le frasi e ricostruisci i momenti più importanti della storia.*

1. Anna fa sport a casa e
2. Ivano è molto nervoso perché
3. Ivano cade in una buca perché
4. Anna va al pronto soccorso, dove

a. ha letto la sceneggiatura e ha un ruolo piccolo.
b. trova Ivano con un collare.
c. ascolta musica rilassante.
d. non vede che ci sono dei lavori sulla strada.

3 *Ordina le parole **evidenziate** e forma frasi. Poi guarda ancora il video e verifica.*

1. Sì, sì, ho una parte veramente piccola. Nella sceneggiatura
ogni | mia | pagine | frase | trenta | c'è | una
_____ ...

2. Ma che cosa vuole?
Non vede che sono sulle strisce?
che | le | dica | non | ha | non | viste
_____ !

3. sei | male | fatto | ti
_____ ?

4. Be', dai, **bene** | andata | è
_____ ...

4 *Adesso seleziona il significato corretto delle frasi che hai ricostruito.*

1.
○ Il mio personaggio parla molto poco.
○ La mia parte è lunga solo 30 pagine.

2.
○ È impossibile vedere le strisce.
○ Le strisce sono molto visibili.

3.
○ Sei malato?
○ Hai ricevuto un colpo doloroso?

4.
○ Sei stato fortunato.
○ Sei stato sfortunato.

Che cosa significa questo cartello?

○ Non deve entrare nessuno.
○ Può entrare solo chi lavora in questo spazio.
○ Può entrare solo chi indossa guanti neri.

VIETATO L'INGRESSO AI NON ADDETTI AI LAVORI

5 **Nel prossimo episodio...**

Immagina: che cosa succede?

○ Ivano dice al regista che non può lavorare nel film.
○ Ivano va sul set con il collare e cade ancora.
○ Il regista vede Ivano con il collare e ha un'idea geniale...

OMEOPATIA SÌ ✓ OMEOPATIA NO ✗

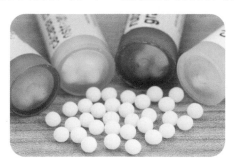

> I farmaci omeopatici non funzionano.
> **Il Fatto Quotidiano**

> L'omeopatia funziona anche contro le malattie importanti. **www.starbene.it**

> Ordine dei medici: "L'omeopatia non ha basi scientifiche, è un placebo". **La Repubblica**

> Associazione medici veterinari: "L'omeopatia fa bene agli animali". **Il Corriere della Sera**

Da tempo in Italia (come in altri Paesi) c'è una polemica sull'omeopatia. Partecipa anche tu al dibattito!

1 *La classe forma gruppi di 3 studenti. La metà dei gruppi è a favore dell'omeopatia, l'altra metà contraria.*

2 *Ogni gruppo fa una lista di argomenti a favore o a sfavore dell'omeopatia. Non importa la vostra vera opinione! Potete considerare:*

- ▶ esperienze vostre o di amici / parenti
- ▶ conversazioni con medici tradizionali o omeopati
- ▶ articoli o blog che avete letto sul tema

3 *Poi ogni gruppo si siede davanti a un altro gruppo, così:*

gruppo a favore ●●●
gruppo contrario ●●●

Dibattete sull'omeopatia. A turno parla uno studente del gruppo a favore, uno del gruppo contrario, ecc. Potete usare le espressioni sotto, o altre.

- secondo me / noi...
- per me / noi...
- è vero, ma...
- certo, ma...
- hai ragione
- hai torto / sbagli
- (non) sono d'accordo con te, perché...

4 *In plenum: che cosa pensate veramente? Dopo il dibattito la vostra opinione è cambiata?*

DIECI COSE DA FARE IN ITALIA PER STARE BENE

1 Andare alle terme.
In Italia ci sono più di 380 bagni termali.

2 Seguire la dieta mediterranea
(verdura, frutta, pane o pasta, olio di oliva).

3 Respirare l'aria del mare. L'Italia è il Paese europeo con il maggior numero di spiagge (5539).

4 Sciare sulle Alpi e sugli Appennini,
dove trovi 1200 km di piste da sci.

5 Fare una gita al lago.
In Italia ci sono circa 1500 laghi!

6 Visitare in bici paesi e luoghi ricchi di storia.
L'Italia ha circa 20000 km di strade ciclabili.

7 Meditare in un monastero.
In alcuni monasteri è possibile anche dormire.

8 Ammirare la bellezza in uno degli oltre 50 siti UNESCO di grande rilievo artistico e naturalistico.

9 Vedere un concerto o uno spettacolo. Ogni anno in Italia si svolgono più di 1000 festival culturali.

10 Sedersi al bar in piazza, prendere un aperitivo e chiacchierare con gli amici.

1. MONTECATINI TERME (TOSCANA), 3. SPIAGGIA IN SALENTO (PUGLIA),
5. LAGO ISEO (LOMBARDIA), 8. REGGIA DI CASERTA (CAMPANIA)

*Quali cose è o non è possibile fare anche nel tuo Paese?
Tu quali fai di solito? Quali vuoi fare in futuro?*

GRAMMATICA

1 Coniuga i verbi tra parentesi all'imperativo con Lei.
Attenzione: _un_ verbo è alla forma negativa.

In erboristeria

- Salve.
- ▶ Buonasera, mi (_dire_) _____.
- (_Sentire_) _____, cerco un rimedio naturale contro la stanchezza. Tra poco comincia l'inverno e con il freddo mi sento sempre debole.
- ▶ Hm... (_Provare_) _____ le compresse di ginseng. Sono efficaci contro lo stress psicofisico e migliorano anche la concentrazione.
- Ah, e quante ne devo prendere?
- ▶ Eh, prima (_andare_) _____ da un dottore. Questa è medicina naturale, ma (_chiedere_) _____ la terapia precisa al Suo medico.
- Va bene... E contro l'influenza che cosa mi consiglia?
- ▶ L'influenza è un virus, deve solo aspettare. (_Bere_) _____ del succo di aloe: riduce un po' i sintomi. Ma (_esagerare_) _____, perché se ne prende troppo può avere mal di pancia.

OGNI VERBO CORRETTO = 4 PUNTI	__ / 28

2 Abbina ogni domanda alla reazione corrispondente. Poi _sottolinea_ il pronome corretto nelle reazioni.

1. Quante gocce di questo spray devo mettere?
2. Mi consiglia l'aspirina?
3. Hai delle compresse di aspirina?
4. Allora prendo tutto questo sciroppo, dottore?

a. Sì, in bustine. **Lo / Ne** prenda una al giorno.
b. Sì, **la / ne** vuoi una?
c. Sì, ma non **lo / ne** beva tutto oggi!
d. **Le / Ne** metta due la mattina e due la sera.

OGNI ABBINAMENTO CORRETTO = 1 PUNTO	__ / 4
OGNI PRONOME CORRETTO = 1 PUNTO	__ / 4

VOCABOLARIO

3 Inserisci le parole della lista nella categoria corrispondente in alto a destra.

corsa | coscia | spalle | raffreddore | nuoto | ossa
febbre | ciclismo | gomito | mal di gola | polso

parti del corpo	sport	piccoli disturbi di salute

OGNI INSERIMENTO CORRETTO = 2 PUNTI	__ / 22

4 Forma espressioni. Attenzione: due parole a sinistra vanno bene con _una_ parola a destra.

sala
pronto
certificato
sport
studio

medico
di squadra
d'attesa
soccorso

OGNI ABBINAMENTO CORRETTO = 2 PUNTI	__ / 10

COMUNICAZIONE

5 Abbina le frasi con un significato simile.

1. **Che problema ha?**
2. **Mi sento molto giù.**
3. **Mi sono fatto male.**
4. **Stia tranquillo.**

a. Ho avuto un incidente.
b. Non deve preoccuparsi.
c. Sono debolissimo.
d. Mi dica che succede.

OGNI ABBINAMENTO CORRETTO = 5 PUNTI	__ / 20

6 Quali frasi **evidenziate** del punto **5** dicono queste persone?

dottore o infermiere: _____
paziente: _____

OGNI RISPOSTA CORRETTA = 3 PUNTI	__ / 12
TOTALE	__ / 100

AUTOVALUTAZIONE

CHE COSA SO FARE IN ITALIANO?	☺	😐	●
dare e capire istruzioni formali	○	○	○
descrivere sintomi	○	○	○
chiedere assistenza in farmacia, dal medico, in ospedale	○	○	○

DOLCE & GABBANA

Qui imparo a:
- *chiedere uno sconto*
- *capire consigli e suggerimenti*
- *raccontare un contrattempo*
- *inviare un pacco alla posta*

COMINCIAMO

a In un negozio, quali sono secondo te le azioni di un "cliente facile" e di un "cliente difficile"?

	CLIENTE FACILE	CLIENTE DIFFICILE
1. accetta volentieri i consigli del commesso	○	○
2. paga il prezzo pieno senza chiedere sconti	○	○
3. vuole cambiare spesso il prodotto che ha comprato	○	○
4. protesta se il servizio è lento	○	○
5. chiede sempre uno sconto	○	○
6. non cambia mai un prodotto	○	○
7. sa quello che vuole	○	○
8. prova molte cose, ma non compra niente	○	○

b E tu che tipo di cliente sei? Parla con un compagno.

5A   Al mercato

G "stare" + gerundio
V Posso provarlo? • Come mi sta? • C'è la small? • Mi fa uno sconto?

1 ASCOLTARE A una bancarella

15 ▶ **1a** Ascolta il dialogo alla bancarella di un mercato: che cosa vuole comprare la signora? Seleziona l'oggetto giusto.

○ un vestito   ○ un cappotto
○ un cappello   ○ un ombrello

1b Ascolta ancora e abbina le informazioni corrette, come nell'esempio.

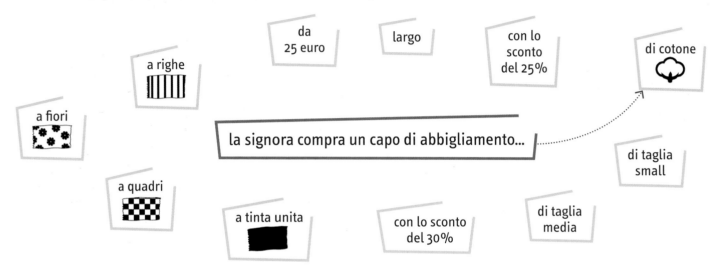

da 25 euro · largo · con lo sconto del 25% · di cotone · a righe · a fiori · a quadri · a tinta unita · con lo sconto del 30% · di taglia media · di taglia small

la signora compra un capo di abbigliamento...

1c Leggi il dialogo e completa. Che cosa dici in queste situazioni?

● Uff, sto morendo di caldo! Quanto dobbiamo camminare ancora? Lo sai che odio lo shopping.

▶ Tranquilla, abbiamo quasi finito. Guarda questo che carino, è perfetto per il sole... Buongiorno, mi scusi, quanto costa?

◆ Quale, signora? Quello a righe?

▶ Sì.

◆ 25 euro.

▶ Posso provarlo?

◆ Certo, prego.

▶ Come mi sta?

● Ti sta benissimo.

▶ Ma no, lo sento largo. Ho la testa piccola io. Mi scusi, c'è la small?

◆ A righe no, della taglia small ho questo a tinta unita, di cotone.

▶ Ok, lo prendo. Mi fa uno sconto?

◆ Mi dispiace signora, non posso. C'è già uno sconto del trenta per cento.

● Allora mamma, hai fatto?

▶ Sì, Elena, un po' di pazienza, sto pagando!

1. PER CHIEDERE DI PROVARE QUALCOSA:
   Posso _____?

2. PER CHIEDERE A QUALCUNO SE UN CAPO DI ABBIGLIAMENTO VA BENE PER ME:
   Come _____?

3. PER RISPONDERE ALLA DOMANDA 2:
   _____
   bene / benissimo / male.

4. PER DIRE CHE UN CAPO DI ABBIGLIAMENTO NON VA BENE PER ME:
   _____
   largo / stretto.

5. PER CHIEDERE UNO SCONTO:
   _____?

'ALMA.tv ▶
Guarda il video
Come mi sta? nella rubrica
Italiano in pratica.

2 GRAMMATICA Stare + gerundio

2a *Leggi la frase e rispondi alla domanda a destra.*

Sì Elena, un po' di pazienza, **sto pagando**!

Che cosa esprime il verbo *stare* con il gerundio?

○ un'azione che accade adesso, in questo momento

○ un'azione del passato

○ un'azione del futuro

💡 FOCUS

GERUNDIO

parl**are**	→	parl**ando**
chiud**ere**	→	chiud**endo**
part**ire**	→	part**endo**

2b *Gioca con un compagno. A turno, selezionate una casella e un verbo dalla lista e formate una frase con* stare *+ gerundio, come nell'esempio. Se la frase è corretta, conquistate la casella. Vince chi per primo fa tris o conquista più caselle.*

dormire | leggere | cantare | cucinare | ballare | mangiare | ✓suonare | partire | scrivere | ridere

ESEMPIO:

Simone

Simone **sta suonando**.

Antonella

Giulio e Sara

il cuoco

i coristi

Andrea

i signori Marchetti

le coppie

la ragazza

il bambino

3 PARLARE Come mi sta?

Lavora con un compagno (studente A e B). Leggete le vostre istruzioni e fate un dialogo. Poi invertite i ruoli.

STUDENTE A

Lavori in un negozio di abbigliamento. Un / Una cliente difficile entra e ti chiede aiuto. Dai consigli sulla taglia, il tipo di tessuto, il colore, ecc.

STUDENTE B

Sei un / una cliente difficile. Vuoi comprare un capo di abbigliamento (un vestito, o un paio di pantaloni, o una giacca, o una gonna, o una camicia, o una borsa). Vai in un negozio e chiedi aiuto al commesso / alla commessa sulla taglia, il tipo di tessuto, il colore, ecc.

Questo vestito a quadri Le sta benissimo!

No, preferisco quello a righe.

💡 FOCUS

TESSUTI

di cotone   di lana

di seta   di pelle

1 VOCABOLARIO Saldi e sconti

1a *Quali di queste espressioni conosci? Confrontati con un compagno.*

| saldi | sconto | scontrino | paio | difetto | negoziante di fiducia |

1b *In coppia. Coprite le espressioni e guardate solo le immagini. A turno, indicate un'immagine. L'altro studente deve indovinare il nome.*

2 LEGGERE Saldi perfetti

2a *Leggi il testo e abbina le domande della colonna sinistra (in ordine) ai consigli della colonna destra (in disordine), come nell'esempio.*

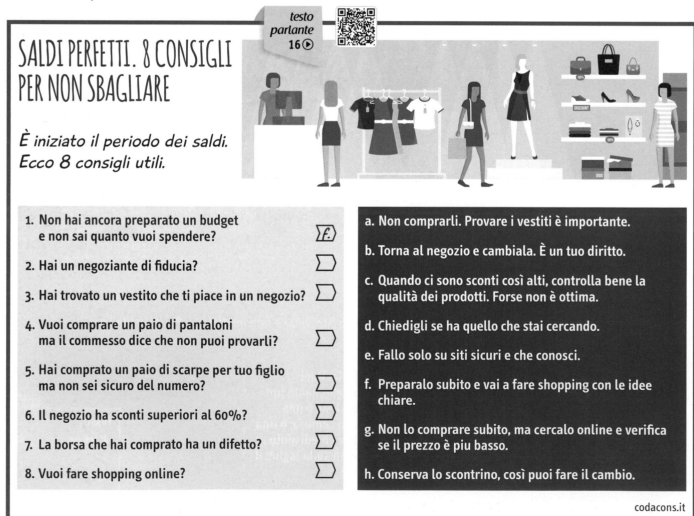

testo parlante 16 ▶

SALDI PERFETTI. 8 CONSIGLI PER NON SBAGLIARE

È iniziato il periodo dei saldi. Ecco 8 consigli utili.

1. **Non hai ancora preparato un budget e non sai quanto vuoi spendere?** ▷f.

2. **Hai un negoziante di fiducia?** ▷

3. **Hai trovato un vestito che ti piace in un negozio?** ▷

4. **Vuoi comprare un paio di pantaloni ma il commesso dice che non puoi provarli?** ▷

5. **Hai comprato un paio di scarpe per tuo figlio ma non sei sicuro del numero?** ▷

6. **Il negozio ha sconti superiori al 60%?** ▷

7. **La borsa che hai comprato ha un difetto?** ▷

8. **Vuoi fare shopping online?** ▷

a. **Non comprarli. Provare i vestiti è importante.**

b. **Torna al negozio e cambiala. È un tuo diritto.**

c. **Quando ci sono sconti così alti, controlla bene la qualità dei prodotti. Forse non è ottima.**

d. **Chiedigli se ha quello che stai cercando.**

e. **Fallo solo su siti sicuri e che conosci.**

f. **Preparalo subito e vai a fare shopping con le idee chiare.**

g. **Non lo comprare subito, ma cercalo online e verifica se il prezzo è piu basso.**

h. **Conserva lo scontrino, così puoi fare il cambio.**

codacons.it

2b *Quali di questi consigli segui di solito? Parla con un compagno.*

3 GRAMMATICA Imperativo e pronomi

3a Trova nella colonna **rossa** del testo gli imperativi con i pronomi e scrivili nello schema, come negli esempi.

IMPERATIVO AFFERMATIVO
cambiala (la gonna)

IMPERATIVO NEGATIVO
non comprarli (i pantaloni)

3b Osserva i verbi nello schema del punto **3a** e indica quando il pronome è unito o è davanti al verbo.
In quale imperativo il pronome può andare in tutte e due le posizioni?

	IMPERATIVO	
	AFFERMATIVO	NEGATIVO
il pronome è unito al verbo	○	○
il pronome è davanti al verbo	○	○

3c In coppia (studente A e B).
A trasforma con l'imperativo e il pronome la **frase 1A**.
Poi B trasforma la **frase 1B**. Poi A trasforma **2A**, ecc.
Seguite l'esempio.
Vince lo studente che forma più frasi corrette.

ESEMPIO:

Mangia l'insalata.	Prepara gli spaghetti.
A: Mangiala!	**B: Preparali!**
A	B

A	B
1A. Prova il vestito.	1B. Lava la camicia.
2A. Prendi i biglietti.	2B. Leggi il libro.
3A. Non comprare le scarpe.	3B. Fai gli esercizi.
4A. Scrivi le mail.	4B. Non bere la spremuta.
5A. Fai la spesa.	5B. Taglia le arance.
6A. Non bere il caffè.	6B. Non lavare i pantaloni.

4 SCRIVERE Consigli per...

In coppia: scegliete un tema e scrivete una lista di domande e consigli, come nel testo del punto **2**.

3 CONSIGLI PER...

vestirsi come un vero italiano

avere un matrimonio perfetto

imparare tre lingue insieme

diventare famoso

5c Al commissariato di polizia

1 ASCOLTARE Devo fare una denuncia...

17 ▶ 1a Che cosa è successo alla signora? Ascolta il dialogo e poi confrontati con un compagno.

1b Ascolta ancora, poi rispondi alle domande insieme allo stesso compagno.

POLIZIA DI STATO COMMISSARIATO

1. Che cosa c'era nel portafogli?
2. Quando e dove è successo il fatto?
3. Con chi era la signora?
4. C'erano altre persone?
5. La signora ha notato qualcosa di strano?
6. Com'era la ragazza?

FOCUS

ACCESSORI

portafogli   collana   orecchini

18 ▶ 1c Completa con le parole della lista, poi ascolta e verifica.

**a quadri | castani | chiari | collana
jeans | media | orecchini**

▶ Può descriverla? Altezza, occhi, capelli...
● Altezza _____...
   Occhi _____...
   Capelli corti, _____.
   Portava un paio di _____,
   una camicia _____ e degli
   _____ molto grandi.
▶ Ricorda altro?
● Aveva anche una _____.

1d Adesso disegna la ragazza.

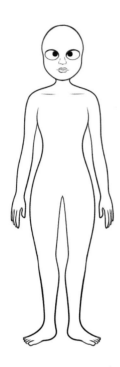

2 GRAMMATICA Ce l'ho.

2a Completa la regola.

> Per dire che abbiamo una cosa usiamo la forma: **ce l'ho.**
>
> ● Vuole **una penna**?
> ▶ _____, grazie.
>
> Per dire che <u>non</u> abbiamo una cosa usiamo la forma: **non ce l'ho.**
>
> ● Hai **l'ombrello**?
> ▶ No, _____.

2b Completa le frasi con i pronomi l', li, le.

1.
● Hai **i biglietti**?
▶ Sì, ce _____ ho.

2.
● Hai **le patate**?
▶ Sì, ce _____ ho.

3.
● Hai **il passaporto**?
▶ Sì, ce _____ ho.

4.
● Hai **la macchina**?
▶ No, non ce _____ ho.

2c Metti in una borsa gli oggetti che hai tra quelli qui sotto.

la penna

i soldi

il telefono

il cappello

la sciarpa

il foglio

la collana

l'ombrello

le cuffie

gli orecchini

il libro

la bottiglietta d'acqua

gli occhiali

l'orologio

le chiavi

2d In coppia. Domanda al compagno se nella sua borsa ha uno degli oggetti illustrati al punto **2c**. Se ce l'ha, prendi l'oggetto. Poi rispondi alla sua domanda. Seguite l'esempio.
Poi cambiate coppie. Vince chi alla fine ha più oggetti dei compagni.
Attenzione: se la risposta è grammaticalmente sbagliata, l'altro studente può fare un'altra domanda e così ha la possibilità di prendere un altro oggetto.

ESEMPIO:

Hai le chiavi?

Sì, ce **le** ho! Prendi**le**.

No, non ce **le** ho!

3 *PARLARE* Ho perso le chiavi.

In piccoli gruppi. Hai mai perso o ti hanno mai rubato qualcosa di importante? Che cos'era? E che cosa hai fatto? Raccontalo ai compagni.

Una sera sono tornato a casa ma non trovavo le chiavi per aprire. Era mezzanotte...

E che cosa hai fatto?

5D Devo spedire un pacco.

1 *ASCOLTARE E SCRIVERE* All'ufficio postale

1a Chiudi il libro, ascolta e rispondi alla domanda: nel modulo ci sono errori?

1b Ascolta ancora, poi correggi il modulo dove è necessario.

Posteitaliane

MITTENTE

Michele Giusti

Indirizzo

via dei Fornai, 43 – 40124 Bologna

DESTINATARIO

Aldo Timi

Indirizzo

Platzl 4 – 80331 Monaco

Paese

Germania

Telefono

Contenuto del pacco

documenti

Peso

2 kg

Tipo di spedizione

[✓] pacco celere [ ] pacco ordinario

1c Leggi la trascrizione e verifica.

▶ Buongiorno, devo spedire un pacco.

● Ha compilato il modulo?

▶ Sì, eccolo. Lo verifichi, per favore.

● Vediamo: mittente... destinatario... Paese... no, qui c'è un errore. Lei nell'indirizzo del destinatario ha scritto "Monaco", ma il Principato di Monaco non è in Germania.

▶ Guardi, non c'è nessun errore. Il pacco non va nel Principato di Monaco, ma a Monaco di Baviera, in Germania.

● Ah, sì, che stupida. Mi scusi. Un'altra cosa: Lei ha segnato il pacco celere, la spedizione veloce. Per la spedizione veloce ci vuole il telefono del destinatario. Ce l'ha?

▶ No, non ce l'ho.

● Allora è un pacco ordinario. Spedizione normale, mi dispiace.

▶ Quanti giorni ci vogliono?

● Dipende, di solito cinque giorni, ma può arrivare anche prima. Qual è il contenuto del pacco?

▶ Sono libri.

● Perché allora ha scritto "documenti"? E anche il peso è sbagliato. Lei ha scritto 2 chili, ma la bilancia segna 2 chili e 650 grammi.

▶ Mi scusi.

 FOCUS

IMPERATIVO CON *LEI* E PRONOMI
Con l'imperativo con *Lei* il pronome va prima del verbo.

Lo verifichi, per favore.
Mi scusi.

2 VOCABOLARIO Espressioni all'ufficio postale

Abbina le parole e forma delle coppie logiche, come nell'esempio.

spedire	bilancia
compilare	veloce
spedizione	destinatario
mittente	(un) pacco
peso	(un) modulo

(spedire → (un) pacco collegato)

3 SCRIVERE E PARLARE Spedire un pacco

Sei all'ufficio postale per spedire un pacco. Compila il modulo: a chi e dove lo spedisci? Che cosa contiene? Quanto pesa? Usa l'immaginazione.
Poi lavora in coppia con un compagno. Uno studente è il cliente, l'altro studente l'impiegato della posta. Fate un dialogo e poi invertite i ruoli.

> Qual è il contenuto del pacco?

> Quanti giorni ci vogliono?

Posteitaliane

MITTENTE
_____

Indirizzo
_____

DESTINATARIO
_____

Indirizzo
_____

Paese
_____

Telefono
_____

Contenuto del pacco
_____

Peso
_____

Tipo di spedizione
☐ pacco celere   ☐ pacco ordinario

DIECI servizi utili

1 banca   **2** pronto soccorso

3 ospedale   **4** farmacia

5 commissariato

6 ufficio postale

7 ufficio informazioni

8 ambasciata

9 scuola

10 università

Indica dove vai se:

- *devi fare una denuncia*
- *sei in viaggio all'estero e hai perso il passaporto*
- *devi spedire un pacco.*

ASCOLTO IMMERSIVO©
Inquadra il QRcode a sinistra o vai su www.almaedizioni.it/dieciA2, chiudi gli occhi, rilassati e ascolta in cuffia.

▶ *GRAMMATICA* ES 6 e 7   ▶ *VOCABOLARIO* ES 4, 5 e 6   ▶ *FONETICA*   71

1 Prima di guardare il video, osserva le immagini e scrivi che cosa stanno facendo Ivano e Anna.
Usa stare + gerundio e i verbi scrivere, parlare, recitare.

1. Ivano e Anna _____.

2. Ivano _____.

3. Anna _____.

2 Guarda il video, poi rispondi alle domande insieme a un compagno.

• Che reazione ha il regista quando scopre che Ivano non può venire alle riprese?

• Perché Anna e Ivano decidono di fare un video?

• Che cosa fa Ivano nel video?

3 Completa il dialogo con i verbi della lista all'imperativo con Lei. In tre casi devi inserire il pronome mi.
I verbi non sono in ordine.
Poi guarda ancora la prima parte del video e verifica.

telefonare | dire | scusare | sentire

Ivano _____, maestro Guidi, ma... non posso venire alle riprese.

Regista Cosa? Non può venire? Ma cosa è successo? (...)

Ivano No, devo stare fermo per tre settimane...

Regista Cosa? Tre settimane? ... _____, noi iniziamo le riprese dopodomani. _____ e _____ se sta meglio, perché se non può venire io devo trovare un altro attore. Arrivederci!

4 Abbina i verbi a sinistra e le parole a destra e forma le espressioni corrette.
Poi completa le frasi del dialogo con tre di queste espressioni. Attenzione ai tempi verbali!

1. avere   a. meglio
2. stare   b. un incidente
3. recitare   c. fermo
4. stare   d. un monologo

Mi telefoni domani e mi dica se _____.

Io mi vesto come Nerone e _____.

Devo _____ per tre settimane...

5 Sei il regista Guidi e ricevi la mail di Ivano e il video. Come rispondi? Scrivi una breve risposta.

Egregio signor Solari...

COM'È CAMBIATA LA MODA

Come si vestivano gli italiani in passato?
Ecco degli esempi.

anni Sessanta
Le ragazze portavano minigonne cortissime.

anni Settanta
Tutti indossavano pantaloni "a zampa di elefante".

anni Ottanta
Andavano di moda colori fortissimi, come il *rosa shocking*.

anni Novanta
I giovani seguivano la moda *grunge*, per esempio portavano camicie larghe a quadri.

anni Duemila
Sono arrivati i pantaloni a metà gamba: i "pinocchietti".

1 *In gruppi di 4.*
Su un grande foglio o con un computer, preparate una presentazione sulla moda passata nel vostro Paese. Se avete origini diverse, potete scegliere un Paese solo (anche un Paese terzo).

Avete due opzioni:
a *scegliere un periodo specifico (per esempio: gli anni Settanta);*
b *presentare l'evoluzione della moda negli ultimi decenni.*

Potete aggiungere foto o disegni.

2 *In plenum. Guardate le varie presentazioni: quale stile del passato trovate bellissimo, quale orribile?*

ICONE DI STILE: SOFIA LOREN E MARCELLO MASTROIANNI NEL FILM "MATRIMONIO ALL'ITALIANA" DI VITTORIO DE SICA.

DIECI MARCHI DI MODA ITALIANA

1 ARMANI
2 FERRAGAMO
3 GUCCI
4 VALENTINO
5 PRADA

6 VERSACE
7 FENDI
8 DOLCE E GABBANA
9 MOSCHINO
10 MAX MARA

1   2   3

4   7   10

Le case di moda italiane si differenziano molto per stile.
Come trovi lo stile dei modelli qui sopra?

○ originale   ○ divertente   ○ classico
○ bello   ○ ridicolo   ○ elegante
○ brutto   altro: _____

GRAMMATICA

1 Coniuga i verbi tra parentesi all'imperativo con tu.
Aggiungi il pronome che corrisponde al testo sottolineato.

> *Hai un negozio di abbigliamento?*
> *Ecco delle regole per te per il periodo dei saldi.*
>
> • Prezzo originale:
>   (*indicare*) _____ in modo chiaro.
> • Prezzo ridotto:
>   (*scrivere*) _____ accanto al prezzo
>   originale.
> • Prodotti in saldo e prodotti non in saldo:
>   non (*mettere*) _____ vicino.
> • Pagamenti con carta di credito o bancomat:
>   (*accettare*) _____ sempre, anche
>   durante i saldi.
> • In negozio vendi anche la collezione dell'anno
>   prima?
>   (*Separare*) _____ in modo chiaro
>   dalla collezione di quest'anno.
>   Associazione Difesa Consumatori

> **OGNI VERBO CORRETTO = 4 PUNTI**   __ / 20

2 Usa i verbi della lista e descrivi le azioni nelle immagini
con stare + gerundio. I verbi non sono in ordine.

pagare | leggere | provare | spedire

1. _____   2. _____
   un paio scarpe.   una lettera.

3. _____   4. _____
   la lista della spesa.   con la carta.

> **OGNI VERBO CORRETTO = 5 PUNTI**   __ / 20

VOCABOLARIO

3 Completa il testo con le parole della lista.

taglia | aperte | troppi | pelle | giacca | colori

vestirsi come un italiano

Sì	No
• scarpe di alta qualità, di _____	• _____ accessori
• _____ discreti, come il bianco o il nero	• scarpe _____ in situazioni formali (attenzione: le flip flop vanno bene solo al mare!)
• jeans, ma meglio se con qualcosa di più formale (per es. una _____)	• pantaloni larghissimi, per es. di _____ XL per una persona magra

> **OGNI COMPLETAMENTO CORRETTO = 6 PUNTI**   __ / 36

COMUNICAZIONE

4 Ordina le frasi dei due dialoghi all'ufficio postale.

☐ Spedizione celere o ordinaria?
☐ Circa tre.
☐ Buongiorno, vorrei spedire questo pacco.
☐ Ordinaria. Quanti giorni ci vogliono per l'Italia?

☐ Sì, ce l'ho qui. Eccolo.
☐ Grazie, ma il pacco dov'è?
☐ Salve, devo spedire un pacco.
☐ Ha compilato il modulo?

> **OGNI FRASE NELL'ORDINE CORRETTO = 2 PUNTI**   __ / 8

5 Abbina le frasi di sinistra e la reazione appropriata.

1. Mi fa uno sconto?
2. Di questo c'è la media?
3. Le stanno benissimo questi pantaloni.
4. Questa borsa ha un difetto, vorrei cambiarla.

a. Io invece li sento stretti.
b. Va bene, ma ho bisogno dello scontrino.
c. Mi dispiace, il prezzo è quello.
d. No, sono rimaste solo taglie piccole.

> **OGNI ABBINAMENTO CORRETTO = 4 PUNTI**   __ / 16

> **TOTALE**   __ / 100

AUTOVALUTAZIONE

CHE COSA SO FARE IN ITALIANO?   ☺ 😐 ●

	☺	😐	●
acquistare un capo di abbigliamento	○	○	○
descrivere aspetto e abbigliamento	○	○	○
spedire un pacco alla posta	○	○	○

LEZIONE
CI ANDIAMO?

6

Qui imparo a:
- raccontare il mio film preferito
- fare, accettare o rifiutare una proposta
- consigliare destinazioni turistiche o eventi culturali
- capire istruzioni in luoghi pubblici

COMINCIAMO

In coppia. Scrivete un breve slogan per il turismo in Basilicata (nelle foto sopra). Potete usare le tre pubblicità sotto come modello.

UMBRIA
SCOPRI IL CUORE VERDE DELL'ITALIA

Non fare il turista, vieni in Trentino!

KEEP CALM
and
VIENI A BALLARE
IN PUGLIA

IN ALTO, DA SINISTRA A DESTRA: MATERA, MARATEA, CRACO, DOLOMITI LUCANE

L'Italia sullo schermo

1 PARLARE I miei film italiani

Conosci film italiani? Quali? Sono film recenti o di molto tempo fa? Parlane con due compagni.

2 LEGGERE Un film: "Basilicata Coast to Coast"

2a *Leggi i testi su questo film degli anni Duemila. Secondo te che tipo di testi sono? Seleziona tre categorie e motiva le tue scelte con un compagno.*

testo parlante 20 ▶

1 Quattro amici di Maratea che suonano in un gruppo, Le Pale Eoliche, decidono di partecipare al festival della canzone di Scanzano Jonico. Partono dieci giorni prima a piedi, insieme a un'antipatica giornalista, e si esibiscono in concerti in piccolissimi paesi lungo il percorso. Per tutti è un viaggio terapeutico, un'occasione per ritrovare l'amore e la felicità e dimenticare gli errori del passato.

2 È la #giornatamondialedellalentezza, ma noi in #Basilicata la chiamiamo semplicemente "turismo". Visitate la nostra terra tranquilla! Fate come i protagonisti di #BasilicataCoasttoCoast: scoprite le meraviglie di questa bellissima regione! Voi il film l'avete visto? Che ne pensate?

3 In Basilicata il turismo – dopo anni di inattività – sta vivendo un momento fortunato grazie alla storia, all'ospitalità, alla gastronomia e ai panorami incredibili, quasi da far west americano, della regione. In alcuni momenti di questo film divertentissimo i personaggi parlano in dialetto locale, ma è abbastanza facile da capire. Alla fine avevo voglia di lasciare tutto e partire! Nel DVD ci sono contenuti extra davvero interessanti. Assolutamente consigliato!

	1	2	3
il commento su un sito di vendita online	○	○	○
una sintesi su wikipedia	○	○	○
la recensione di un critico di cinema	○	○	○
un tweet	○	○	○

2b *Che tipo di film è "Basilicata Coast to Coast"? Sono possibili risposte diverse. Motiva le tue scelte con un compagno.*

○ comico
○ drammatico
○ road movie
○ commedia romantica

2c *Con lo stesso compagno. Trovate nei testi le frasi / le parole che dimostrano che queste frasi sono false.*

1. In Basilicata ci sono solo grandi città.
2. I protagonisti di "Basilicata Coast to Coast" sono contenti della loro vita.
3. In Basilicata i ritmi sono stressanti e frenetici.
4. La Basilicata è sempre stata una regione molto turistica.
5. In Basilicata non c'è niente di interessante da vedere.

3 VOCABOLARIO Espressioni sinonime

Cerca nei tre testi le espressioni equivalenti.

TESTO 1

band musicale = _____
suonano dal vivo = _____

TESTO 2

calma e serena = _____
personaggi principali = _____

TESTO 3

volevo = _____

4 GRAMMATICA Da + infinito

4a *Seleziona il significato della frase evidenziata.*

I personaggi parlano in dialetto locale, ma **è abbastanza facile da capire**.

○ Capisco questo dialetto senza grandi problemi.

○ È impossibile capire questo dialetto.

4b *Forma frasi come nell'esempio nella prima colonna. Usa i verbi della lista. Sono possibili soluzioni diverse. Poi nella seconda colonna scrivi esempi del tuo Paese e alla fine confrontali con quelli di un compagno.*

✓visitare | assaggiare | capire
scoprire | comprare | vedere

ESEMPIO:

una regione bella	
una regione bella da visitare	*la Toscana*

NEL MIO PAESE

1. un piatto buono	
2. una città interessante	
3. un dialetto impossibile	
4. una tradizione divertente	
5. un souvenir tipico	

💡 FOCUS

NE DI ARGOMENTO
Usiamo **ne** anche per indicare un tema nominato prima.

Voi il film l'avete visto? Che **ne** pensate?
(ne = del film)

5 SCRIVERE Il mio film preferito

Qual è il tuo film preferito?
Di che nazionalità è?
Di che anno è?
Di che cosa parla?
Scrivi una sintesi sui luoghi, i personaggi e gli eventi principali. Puoi aggiungere una foto, o il manifesto del film.

"BASILICATA COAST TO COAST", DI ROCCO PAPALEO

▶ *GRAMMATICA* ES 1, 2 e 3 ▶ *VOCABOLARIO* ES 1

1 VOCABOLARIO E ASCOLTARE
"La grande bellezza"

1a Completa i due biglietti del cinema con le parole della lista. Attenzione: alcune parole sono in tutti e due i biglietti.

posti | **1° spettacolo** | **fila** | **titolo** | **2° spettacolo**

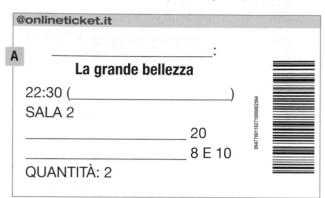

@onlineticket.it

A _____ :
La grande bellezza
22:30 (_____)
SALA 2
_____ 20
_____ 8 E 10
QUANTITÀ: 2

0947700118271000002594

B _____ :
La grande bellezza
20:30 (_____)
SALA 2
3
8, 10 E 12
QUANTITÀ: 3

CINEMA ALCAZAR
via Como 76

21 ▶ **1b** Ascolta il dialogo: quale biglietto comprano i due amici?

IL PARCO DEGLI ACQUEDOTTI (ROMA) NE "LA GRANDE BELLEZZA"
DI PAOLO SORRENTINO

1c Ascolta ancora e seleziona l'opzione corretta.

1. I due amici vanno a vedere *La grande bellezza* perché:
   ○ tutti e due sono molto interessati.
   ○ uno di loro insiste.

2. Il film *La grande bellezza* mostra:
   ○ luoghi famosi e meno famosi di Roma.
   ○ solo i luoghi famosi di Roma.

3. Chi ha invitato Annalisa al cinema?
   ○ I due amici.
   ○ Uno dei due amici.

4. Chi compra i biglietti alla fine?
   ○ Annalisa.
   ○ I due amici.

5. Come vanno al cinema i due amici?
   ○ In macchina.
   ○ Con la metro.

💡 FOCUS

BISOGNA
Bisogna vederlo, un film che ha vinto l'Oscar!
= **è necessario** vederlo

1d Che cosa dici per fare queste cose? Completa con le espressioni della lista.

**per me va bene | non mi va per niente (di)
d'accordo | va bene per te? | che ne dici?
sì, mi va | non ho voglia (di) | ti va (di)
non mi interessa molto**

1. PER FARE UNA PROPOSTA:
   _____
   _____
   _____

2. PER ACCETTARE UNA PROPOSTA:
   _____
   _____
   _____

3. PER RIFIUTARE UNA PROPOSTA:
   _____
   _____
   _____

2 GRAMMATICA Pronomi combinati

2a *Osserva le frasi del dialogo e abbina i pronomi* evidenziati *alle 2 parole a cui si riferiscono, come nell'esempio.*

| il film |

Dai! Bisogna vederlo, un film che ha vinto l'Oscar! Senti che recensione fantastica, senti, senti, **te la** leggo: "Un grande affresco sulla borghesia ricca di Roma…"

| la macchina |

| a noi |

Da lontano non vedo niente. Se sto lontano il film **me lo** devi raccontare tu!

| la recensione |

| a me |

… Non prendere i biglietti. È Annalisa. È vicino al cinema, **ce li** compra lei in biglietteria.

| a te |

- Ma tu non hai la macchina?
- Adesso sì, ma domani ce l'ha mia sorella. **Gliela** presto per tutta la settimana.

| a mia sorella |

| i biglietti |

2b *In coppia. Inserite nello schema i pronomi del punto* **2a***. Poi completate tutto lo schema.*

	LO	LA	LI	LE
MI		me la		me le
TI	te lo		te li	
GLI / LE	glielo			gliele
CI		ce la		
VI	ve lo			ve le
GLI			glieli	

'ALMA.tv ▶

Guarda il video *Come rimaniamo?* nella rubrica Italiano in pratica.

2c *Rispondete insieme alle domande.*

1. Nella combinazione di pronomi, che cosa succede al primo? **2.** Che cosa succede alla terza persona?

2d *Chi presta cosa a chi? In coppia: a turno fate una frase come nell'esempio. Se la frase è corretta, conquistate la casella. Vince il primo che completa il tris o conquista più caselle. Usate sempre il verbo* prestare *(attenzione alla forma).*

ESEMPIO:

a lui / i libri / Sabina → glieli presta Sabina

a me / la moto / Davide	a noi / il camper / Ottavia	a lui / i soldi / i genitori
a te / le scarpe da trekking / io	a lei / il computer / noi	a loro / le biciclette / tu
a voi / la macchina / Patrizia e Elio	a me / i libri / voi	a lei / la carta di credito / Saverio

3 PARLARE Cinema per tutti i gusti

In coppia (studente A e B). Andate in ▶ COMUNICAZIONE: A va a pagina 136, B a pagina 139. Leggete il vostro programma e organizzate un'uscita al cinema!

1 VOCABOLARIO La mia musica

Indica a un compagno il tuo o i tuoi generi musicali preferiti. Puoi fare esempi concreti e nominare musicisti o cantanti del presente o del passato.

pop e rock | jazz | soul e blues | hip hop | classica | elettronica | altro:

2 LEGGERE Un'estate di festival

2a *Completa l'articolo con i pronomi della lista.*

me lo | si | ve la | si | me | ve lo | vi | vi | ve le | lo

Fare e vedere

UN'ESTATE AL CENTRO

Siete in partenza per l'Italia centrale? La valigia è lì pronta: l'avete già preparata, ma non avete ancora deciso un itinerario? Cercate idee? Sono qui per dar_____. Oggi _____ propongo dei festival unici, tra bellissime città medievali e rinascimentali.
Chi sono: mi chiamo Linda Ferretti, scrivo guide turistiche, viaggiare è la mia grande passione. Credo nel proverbio: "Chi va piano, va sano e va lontano." _____ diceva sempre mia nonna Nilde e per _____ vale sia nella vita quotidiana che in vacanza.

FERRARA BUSKERS FESTIVAL
dove: a Ferrara – **quando**: agosto

Spesso gli artisti di strada non _____ possono esibire nelle vie o nelle piazze. Durante questo festival, invece, possono far_____ liberamente da mattina a sera. Per la gioia di 800.000 spettatori a edizione!

FESTIVAL DEI DUE MONDI
dove: a Spoleto – **quando**: da giugno a luglio

Qui trovate spettacoli di teatro, danza classica e contemporanea, e concerti di musica classica o pop, con artisti di fama internazionale. È un grande evento: _____ consiglio al 100%!

Allora, avete già preso i biglietti… o non li avete ancora comprati? Che aspettate? Buon divertimento!

UMBRIA JAZZ
dove: a Perugia – **quando**: a luglio

In questo importante festival _____ sono esibiti "mostri sacri" del jazz, ma anche del blues e del pop rock come Miles Davis, B. B. King e Lady Gaga. Chi ci è già stato ci torna ogni anno!

SIREN FEST
dove: a Vasto – **quando**: a luglio

_____ interessa qualcosa di più alternativo? Ecco un festival di musica *indie* ed elettronica nei cortili della città. Questa è una meraviglia quasi segreta: _____ suggerisco di cuore!

2b *Quale festival consigli a queste persone?*

Salvo: Ascolto solo musica techno.

Gustavo: La musica americana di oggi e di ieri è la mia preferita.

Anna: Mi piace il circo di strada.

Beatrice: Adoro il balletto.

Nicola: Per me la musica dopo Mozart non è vera musica.

2c *Quale festival preferisci tu? Perché? Parlane con un compagno.*

3 GRAMMATICA Già e non ancora

3a *Osserva le frasi: in che posizione si trovano gli avverbi* già *e* non ancora*? Parlane con un compagno.*

- La valigia è lì pronta: l'avete **già** preparata, ma non avete **ancora** deciso un itinerario?
- Chi ci è **già** stato ci torna ogni anno!
- Allora, avete **già** preso i biglietti... o non li avete **ancora** comprati?

3b *Con lo stesso compagno (studente A e B). Siete in partenza per un festival. Ognuno di voi* cerchia *due cose che ha già fatto (✓) e due cose che non ha ancora fatto (✗) prima del viaggio. Poi fatevi domande come nell'esempio.*

Per A		
prenotare **i biglietti del festival**	✓	✗
guardare **le recensioni dei ristoranti**	✓	✗
preparare **lo zaino**	✓	✗
comprare **la guida della città**	✓	✗

Per B		
pagare **l'hotel**	✓	✗
scaricare **la mappa della città** sul cellulare	✓	✗
guardare **le previsioni del tempo**	✓	✗
prenotare **i posti in treno / in aereo**	✓	✗

ESEMPIO: **l'hotel** → **A:** L'hotel? **B** (✓): L'ho **già** pagato.

4 PARLARE Me lo consigli?

4a *Indica per ogni categoria un luogo che ti piace e uno che non ti piace nel tuo Paese, o in un Paese straniero. Non devi completare tutto!*

- città 👍 _____ 👎 _____
- museo 👍 _____ 👎 _____
- festa o festival 👍 _____ 👎 _____
- altro 👍 _____ 👎 _____

4b *Lavora con un compagno che non conosci bene. Leggi i suoi luoghi e domandagli se te li consiglia o no, e perché. Poi rispondi anche tu alle sue domande.*

"Il palio di Siena" in Italia... Me lo consigli?

Sì, perché...

1 *ASCOLTARE* In aereo e in treno

 22 ▶ **1a** *Ascolta gli annunci: dove siamo?*

	IN STAZIONE	IN AEROPORTO	IN AEREO
1.	○	○	○
2.	○	○	○
3.	○	○	○
4.	○	○	○
5.	○	○	○

1b *Ascolta ancora e seleziona i divieti o gli ordini che senti.*

○

○
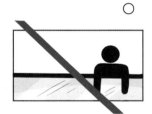

○

○

○

○

1c *Ascolta un'ultima volta e seleziona i tabelloni con le informazioni corrette.*

1

✈ Partenze					
volo	destinazione	orario	previsto	note	gate
AZ323	FRANCOFORTE	10:30	10:30	IMBARCO	16

2

🚄 Arrivi				
treno	destinazione	orario	ritardo	binario
Frecciarossa 9620	ROMA TERMINI	12:30	4'	12

3

🚄 Partenze				
treno	destinazione	orario	ritardo	binario
R 521	FERRARA	12:25	8'	2

4

✈ Partenze					
volo	destinazione	orario	previsto	note	gate
i9	ATENE	15:00	15:30		

5

🚄 Partenze				
treno	destinazione	orario	ritardo	binario
IC 449	NAPOLI	12:45		14

1d *Leggi la trascrizione e verifica tutte le soluzioni.*

1.
Volo AZ323 per Francoforte delle 10:30, ultima chiamata
per il passeggero Zimmerman, imbarco immediato
al gate 16. Ultima chiamata, passeggero Zimmerman,
imbarco immediato al gate 16.

2.
Il Treno Frecciarossa 9620 per Roma Termini delle ore
12 e 30 è in arrivo al binario 4. Allontanarsi dalla linea
gialla.

3.
Il treno regionale 521 per Ferrara delle ore 12 e 25 è in
partenza dal binario 2. Viaggia con 8 minuti di ritardo.

4.
Signore e signori, benvenuti a bordo di questo volo i9
di Air Italy per Atene. Vi ricordiamo che questo è un
volo non fumatori. Vi preghiamo di allacciare le cinture,
chiudere il tavolino di fronte a voi e spegnere i telefoni
cellulari. Vi comunichiamo infine che viaggiamo con 30
minuti di ritardo. Ci scusiamo per il disagio.

5.
Il Treno Inter City 449 per Napoli delle ore 12 e 45 è in
partenza dal binario 8 invece che dal binario 14. Ferma
a Latina, Sperlonga, Gaeta.

2 *GRAMMATICA* Annunci pubblici

*Negli annunci pubblici è possibile dare ordini e
istruzioni in vari modi. Completa con le espressioni
della lista.*

allontanarsi dalla linea gialla | vi invitiamo a...
vi preghiamo di... | imbarco immediato
vi ricordiamo che...

CON L'INFINITO

SENZA VERBI

CON UN INVITO "GENTILE"

3 *SCRIVERE* Signore e signori...

*In coppia. Scegliete un luogo
pubblico (cinema, sala concerti,
piscina, ecc.) e scrivete un
annuncio per dare istruzioni
su che cosa è vietato o
obbligatorio fare.*

DIECI frasi con *mi*

1 Mi piace viaggiare.

2 Questo film mi sembra divertente.

3 Mi va di andare a ballare.

4 Mi interessa questo film.

5 Questa giacca mi sta larga.

6 Mi fa male la testa.

7 Gabriele mi sta simpatico.

8 Questo libro mi pare noioso.

9 Mia sorella mi manca.

10 Il fumo mi dà fastidio.

Due verbi hanno lo stesso significato: quali?

ASCOLTO IMMERSIVO©
*Inquadra il QRcode a sinistra o vai su
www.almaedizioni.it/dieciA2, chiudi
gli occhi, rilassati e ascolta in cuffia.*

1 Guarda il video e poi seleziona la risposta corretta.

1. **Secondo la psicologa, perché Ivano sogna l'ufficio postale?**
   ○ Perché deve spedire una lettera molto importante ed è stressato.   ○ Perché per lui la posta è un luogo stressante.

2. **Con chi parla Ivano al telefono?**
   ○ Con il regista Guido Guidi.   ○ Con Nerone.

3. **Perché gli parla in latino?**
   ○ Perché il film è su Nerone e Nerone parlava latino.   ○ Perché il film è in latino.

4. **Come reagisce l'altra persona?**
   ○ Non capisce che cosa dice Ivano.   ○ Risponde in latino.

2 Completa il dialogo con le espressioni della lista. Poi guarda ancora la prima parte del video e verifica.

posta | mi va | telefonata | mi sembra | ne pensa | ufficio postale | regista

Francesca	E Lei che cosa _____? Secondo Lei che cosa può significare?
Ivano	Be', sto aspettando una _____ importante da Guido Guidi, il _____...
Francesca	Una telefonata per il film, giusto? Una domanda: per Lei l'_____ è un posto stressante?
Ivano	Sì, molto. Quando devo andare alla _____ sono sempre nervoso...
Non _____ di fare la fila...
Francesca	Ecco. _____ logico, allora.

3 Che cosa significa la frase di Ivano?

Gli ho attaccato il telefono in faccia!

○ Ho interrotto la telefonata durante la conversazione.
○ Ho colpito la faccia di qualcuno con il telefono.

Manca il **francobollo**.

Chi vuole spedire un pacco o una lettera deve mettere prima il francobollo.

4 Indica se le parole a destra sono sinonimi (**S**) o contrari (**C**) delle parole evidenziate .

1. ● Devo **inviare** questo messaggio, è molto urgente. È per l'imperatore Nerone.	spedire	S	C
▶ **Manca** il francobollo.	c'è	S	C
2. Lei in questi giorni sta pensando al film e per questo è **stressato**.	tranquillo	S	C
3. Sì, **probabile**. Ma... Vede, Dottoressa, è che...	impossibile	S	C
Mi scusi, una **chiamata**... È Guido Guidi, è lui! (...) No, che cosa ho fatto!?	telefonata	S	C
Gli ho attaccato il telefono in faccia! No... **Richiamo**...	chiamo di nuovo	S	C

5 In questo episodio Ivano dice alcune frasi in lingua latina: secondo te, che cosa significano?
Abbina le frasi in latino e la traduzione in italiano.

1. Ecce homo.
2. Mens sana, in corpore sano.
3. Si vis pacem, para bellum.
4. De gustibus non est (disputandum).
5. Ave!

a. Se vuoi la pace, prepara la guerra.
b. Sui gusti personali non bisogna discutere.
c. Ecco l'uomo.
d. Mente sana in un corpo sano.
e. Salve.

UNA REGIONE DA VISITARE

La Calabria ti sorprende.

IL FIUME LAO, STILO (UNO DEI PIÙ BEI BORGHI D'ITALIA) E SCILLA

1 *In piccoli gruppi.*
Pensate a una regione che piace o interessa a tutti i membri del gruppo. Può essere una regione italiana, del vostro Paese o di un altro Paese.

2 *Cercate su internet e stampate una o più foto della regione, o ritagliate la foto in giornali, riviste, ecc. Incollate le foto su un grande foglio.*

3 *Guardate le pubblicità a pagina 75 e qui sopra. Scrivete anche voi uno slogan per la regione scelta. Lo slogan deve attirare i turisti!*

4 *Sullo stesso foglio scrivete un tweet sulla regione. Spiegate brevemente perché è bella e/o interessante.*

5 *Alla fine tutti i gruppi mostrano immagini, slogan e tweet: qual è la destinazione più interessante per la classe?*

DIECI CAPOLAVORI DEL CINEMA ITALIANO

1 LADRI DI BICICLETTE (1948)

2 I SOLITI IGNOTI (1958)

3 LA DOLCE VITA (1960)

4 DIVORZIO ALL'ITALIANA (1961)

5 IL SORPASSO (1962)

6 IL GATTOPARDO (1963)

7 IL BUONO IL BRUTTO IL CATTIVO (1966)

8 UNA GIORNATA PARTICOLARE (1977)

9 LA VITA È BELLA (1997)

10 LA GRANDE BELLEZZA (2013)

Diversi film italiani hanno vinto il Premio Oscar (l'Academy Award).
Tra questi, tre dei film della lista sopra: sai quali?

Soluzione: Nell'ordine: "Ladri di biciclette" di Vittorio De Sica, "La vita è bella" di Roberto Benigni, "La grande bellezza" di Paolo Sorrentino.

GRAMMATICA

1 *Completa con i pronomi combinati, come nell'esempio.*

ESEMPIO:
- Chi mi dà la macchina? ▶ __Te la__ do io!

1. Chi ci presta il motorino? ▶ _____ presta Irina.
2. Chi mi presenta Mario? ▶ _____ presento io!
3. Chi gli porta i regali? ▶ _____ portiamo noi.
4. Chi ti prepara il pranzo? ▶ _____ prepara Ettore.
5. Chi ci spiega la regola? ▶ _____ la spiega Vera.
6. Chi mi consiglia questo film? ▶ _____ consigliamo noi.

OGNI COMPLETAMENTO CORRETTO = 4 PUNTI ___ / 24

2 *Guarda la lista delle cose che hai fatto (✓) o non hai fatto (✗). Poi su un foglio a parte forma frasi con già e non ancora, come nell'esempio.*

ESEMPIO: *comprare i biglietti per il concerto* ✗
➥ Non li ho ancora comprati.

● ● ● ● ● ● ● ●

chiamare Silvio e Gino per il cinema sabato ✓
prenotare l'albergo a Sanremo ✗
annullare la prenotazione per il ristorante ✓
prendere i biglietti del treno per Padova ✓
chiedere la guida della Liguria a Federico ✗

OGNI FRASE CORRETTA = 4 PUNTI ___ / 20

VOCABOLARIO

3 *Completa i due testi con le parole della lista.*

classica | teatro | festival | spettatori (x2)
teatri | cantanti | musica | concerti | giovani

Sanremo (tra febbraio e marzo)

Che cos'è: un festival di _____ pop, uno dei più importanti eventi musicali italiani.
Dove: a Sanremo (Liguria), al _____ "Ariston".
Descrizione: è una competizione tra _____ che cantano in lingua italiana. Partecipano sia artisti famosi che _____ talenti.
Curiosità: il premio si chiama il Leone di Sanremo.
_____ (in tv): circa 10 milioni ogni sera.

Rossini Opera Festival (in agosto)

Che cos'è: un festival di musica _____ (opera).
Dove: nelle Marche, a Pesaro, città di Gioachino Rossini, in tre _____ locali.
Descrizione: una stagione di _____ con un'orchestra sinfonica e due cori.
Curiosità: il soprannome del _____ è "la piccola Bayreuth sull'Adriatico".
_____: 18.000 l'anno scorso.

OGNI COMPLETAMENTO CORRETTO = 2 PUNTI ___ / 20

COMUNICAZIONE

4 *Abbina frasi e immagini.*

1. Vi invitiamo a chiudere il tavolino di fronte a voi. ▷
2. Vi preghiamo di allacciare le cinture di sicurezza. ▷
3. Volo AZ30 per Amburgo, imbarco immediato. ▷
4. Vi preghiamo di spegnere i cellulari. ▷

a. b. c. d.

OGNI ABBINAMENTO CORRETTO = 3 PUNTI ___ / 12

5 *Completa il dialogo con le espressioni della lista.*

perché | ha voglia | mi sembra
non mi va | ti va di | allora

- ● _____ andare a teatro domani sera?
- ▶ Non mi interessa per niente.
  _____ non andiamo al cinema?
- ● _____ per niente.
- ▶ Hm. _____ andiamo a vedere uno spettacolo di danza. Ti va?
- ● Sì, _____ un'alternativa interessante.
- ▶ Ottimo, dopo chiedo a Simonetta se _____ di venire con noi.

OGNI COMPLETAMENTO CORRETTO = 4 PUNTI ___ / 24

TOTALE ___ / 100

AUTOVALUTAZIONE

CHE COSA SO FARE IN ITALIANO?	🙂	😐	⚫
accettare o rifiutare una proposta	○	○	○
consigliare destinazioni o eventi	○	○	○
capire divieti e istruzioni	○	○	○

LEZIONE
VITA E LAVORO

7

Qui imparo a:
- descrivere una giornata lavorativa
- fare previsioni
- cercare qualcuno al telefono
- scrivere brevi mail formali o informali

COMINCIAMO

Leggi il testo. Che cosa ne pensi?
Parlane con alcuni compagni.

Lavoriamo per vivere o viviamo per lavorare?

Sei ore, molto probabilmente anche di meno. Questo è il tempo che quotidianamente dedichiamo alla "nostra vita".
Vediamo: 8 ore per dormire, un paio d'ore per andare e venire dal luogo di lavoro, 8 ore per lavorare. Restano 6 ore per vivere. Ma allora: lavoriamo per vivere, o viviamo per lavorare?

puntofuturo.com

ROMA: PARCO DEGLI ACQUEDOTTI

1 ASCOLTARE Un lavoro duro

23 ▶ **1a** *Ascolta: secondo te, Salvatore ama il suo lavoro? Perché? Confrontati con un compagno.*

1b *Ascolta ancora e completa la scheda con le informazioni dell'intervista, come negli esempi.*
Poi confrontati con lo stesso compagno.

> tipo di lavoro:
> *pescatore*
>
> datore di lavoro:
> *Compagnia della pesca*
>
> giornata lavorativa:
>
>
> riposi:
>
>
> ferie:
>
>
> stipendio:
>
>
> pensione:

BARCHE A CASTELLAMMARE DEL GOLFO (SICILIA)

1c *Completa l'intervista con le parole della lista, poi ascolta ancora e verifica.*

azienda | colleghi | contratto | ferie | giornata lavorativa | giorni di riposo | mestiere | orari | pensione | stipendio

[...]

● Hai una tua barca?

▶ Ce l'avevo, ma ora non ce l'ho più. Da 5 anni lavoro per la Compagnia della pesca, una grande _____ che mi ha offerto un _____. [...]

● Che _____ fai?

▶ La mia _____ comincia quando gli altri generalmente vanno a dormire. Di solito mi alzo verso le undici e mezza. Ci metto 10 minuti a prepararmi e dopo mezz'ora sono già in barca. [...]

● È un lavoro duro. Ma hai giorni di riposo, ferie?

▶ Ho due _____ a settimana, a volte di più quando il tempo è brutto e non è possibile uscire con la barca. Per contratto ho anche 4 settimane di _____ all'anno, ma raramente vado in vacanza d'estate come tutti, perché c'è molto lavoro.

● Posso chiederti quanto guadagni?

▶ Il mio _____ non è altissimo. [...]

● Come ti trovi con i tuoi _____?

▶ Sono la mia famiglia. [...]

● Tu hai quasi cinquant'anni. Ti piace ancora quello che fai? Per quanto ancora vuoi fare questo mestiere?

▶ Non lo so, non ho ancora deciso. Fare il pescatore è la passione della mia vita. Ma è un _____ che ti invecchia velocemente, faticoso, difficile. Per questo noi pescatori possiamo andare in _____ prima degli altri lavoratori.

💡 **FOCUS**

METTERCI
Ci metto dieci minuti a prepararmi.
= Ho bisogno di 10 minuti per prepararmi.

2 GRAMMATICA Il pronome relativo *che*

2a *Osserva: a che cosa serve il pronome relativo* che*? Parlane con un compagno.*

Da 5 anni lavoro per la Compagnia della pesca, una grande azienda.

La Compagnia della pesca mi ha offerto un contratto.

→

Da 5 anni lavoro per la Compagnia della pesca, una grande azienda
CHE
~~La Compagnia della pesca~~ mi ha offerto un contratto.

Fare il pescatore è un mestiere.

Fare il pescatore ti invecchia velocemente.

→

Fare il pescatore è un mestiere
CHE
~~Fare il pescatore~~ ti invecchia velocemente.

2b *In coppia. A turno, abbinate una frase di sinistra e una di destra.*
Poi formate una frase con il pronome relativo che*, come nell'esempio.*

ESEMPIO: Faccio un lavoro. + Questo lavoro mi piace. = Faccio un lavoro **che** mi piace.

1. Faccio un lavoro.
2. Dov'è la penna?
3. Ho un collega.
4. Aldo lavora per un'azienda.
5. A pranzo mangio in un bar.
6. Non ho ancora letto il contratto.
7. Hai letto la mail?
8. Lavoro con una ragazza.
9. Ho lasciato in ufficio il libro.

a. L'azienda di Aldo vende software.
b. Il direttore ha scritto la mail ai dipendenti.
c. Sto leggendo il libro.
d. La ragazza si è laureata un mese fa.
e. Questo collega parla 5 lingue.
f. Mi hai mandato il contratto.
g. Ti ho prestato la penna.
h. Questo lavoro mi piace.
i. Il bar fa panini buonissimi.

3 PARLARE Un lavoro per me

Scegli un lavoro. Puoi sceglierne uno della lista o un altro. Immagina la giornata lavorativa della persona che fa quel lavoro.
Poi in coppia con un compagno, intervistatevi a turno. Allo STOP! dell'insegnante, scegliete un altro lavoro e cambiate compagno.

commesso
medico
cameriere
insegnante
architetto
operaio
cuoco
tassista
...

Tu che lavoro fai?

Faccio il commesso in un negozio.

Com'è la tua giornata lavorativa?

G il futuro • tra vent'anni
V cambiare casa, avere pazienza, raggiungere gli obiettivi

---

1 LEGGERE Previsioni

Abbina testi e titoli corrispondenti. Attenzione: c'è un titolo in più!

**Previsioni per il nuovo anno | Lettera della direttrice marketing
Istruzioni per una vita felice | Previsioni meteo | Che cosa farò da grande**

testo parlante 24 ▶

1

Tra vent'anni **sarò** laureata in psicologia e **farò** la psicologa. **Mi sposerò** e **avrò** due figli. Mio marito **sarà** un musicista o uno scrittore. **Saremo** una famiglia felice, ma non so dove **abiteremo**, forse in Italia, o forse **andremo** a vivere negli Stati Uniti. Per questo **dovrò** imparare molto bene l'inglese.

Alessia, 8 anni

2

Leone Un problema con un collega di lavoro **occuperà** a lungo i vostri pensieri. Non gli date troppa importanza e pensate di più alla vostra salute.

Pesci Per voi la parola dell'anno **sarà** "trasformazione". **Cambierete** casa, partner o lavoro.

Scorpione Troppi problemi? Tranquilli: tra un mese **finirà** il periodo difficile. Se **avrete** pazienza, nel nuovo anno **riuscirete** a realizzare i vostri progetti. Successo.

3

Gentili Signori,
sono lieta di comunicarvi che anche quest'anno **raggiungeremo** i nostri obiettivi e che **avremo** un risultato finale molto positivo. Infatti **chiuderemo** l'anno con un +15% di vendite. Vi informo inoltre che dal prossimo anno **saremo** partner di *CommerceOne* in Asia e in Europa.

4

Fine settimana di bel tempo su tutta l'Italia. **Farà** molto caldo, soprattutto al sud. In Sicilia, le temperature **raggiungeranno** i 40 gradi.

---

2 VOCABOLARIO Espressioni con i verbi

Completa lo schema con i verbi della lista e forma le espressioni del testo, come nell'esempio.

avere | cambiare | ✓dare | essere | fare | raggiungere | realizzare

dare ┈┈>	importanza
┈┈>	pazienza / due figli
┈┈>	caldo / la psicologa
┈┈>	40 gradi / gli obiettivi

┈┈>	i progetti
┈┈>	casa / lavoro
┈┈>	partner
┈┈>	laureato / un musicista uno scrittore / una famiglia felice

💡 **FOCUS**

TRA
Tra vent'anni sarò laureata in psicologia.
Tra un mese finirà il periodo difficile.

3 GRAMMATICA Il futuro semplice

3a *Completa lo schema con l'infinito dei verbi* **evidenziati** *nei testi del punto* **1**, *come negli esempi.*

VERBI IN -ARE	VERBI IN -ERE	VERBI IN -IRE	VERBI IRREGOLARI
sposarsi			
			andare
			dovere

3b *Completa ogni colonna con* <u>un</u> *verbo* **evidenziato** *nei testi del punto* **1** *e ricostruisci la coniugazione del futuro semplice.*

	VERBI IN -ARE E -ERE	VERBI IN -IRE	VERBI CON FUTURO CONTRATTO (AVERE, ANDARE, DOVERE...)	FARE	ESSERE
io	_____-erò	_____-irò	_____-rò	farò	sarò
tu	_____-erai	_____-irai	_____-rai	farai	sarai
lui / lei / Lei	_____-erà	_____-irà	_____-rà	farà	sarà
noi	_____-eremo	_____-iremo	_____-remo	faremo	saremo
voi	_____-erete	_____-irete	_____-rete	farete	sarete
loro	_____-eranno	_____-iranno	_____-ranno	faranno	saranno

3c *In coppia (studente* **A** *e* **B***).*
Scegliete un verbo e a turno coniugatelo al futuro:
A → *io,* **B** → *tu,* **A** → *lui o lei,* **B** → *noi, ecc. Poi coniugate*
un altro verbo: questa volta comincia **B** *e continua* **A***.*
Finite la lista di verbi.

ESEMPIO: **parlare**
A: **Io** parlerò.
B: **Tu** parlerai.
A: **Lui (Lei)** parlerà.

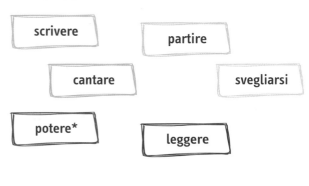

scrivere

partire

cantare

svegliarsi

potere*

leggere

* verbo con futuro contratto

3d *Che cosa prevede Alessia? Trasforma il primo testo del punto* **1**, *dalla prima alla terza persona.*

Alessia prevede che tra vent'anni **sarà** laureata in psicologia e...

4 SCRIVERE Tra 5 anni

Come ti immagini
tra 5 anni?
Scrivi un breve testo.

1 ASCOLTARE E PARLARE Due *full timer*

1a *In piccoli gruppi. Tra poco ascolterete un audio. Qui avete alcune frasi. Secondo voi, di che cosa parla?*

> Io e Pier eravamo insoddisfatti della nostra vita.

> Molti ci chiedono: ma come fate a vivere senza lavorare?

> Nella vita c'è sempre una possibilità di cambiamento.

25 ▶ **1b** *Ascolta e seleziona l'affermazione giusta.*

Pier e Amelia:

1.
○ stanno facendo una vacanza in camper.
○ vivono in camper.

2.
○ non erano contenti della loro vita perché guadagnavano poco.
○ non erano contenti della loro vita perché passavano poco tempo insieme.

3.
○ hanno cambiato lavoro.
○ hanno lasciato tutto.

4.
○ spendono poco.
○ spendono molto.

5.
○ qualche volta mangiano al ristorante.
○ mangiano sempre sul camper.

6.
○ ora sono soddisfatti della loro vita.
○ ora sono preoccupati per il loro futuro.

1c *In piccoli gruppi. Discutete: che cosa pensate della scelta di Pier e Amelia?*

2 GRAMMATICA Connettivi

2a *Ordina le frasi. Poi confrontati con un compagno. Infine ascoltate ancora e verificate.*

[...] Ma che cosa sono esattamente i *full timer*?

> *1* I *full timer* sono persone
> ☐ e che vivono a tempo pieno,
> ☐ cioè dedicano tutto il tempo
> ☐ hanno scelto di vivere su un mezzo a 4 ruote
> ☐ che
> ☐ come ad esempio un camper
> *7* alla loro vita.

> *1* Io e Pier eravamo insoddisfatti della nostra vita. Io ero impiegata in un'azienda
> ☐ non ci vedevamo
> ☐ e riposi settimanali differenti,
> ☐ e lui faceva il cameraman. Siccome
> ☐ i nostri lavori avevano orari
> *6* mai.

[...]

> *1* Ci siamo licenziati,
> ☐ quello che non abbiamo venduto
> ☐ tutto quello che avevamo e
> ☐ abbiamo venduto la casa, i mobili, la macchina, insomma
> *5* lo abbiamo regalato. Ora tutta la nostra vita è qui, sul nostro camper.

[...]

> *1* Non andiamo mai a mangiare al ristorante perché
> ☐ e non abbiamo costi per dormire
> ☐ ci fermiamo a dormire dove vogliamo,
> ☐ Amelia è un'ottima cuoca
> ☐ perché
> *6* *on the road*. Giriamo il mondo e siamo felici.

[...]

2b Perché e siccome *hanno lo stesso significato ma un uso diverso. Osserva e completa lo schema.*

PERCHÉ		SICCOME
Non ci vedevamo mai, **perché** i nostri lavori avevano orari e riposi settimanali differenti.	=	**Siccome** i nostri lavori avevano orari e riposi settimanali differenti, non ci vedevamo mai.
Non andiamo mai a mangiare al ristorante **perché** Amelia è un'ottima cuoca.	=	**Siccome** Amelia è un'ottima cuoca, non andiamo mai a mangiare al ristorante.
Non abbiamo costi per dormire **perché** ci fermiamo a dormire dove vogliamo.	=	

2c *In coppia, ricostruite la giornata di Alice. A turno, dovete scegliere la frase successiva e trasformarla* con perché *o* siccome, *come nell'esempio.*

ESEMPIO:

1	Oggi Alice si è alzata presto **perché** aveva una riunione con un cliente importante.	=	**Siccome** aveva una riunione con un cliente importante, oggi Alice si è alzata presto.

Una giornata terribile

CINEMA

- Quando è uscita dal cinema si è bagnata **perché** pioveva.
- **Siccome** era una riunione importante, il direttore l'ha criticata per il ritardo.
- Ma è arrivata tardi **perché** c'era molto traffico.
- Alla fine la notte non ha dormito **perché** ha avuto la febbre.
- **1** Oggi Alice si è alzata presto **perché** aveva una riunione con un cliente importante.
- **Siccome** voleva rilassarsi, dopo il lavoro è andata al cinema.
- Per andare in ufficio ha preso un taxi **perché** il motorino non è partito.

3 **PARLARE** Un cambiamento

In coppia.
A turno, raccontate un cambiamento piccolo o grande che avete fatto.

> Siccome il mio lavoro non mi piaceva...

Cercavo la Dottoressa Bianchi.

v In questo momento non c'è. • cordiali saluti / ti abbraccio

1 VOCABOLARIO Le abbreviazioni dei titoli generici e professionali

Scrivi le abbreviazioni della lista accanto al nome corrispondente, come nell'esempio.

Sig.na | Avv. | Dott. | Prof.ssa | Arch.
Sig.ra | Ing. | ✓Sig. | Prof. | Dott.ssa

Signore   _____*Sig.*_____

Signora   _____

Signorina   _____

Dottore   _____

Dottoressa   _____

Professore   _____

Professoressa   _____

Avvocato   _____

Ingegnere   _____

Architetto   _____

2 ASCOLTARE Dottore o Ingegnere?

26 ▶

Ascolta i due dialoghi e scrivi per ogni persona l'abbreviazione corretta, come nell'esempio.

DIALOGO 1

_____*Dott.*_____ Fabrizi

_____ Conti

_____ Bianchi

_____ Righetti

DIALOGO 2

_____ Landi

_____ Paolo Verdi

_____ Aldo Mattarello

_____ Cristina Mattarello

'ALMA.tv ▶

Guarda il video *Siamo tutti dottori* nella rubrica *Vai a quel paese.*

3 PARLARE Cercavo la Dott.ssa Bianchi.

In coppia. A turno, uno studente sceglie un nome nella colonna 1 e un nome nella colonna 2 e telefona. Il secondo studente sceglie un nome nella colonna 3 e risponde. Seguite l'esempio.

ESEMPIO:

● Pronto, buongiorno. Sono l'**Ing. Conti**, cercavo la **Dott.ssa Bianchi**.

▶ **La Dott.ssa Bianchi** in questo momento non c'è. Se vuole Le posso passare il **Dott. Righetti**.

● Va bene.

▶ Glielo passo subito.

1	2	3
Ing. Conti ✓	Prof. Ricci	Dott.ssa Colò
Sig. Terzi	Ing. Zara	Prof. Bonomi
Sig.ra Feltri	Dott.ssa Bianchi ✓	Sig. Marotta
Avv. Ragusa	Prof.ssa Valli	Prof.ssa Pane
Prof. Leali	Dott. Beretta	Dott. Nestore
Dott.ssa Amato	Avv. Chimenti	Dott. Righetti ✓
Arch. Gianfabi	Arch. Terenzi	Sig.ra Gennari

💡 FOCUS

DOTTORE E DOTTORESSA

Si chiamano *dottori* o *dottoresse* non solo i medici, ma anche le persone che hanno una laurea.

Il **Dottor** Tofani è laureato in lingue straniere.

Per alcune lauree usiamo nomi più specifici: *avvocato, ingegnere, architetto*. È così anche nel tuo Paese?

4 LEGGERE E SCRIVERE Iniziare e chiudere una mail

4a Leggi le mail, poi scrivi al posto giusto nello schema sotto le espressioni **evidenziate** .

Gentile Dott.ssa Bellucci,
purtroppo martedì non potrò essere presente alla riunione. Va bene per Lei se ci vediamo venerdì 8 alle 15?
Cordiali saluti , Ing. Pietro Aloisi

Caro Antonio,
sto organizzando una cena con i vecchi amici dell'università. Va bene per te sabato 20? Ci saremo tutti.
Ti abbraccio , Tito

Ciao Serena,
ti mando il file con la mia relazione. È molto lunga (20 pagine!) ma non sono riuscita a essere più sintetica. Fammi sapere se va bene.
Un caro saluto , Margherita

Egregio Professore,
sono lieto di invitarLa alla presentazione del libro del Dott. Paolucci "La Chiesa nel XXI secolo", giovedì 14 febbraio alle ore 18 alla Biblioteca Vaticana.
Distinti saluti , Dott. Antonio Pardo

	FORMULE PER INIZIARE	FORMULE PER CHIUDERE
formale		Cordialmente La saluto cordialmente
informale		Baci

4b Scegli un argomento della lista e scrivi prima una mail formale e poi una mail informale.

Scrivi una mail per:
- fissare o spostare un appuntamento
- invitare una persona
- chiedere informazioni su qualcosa
- dare una notizia
- proporre un progetto

DIECI futuri irregolari

1 sarò
→ _____

2 avrò
→ avere

3 farò
→ fare

4 andrò
→ andare

5 verrò
→ venire

6 vorrò
→ _____

7 potrò
→ potere

8 dovrò
→ dovere

9 saprò
→ _____

10 berrò
→ bere

Completa la lista con gli infiniti mancanti.

ASCOLTO IMMERSIVO©
Inquadra il QRcode a sinistra o vai su www.almaedizioni.it/dieciA2, chiudi gli occhi, rilassati e ascolta in cuffia.

1 <u>Prima</u> di guardare il video: in questo episodio Ivano dà una grande notizia ad Anna.
Che cosa pensi che dirà durante la telefonata? Scrivi una breve conversazione possibile.

VIDEO

2 Guarda il video, poi <u>sottolinea</u> l'opzione corretta tra quelle **evidenziate.**

Siccome al regista il video **è / non è** piaciuto molto, Ivano nel film avrà **solo una piccola parte / il ruolo del protagonista.**
Ivano dovrà stare negli Stati Uniti per un **breve / lungo** periodo perché reciterà **solo nel film / nel film e anche nella serie tv.**
Anna **è / non è** molto contenta di questa notizia. Ivano le propone di andare con lui negli Stati Uniti per **lavorare / studiare**
perché Anna **parla / non parla** molto bene l'inglese. Lei accetta e così i due decidono di **affittare / vendere** la loro casa.

3 Completa il dialogo con i verbi tra parentesi al futuro semplice. Poi riguarda il video e verifica.

> Ivano Sì, sì, eh... (*Io – dovere*) _____ andare negli Stati Uniti per un po'.
>
> Anna Ah, sì? E per quanto esattamente?
>
> Ivano Otto mesi. Forse... Di più, forse un anno. Vogliono anche fare la serie, insomma, (*essere*) _____...
> un lavoro lungo.
>
> Anna Ma (*diventare*) _____ un grande attore! Non sei felice?
>
> Ivano Sì, sì, è che... Sto pensando a noi. Eh... Con questo lavoro (*stare*) _____ lontani molto tempo.
>
> Anna Ma (*venire*) _____ a trovarti spesso negli Stati Uniti!
>
> Ivano Sì, certamente, eh... Magari... (*Potere*) _____ trovare anche tu un lavoro lì... Se ti interessa.

4 Seleziona il significato delle espressioni **evidenziate.**

1. Il nostro video gli è piaciuto molto e mi vuole per la parte di Nerone... Come protagonista, **capisci!**
   - ○ È facile da capire!
   - ○ Non è incredibile?

2. Dovrò andare negli Stati Uniti **per un po'...**
   - ○ per poco tempo
   - ○ per un lungo periodo

5 Il verbo **evidenziato** può significare due cose. In questo contesto quale significato ha?

- ● E la casa?
- ▶ Be', la possiamo **affittare** a qualcuno.
  - ○ dare in affitto
  - ○ prendere in affitto

IL MONDO DI DOMANI

1 In gruppi di 3.
Oggi presenterete un programma televisivo sul tema:
come sarà il mondo di domani? Prendete appunti come
negli esempi. Potete usare le categorie sotto, o altre.

ESEMPI:
Andremo in vacanza su Marte.
Tutti viaggeranno su macchine senza conducente.

alimentazione	abitazioni	famiglia
abbigliamento	tecnologia	ritmi di lavoro

2 Cercate illustrazioni (foto o disegni) per le vostre
previsioni, come negli esempi sotto.
Potete anche fare dei disegni semplici.

3 Preparate il titolo e il testo definitivo del programma.
Potete usare le espressioni sotto per cominciare,
introdurre il tema e finire, e inserire una musica
di introduzione / conclusione (in italiano: "sigla"),
registrata o cantata da voi. Il programma deve durare
2-3 minuti.

> ▸ Buonasera e benvenuti al programma... (+ titolo)
> ▸ Oggi parliamo di come sarà il mondo di domani...
> ▸ È tutto, grazie per la cortese attenzione e
> arrivederci.

4 Presentate il programma alla classe: due di voi sono
i presentatori, l'altro mostra le immagini.
In alternativa: se avete internet, uno smartphone o un
computer, potete fare un video e mostrarlo alla classe.

5 Alla fine la classe si confronta: quali scenari futuri
vi sembrano positivi? Quali negativi? Perché?

DIECI ANTICHI MESTIERI ANCORA ESISTENTI IN ITALIA

1 Cremona: LIUTAIO
come Stradivari, costruttore dei violini più famosi

2 Firenze: ARTIGIANO DEL CUOIO
produce borse, scarpe, ecc. di alta qualità

3 Siena: FANTINO del Palio
guida il cavallo durante le due famose corse estive

4 Murano: VETRAIO
produce oggetti d'arte e di design in vetro

5 Napoli: PIZZAIOLO
prepara la famosissima pizza Margherita

6 Ravenna: RESTAURATORE di mosaici antichi
la città ospita un importante corso di restauro

7 Palermo: PUPARO
fabbrica le marionette tradizionali siciliane

8 Carrara: MARMISTA
lavora il preziosissimo marmo di Carrara

9 Venezia: GONDOLIERE
porta i turisti sulla tipica imbarcazione veneziana

10 Roma: SACERDOTE o SUORA
qui vivono circa 5000 sacerdoti e oltre 22000 suore

Nel tuo Paese esistono ancora mestieri tradizionali?
Si concentrano in alcune città o regioni?

GRAMMATICA

1 *Coniuga i verbi tra parentesi al futuro.*

Quest'anno circa 7500 studenti della scuola superiore (*passare*) _____ sei mesi o un anno all'estero.
Daria, 17 anni: "Io (*andare*) _____ a studiare a Puerto Princesa, nelle Filippine."
Arianna, 16 anni: "Io (*essere*) _____ sei mesi a Baltimora, negli Stati Uniti. (*Io – avere*) _____ lezione di teatro, inglese, matematica e latino."
Lorenzo, 18 anni: "(*Io – seguire*) _____ lezioni di tecnologia a San Paolo, in Brasile."
Sono tre dei tanti ragazzi che (*fare*) _____ un'esperienza di formazione all'estero: (*loro – seguire*) _____ lezioni, (*abitare*) _____ con famiglie locali, (*conoscere*) _____ uno stile di vita diverso. Una piccola parte di questi liceali (*partire*) _____ per l'Asia (il 14%), il 35% invece (*restare*) _____ in Europa (soprattutto in Irlanda) o (*andare*) _____ negli Stati Uniti.

Corriere della Sera

> **OGNI VERBO CORRETTO = 2 PUNTI** ___ / 24

2 *Completa l'oroscopo con le parole della lista.*

ma | **siccome** | **insomma** | **cioè** | **perché**

Capricorno Sarà un anno fenomenale per voi! Bene la salute, l'amore, il lavoro, _____: tutto.

Sagittario Avrete molto successo in amore _____ Venere sarà dalla vostra parte per tutto l'anno.

Ariete _____ voi dell'Ariete adorate le sorprese, questo sarà il vostro anno: cambierete vita!

Pesci Finalmente andranno via i problemi dell'anno scorso, _____ le persone antipatiche e i piccoli disturbi di salute.

Leone La vostra vita sociale sarà meno intensa, _____ è un aspetto positivo: avrete meno amici, ma migliori amici.

> **OGNI COMPLETAMENTO CORRETTO = 2 PUNTI** ___ / 10

VOCABOLARIO

3 *Sottolinea l'opzione corretta tra quelle **evidenziate** nell'intervista del giornalista (G) al clown Nino (N).*

G ▶ *Come sei diventato clown?*
N ● Ho preso una settimana di **ferie / pensione** e ho fatto un corso di base. Ma ho continuato a studiare per anni.

G ▶ *Che **datore di lavoro / giornata lavorativa** hai?*
N ● A volte lavoro 2 ore al giorno, a volte 4. Spesso ho vari **giorni di riposo / stipendi** durante la settimana e lavoro il weekend. Non ho **costi / orari** fissi!

G ▶ *Guadagni bene?*
N ● Se mi chiamano spesso, prendo un buono **orario / stipendio**, ma purtroppo non va sempre così.

G ▶ *Hai un **datore di lavoro / orario**?*
N ● No, ma faccio parte di un'associazione che raggruppa circa 15 clown in tutta Italia.

G ▶ *Qual è l'aspetto che preferisci di questo lavoro?*
N ● I clown non vanno mai in **pensione / ferie**: restano per sempre bambini.

> **OGNI OPZIONE CORRETTA = 2 PUNTI** ___ / 14

4 *Abbina le espressioni della lista e i verbi corrispondenti.*

pazienza | **giorni di riposo** | **in pensione** | **via** | **ragione**
a lavorare | **in ferie** | **torto** | **la fila** | **bisogno** | **importanza**

fare	avere	andare

> **OGNI ABBINAMENTO CORRETTO = 2 PUNTI** ___ / 22

COMUNICAZIONE

5 *Al telefono: indica se la persona che chiama non riesce a parlare con Mara adesso (✗), o non è possibile saperlo (?).*

1. Cercavo Mara Fesi. ☐
2. Quando posso richiamare? ☐
3. Posso lasciare un messaggio? ☐
4. Mi puoi passare Mara? ☐

> **OGNI RISPOSTA CORRETTA = 3 PUNTI** ___ / 12

6 *Che formule usi all'inizio (I) o alla fine (F) di una lettera?*

gentile	I F	un caro saluto	I F
un abbraccio	I F	egregio	I F
cordiali saluti	I F	tanti baci	I F

> **OGNI RISPOSTA CORRETTA = 3 PUNTI** ___ / 18

> **TOTALE** ___ / 100

AUTOVALUTAZIONE

CHE COSA SO FARE IN ITALIANO?	☺	☺	☹
parlare di lavoro	○	○	○
fare previsioni	○	○	○
chiedere di qualcuno al telefono	○	○	○

LEZIONE
MI SERVE!

8

Qui imparo a:
· descrivere oggetti comuni
· fare richieste e dare consigli con gentilezza
· capire annunci immobiliari
· reagire ai ringraziamenti

COMINCIAMO

Completa l'ultima parola dell'indovinello con le lettere mancanti e scopri l'oggetto molto diffuso nelle case italiane.

Un oggetto in cucina
in Italia è essenziale,
soprattutto la mattina:
se non c'è, va tutto male!

Ma se c'è, sei entusiasta!
No, non è una teiera,
non si chiama scolapasta:
è la nostra ca ☐ ☐ *etti* ☐ ☐ ☐ *!*

1 VOCABOLARIO Cose utili

1a In coppia. Guardate le foto e leggete le frasi, poi sotto formate coppie di opposti con gli aggettivi **evidenziati**.

morbido come un cuscino

profumato come una saponetta

ruvido come una spugna

puzzolente come un secchio della spazzatura

liscio come un foglio di carta

duro come un vaso

morbido	><	....
profumato	><	....
ruvido	><	....

1b Adesso provate a completare con altri oggetti, poi confrontatevi con un'altra coppia.

morbido come: ....

duro come: ....

profumato come: ....

puzzolente come: ....

ruvido come: ....

liscio come: ....

2 ASCOLTARE Quiz: l'oggetto misterioso

27 ▶ **2a** Ascolta il quiz televisivo: quali oggetti del punto **1a** <u>indovina</u> Rosa?

L'OGGETTO MISTERIOSO

2b Ascolta ancora e completa lo schema azzurro sugli <u>altri</u> oggetti che deve indovinare Rosa. Segui il modello.

OGGETTO	SERVE / SERVONO A:	MATERIALE:
caffettiera	fare il caffè	metallo e plastica

OGGETTO	SERVE / SERVONO A:	MATERIALE:
1. tastiera		
2. lenti a contatto		//
3. vasca da bagno		//
4. scolapasta		

2c *Adesso abbina gli oggetti dello schema al punto 2b e le immagini corrispondenti.*

a [ ]   b [ ]

c [ ]   d [ ]

💡 **FOCUS**

IL PRONOME RELATIVO *CUI*
Per unire 2 frasi dopo una preposizione usiamo il pronome invariabile *cui*.

● È un oggetto grande **in cui** mi lavo...
▶ La doccia!

---

3 ⬛ *VOCABOLARIO* **La funzione degli oggetti**

Completa con gli oggetti della lista e forma frasi per descrivere la loro funzione, come nell'esempio.

1. tastiera | 2. scolapasta | 3. foglio
4. ✓ cuscino | 5. secchio | 6. saponetta

È un oggetto
- con cui
- su cui
- in cui

→ metto la testa quando dormo. [4]
→ mi lavo. [ ]
→ metto la spazzatura. [ ]
→ scrivo con la penna. [ ]
→ metto la pasta quando è cotta. [ ]
→ scrivo al computer. [ ]

---

4 ⬛ *GRAMMATICA* **Il superlativo relativo**

4a *Osserva le frasi del dialogo.*

alto (+)
Dovrete indovinare rapidamente **il numero più alto** di oggetti nel tempo a disposizione.

importante (+)
Questa è **la cosa più importante** per preparare la pasta...

facile (+)
Lo scolapasta! Era **l'oggetto più facile**!

esperto (-)
Sono **la persona meno esperta** di cucina al mondo!

4b *Completa le frasi con il superlativo relativo di uno degli aggettivi della lista. Fa' attenzione alla forma dell'aggettivo.*

silenzioso (+) | **economico** (-)
importante (+) | **antico** (+) | **utile** (-)

1. **Emilio:**
   Il tè non mi piace per niente. La teiera è l'oggetto
   _____ della casa per me.

2. **Costanza:**
   Fare un lungo bagno è il mio momento di relax del weekend. La vasca è una delle cose
   _____ di casa mia!

3. **Ines:**
   Ho una caffettiera di mia nonna del 1930. È l'oggetto
   _____ che ho in casa!

4. **Federico:**
   Spendo troppo quando faccio la spesa, scelgo sempre i prodotti _____!

5. **Vanni:**
   Abitiamo nel quartiere _____ della città: c'è pochissimo traffico.

---

5 ⬛ *PARLARE* **Indovina l'oggetto**

In coppia (studente A e B).
Andate in ▶ COMUNICAZIONE:
A *va a pagina 136,* **B** *a pagina 139.*

1 VOCABOLARIO E PARLARE
Elettrodomestici

1a Completa lo schema con gli oggetti nelle foto. Che cosa è o non è essenziale a casa tua?

la lavatrice

la lavastoviglie

il televisore

l'aspirapolvere

il tostapane

il forno a microonde

è l'oggetto più importante	
è l'oggetto meno importante	
non ce l'ho	

1b Adesso motiva le tue risposte insieme a due compagni: perché per voi questi oggetti sono indispensabili o inutili?

2 LEGGERE Te lo regalo.

2a Leggi i post della pagina Facebook "Te lo regalo – Firenze", poi rispondi alla domanda: quali sono le due persone chiaramente non interessate a prendere l'oggetto in regalo?

2b Adesso seleziona il significato delle espressioni **evidenziate**. Le espressioni sono in ordine.

1. **mi serve spazio**
   - ○ ho bisogno di spazio
   - ○ vado a vivere in una casa più grande

2. **ore pasti**
   - ○ sempre, ma non a pranzo o a cena
   - ○ o a pranzo, o a cena

3. **entro il 25 gennaio**
   - ○ il 25 gennaio
   - ○ prima del 25 o il 25 gennaio

4. **di alcuni anni fa**
   - ○ di moltissimi anni fa
   - ○ di un po' di anni fa

5. **non ne ho più bisogno**
   - ○ non è più necessario per me
   - ○ non mi piace più

6. **non mi serve**
   - ○ non posso venire
   - ○ non ne ho bisogno

Nicoletta Blasi •••
23 gennaio

Regalo un grande vaso di design perché mi serve spazio in casa (presto saremo in quattro!). Altezza: 50 cm. Ritiro veloce in zona Soffiano, ore pasti.

Enzo Severini Mi interessa! **Mi manderebbe** i suoi orari in privato?

Nicoletta Blasi Glieli scrivo subito.

Pina Di Veroli **Vorrei** sapere quanto pesa prima di decidere!

Alberto Manzo Lo **puliresti** prima? Prendo solo oggetti puliti, sono stanco della gente che regala oggetti sporchissimi.

Gustavo Vinci •••
23 gennaio

Ciao a tutti, regalo un televisore bianco e nero vintage. Da riparare. Ritiro entro il 25 gennaio in zona Novoli.

Ivo Veloccia Io e #Isabella Croce **preferiremmo** passare a casa Sua il 26 mattina… ok?

Gustavo Vinci Come ho scritto, io invece **preferirei** entro il 25 sera, grazie.

Serena Polli Non c'è problema se non funziona bene, ma **dovrebbe** indicare anche di che anno è: lo prendo solo se è vintage "vero".

Isabella Croce #Ivo Noo, abbiamo già troppe cose in casa!

Raffaello Russo •••
23 gennaio

Salve, regalo questo aspirapolvere di alcuni anni fa (5 o 6). Io non ne ho più bisogno, ma forse a qualcuno serve! È in ottime condizioni: potete provarlo a casa mia prima di prenderlo!

Valentina Fenu **Scriveresti** anche di che marca è? Grazie.

Raffaello Russo Ariete.

Marilù Caputo Mi prenoto… Stasera? O **preferiresti** domattina?

Raffaello Russo La sera entro le 21, per favore. Dopo per me è un po' tardi. 😊

Marilù Caputo Allora a domani!

Raffaello Russo Ok, ma mi **piacerebbe** sapere a che ora esattamente!

Andrea Delrio Non mi serve, grazie.

3 **GRAMMATICA** Il condizionale presente

3a I verbi evidenziati nei post sono coniugati in un nuovo modo verbale, il condizionale presente. Osserva i verbi e seleziona le funzioni del condizionale.

Il condizionale serve a:

1. fare una richiesta gentile
2. esprimere un desiderio
3. raccontare un evento
4. dare un consiglio con gentilezza

3b Completa con le funzioni del punto **3a**.

CONDIZIONALE	FUNZIONE
dovrebbe	☐
vorrei preferirei preferiremmo preferiresti piacerebbe	☐
manderebbe scriveresti puliresti	☐

3c Adesso completa la coniugazione del condizionale presente con le forme di <u>tre</u> verbi del punto precedente.

	MANDARE	SCRIVERE
io	mand**erei**	scriv**erei**
tu	mand**eresti**	
lui / lei / Lei		scriv**erebbe**
noi	mand**eremmo**	scriv**eremmo**
voi	mand**ereste**	scriv**ereste**
loro	mand**erebbero**	scriv**erebbero**

PREFER**IRE**	
io	
tu	
lui / lei / Lei	prefer**irebbe**
noi	
voi	prefer**ireste**
loro	prefer**irebbero**

💡 **FOCUS**

CONDIZIONALE IRREGOLARE
volere → vorrei   essere → sarei

CONDIZIONALE CONTRATTO
avere → avrei   potere → potrei   dovere → dovrei

3d Infine completa le frasi con i verbi della lista al condizionale presente. I verbi non sono in ordine.

aprire | dovere (x2) | potere | avere | piacere (x2)

1. Senta, scusi, _____ dirmi il prezzo di questo televisore?
2. (*Tu*) _____ voglia di venire al centro commerciale con me?
3. (*Io*) _____ cambiare la mia vecchia lavatrice, non funziona più bene.
4. Per il compleanno le _____ ricevere un profumo.
5. (*Tu*) _____ smettere di comprare tutte queste cose, hai la casa piena di oggetti!
6. Mi _____ comprare un televisore nuovo.
7. (*Tu*) _____ la finestra, per favore?

4 **SCRIVERE** Un annuncio in un social

In piccoli gruppi. Ogni studente scrive su un foglio a parte. Ognuno pensa a un oggetto che ha nella borsa, o che usa spesso, e lo descrive in un post per regalarlo a qualcuno. Se vuole, può disegnare l'oggetto sopra il testo. Poi passa il foglio allo studente a destra, che lo legge, scrive un commento sotto e passa il foglio al compagno di destra, ecc. Continuate fino a quando ogni foglio torna all'autore iniziale.

Non lo butto,
se vieni a prenderlo!

Nicoletta Blasi   •••

Regalo portafogli unisex…

Gianluca Castaldi
Vorrei sapere di che materiale è.

Domenico Manni
A che ora potrei passare a prenderlo?

1 PARLARE La casa italiana

1a Completa le caratteristiche della casa italiana standard con le parole della lista.

bidet | finestre | moquette | ambiente

In generale nelle case italiane:

1. il bagno e il W. C. sono in un unico _____ .

2. non c'è la _____ .

3. ci sono le imposte alle _____ .

4. in bagno c'è il _____ .

1b Queste caratteristiche sono usuali o inusuali nel tuo Paese? Parlane con un compagno.

2 LEGGERE Affittasi o vendesi

2a Leggi gli annunci immobiliari, poi abbina le espressioni evidenziate al loro significato o alle immagini, come negli esempi.

testo parlante 28 ▶

a

1. vendo bel **trilocale** non arredato di 80 metri quadrati composto da: soggiorno, camera e cameretta, cucina e **servizi**, piano terra; giardinetto di 15 metri quadrati e posto auto; tutto da ristrutturare, ottimo investimento, 180000 euro, contattare TANTECASE

l
bagno

b
appartamento di una sola stanza

2. affittasi a studente o studentessa **monolocale**, bell'ambiente unico di 35 metri quadrati, **angolo cottura** + terrazzino di 15 metri quadrati, sesto piano senza **ascensore**, arredato, luminoso, **ristrutturato**, 470 euro al mese, contattare BELLACASA

i
rinnovato

c
con mobili

3. affitto **attico** in centro, grande open space con cucina a vista, camera da letto, 2 camerette, doppi servizi, ottavo piano, 130 metri quadrati + bella terrazza di 25 metri quadrati, meravigliosa vista panoramica, non arredato, ideale per famiglie, ristrutturato, no agenzie, 2000 euro al mese, contattare Massimiliano via mail entro la fine del mese

h
cucina separata e grande

d

4. vendesi appartamentino, bilocale con **mansarda**, nuovissima costruzione, settimo piano con ascensore, **cucina abitabile**, 38 metri quadrati, 130000 euro, contattare BELLACASA

f
appartamento con tre stanze principali

e
appartamento con terrazza all'ultimo piano

g

2b In quale degli annunci precedenti trovi appartamenti con queste caratteristiche? Scrivi il numero dell'annuncio. Attenzione: in un caso devi indicare <u>due</u> appartamenti.

il più caro in affitto ....

il più caro in vendita ....

il più piccolo ....

il più grande ....

con due bagni ....

senza mobili ....

con parcheggio privato ....

non in ottime condizioni ....

2c Infine seleziona uno dei quattro appartamenti e, su un foglio a parte, disegnalo in modo schematico. Poi da' il disegno a un compagno, che indovina quale appartamento hai scelto. Prendi il suo disegno e indovina anche tu!

3 GRAMMATICA I nomi alterati

3a Guarda le parole estratte dagli annunci e rispondi alla domanda.

camer**etta** ● giardin**etto** ● terrazz**ino** ● appartament**ino**

> Come sono questi ambienti?
>
> ○ di piccole dimensioni   ○ di grandi dimensioni

3b Scrivi le coppie di parole sotto le immagini.

specchietto / specchio | divanetto / divano
foglio / foglietto | letto / lettino
cucchiaino / cucchiaio | tavolo / tavolino

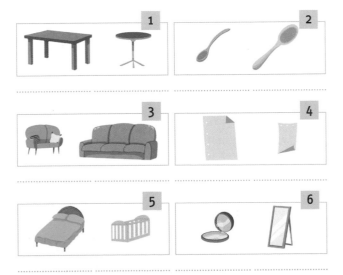

3c Forma il diminutivo di ogni parola e abbinalo alla definizione corrispondente. Fa' attenzione al genere dei nomi.

coltello | piatto | tazza	+ ino
borsa | armadio	+ etto

1. ci bevo il caffè: ....
2. un piccolo mobile in cui metto i farmaci in bagno: ....
3. è sotto la tazzina: ....
4. posso usarlo per tagliare la frutta: ....
5. le donne ci mettono i loro oggetti personali quando escono: ....

4 SCRIVERE Un appartamento

In gruppi di 3. Dovete vendere o affittare questo appartamento. Scrivete un annuncio convincente. Alla fine tutti leggono gli annunci degli altri gruppi: qual è il più convincente?

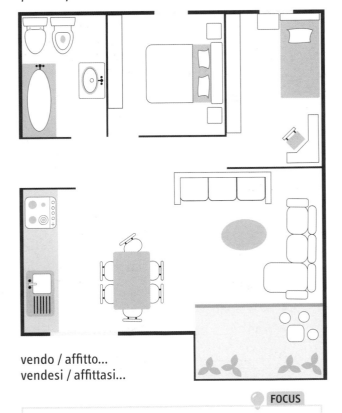

vendo / affitto...
vendesi / affittasi...

> 💡 **FOCUS**
>
> **BELLO**
> Davanti al nome, *bello* funziona come l'articolo determinativo.
>
> **bel** trilocale / **bei** trilocali   **bell'**attico / **begli** attici
> **bella** terrazza / **belle** terrazze

8D Dove devo buttarlo?

1 ASCOLTARE La raccolta differenziata

1a Secondo te in quale cassonetto bisogna buttare questi rifiuti? Segui l'esempio e scrivi la parola nelle righe rosse.

riviste

alimenti

bottigliette

lattine

✓ spugne

PLASTICA E METALLI qui puoi buttare:	VETRO qui puoi buttare:	UMIDO qui puoi buttare:	CARTA E CARTONE qui puoi buttare:	INDIFFERENZIATO qui puoi buttare:
_____, bottiglie e piatti di plastica _____, chiavi	bottiglie, _____, bicchieri	_____, resti di cibo cucinato, _____, _____	giornali, _____, _____, libri, fogli, scatole e _____	sigarette, _spugne_____, _____, bottiglie e piatti di plastica _____, _____

29 ▶ 1b Ascolta il dialogo tra due signori per strada e completa anche le righe <u>nere</u> al punto **1a** con gli elementi della lista.

**CD e DVD | piante | Tetrapak sporco | fiori
Tetrapak pulito | puliti | sporchi | scatoloni**

1c Ascolta ancora e completa.

1. ▶ Va nel cassonetto della carta o no? Non ne ho
   _____.

2. ▶ Grazie, eh.
   ● Non c'è _____ _____!

3. ● Le _____ una _____
   per svuotare lo scatolone?
   ▶ No, no, faccio da solo, non si preoccupi.

4. ▶ E mi scusi, eh, per tutte queste domande.
   ● _____ figuri!

5. ● I cartelli sui cassonetti non sono molto chiari.
   ▶ Meno _____ che c'era Lei!

1d Adesso scrivi le espressioni che hai formato al punto **1c** accanto al significato corrispondente.

a. ha bisogno di aiuto = _____
b. fortunatamente = _____
c. non c'è problema = _____
d. non lo so = _____
e. prego = _____

1e Adesso leggi e verifica.

● Senta, scusi, mi potrebbe aiutare?
▶ Certo, mi dica.
● Ho una domanda un po'... strana, ecco.
  Devo buttare questa confezione in Tetrapak.
  Va nel cassonetto della carta o no? Non ne ho idea.
▶ Che cosa c'era dentro?
● Del succo di frutta.
▶ L'ha sciacquato prima, vero?
● Sciacquato... Sciacquato o lavato col sapone?
▶ Sciacquato... con l'acqua!

FOCUS

ALTERATI IN *-ONE*

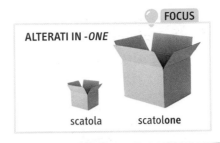

scatola   scatol**one**

- No, bisogna sciacquarlo?
- ▶ Eh, sì, il Tetrapak va nella carta solo se è pulito.
- Ah... E se è sporco invece dove devo buttarlo?
- ▶ Nel cassonetto dell'indifferenziato.
- Ah, ok. Strano.
- ▶ Sì, come per le bottiglie e i piatti di plastica, anche quelli bisogna sciacquarli prima. Se non sono puliti, vanno nell'indifferenziato.
- Ah, praticamente la raccolta differenziata l'ho fatta sempre male!
- ▶ Eh, ma da adesso in poi non sbaglierà più... Ha imparato una cosa nuova!
- Vero! Ho anche questa piantina... Secondo Lei dove va?
- ▶ Le piante... I fiori... Tutti nell'umido. E... Aspetti. Dovrebbe prima toglierla dal vaso. È di plastica, no?
- Uh, ha ragione, oggi sbaglio tutto! Grazie, eh.
- ▶ Non c'è di che!
- Stavolta sono sicuro... Questo scatolone pieno di vecchi CD e DVD va nella plastica!
- ▶ No, nel cassonetto dell'indifferenziato! Lo scatolone nella carta, ovviamente.
- Ah, CD e DVD non vanno nella plastica?
- ▶ No... Ma Le serve una mano per svuotare lo scatolone?
- No, no, faccio da solo, non si preoccupi. Grazie mille! E mi scusi, eh, per tutte queste domande.
- ▶ Si figuri! Lei ha ragione, dovrebbero mettere dei cartelli più chiari sui cassonetti.
- Meno male che c'era Lei!

2 PARLARE Dove va?

In coppia. Guardate gli oggetti e decidete insieme dove bisogna buttarli. Se non conoscete il nome degli oggetti, usate il dizionario o chiedete all'insegnante.

DIECI condizionali irregolari

1 dovere
→ _____

2 avere
→ avrei

3 fare
→ farei

4 potere
→ potrei

5 volere
→ _____

6 sapere
→ _____

7 venire
→ verrei

8 dare
→ _____

9 essere
→ sarei

10 andare
→ andrei

Ricordi le forme del condizionale irregolare? Completa. Sapere funziona come avere e dare funziona come fare.

  ASCOLTO IMMERSIVO©
Inquadra il QRcode a sinistra o vai su www.almaedizioni.it/dieciA2, chiudi gli occhi, rilassati e ascolta in cuffia.

1 <u>Prima</u> di guardare il video, guarda l'immagine e fai ipotesi con un compagno: con chi e di che cosa sta parlando Anna? Che cosa vuole fare?

Pronto, Stefano, ti chiamo per la casa...
Sì, l'annuncio a cui hai risposto...
Guarda, nelle foto sembra tutto molto più piccolo...

VIDEO ▶

2 Adesso guarda il video: vero o falso?

	V	F
1. Anna scrive un annuncio onesto.	○	○
2. L'appartamento ha un terrazzo molto grande.	○	○
3. Nella cucina di Anna e Ivano è possibile mangiare in due.	○	○
4. Nell'annuncio Anna ha messo le foto solo di alcune stanze della casa.	○	○
5. All'annuncio risponde un ragazzo che ha un cane.	○	○
6. Ivano adora i cani.	○	○

3 Abbina le parole e forma le espressioni.

1. metri   a. silenziosa
2. affittasi   b. panoramico
3. zona   c. quadrati
4. terrazzo   d. abitabile
5. cucina   e. appartamento

4 Completa l'annuncio di Anna con le espressioni dell'esercizio *3*, come nell'esempio.

_____ _____: 70.
_____ bell' _____
ristrutturato in _____
_____ e ben servita.
_____ _____.
Cucina _____.

5 Ordina le parole delle due frasi e ricostruisci il messaggio di Stefano, che risponde all'annuncio di Anna.

- vedere | interessato | Sarei | l'appartamento | a

- 29 | Ho | cambiare | e | casa | devo | anni | lontano abito | perché | dall'ufficio | troppo

_____.
_____
_____.

Ho un cane.
Stefano

6 Secondo te, che cosa dice Stefano durante la telefonata con Anna? Immagina le frasi di Stefano.

Anna Pronto, Stefano, ti chiamo per la casa...
Stefano _____
_____

Anna Sì, l'annuncio a cui hai risposto...
Stefano _____
_____

Anna Guarda, nelle foto sembra tutto molto più piccolo...
Stefano _____
_____

Anna Sì, il terrazzo è molto grande...
Stefano _____
_____

Anna La cucina? Sì, non ho messo la foto, ma è pratica, ci mangiano due persone senza problemi...
Stefano _____

Anna Vuoi vederlo? Certo, quando vorresti venire?
Stefano _____
_____

Siccome il balcone dell'appartamento è piccolo, Ivano usa il diminutivo *balconcino*. Alcune parole prendono una o più lettere in più quando formano l'alterato. Altri esempi: *cagnolino* (piccolo cane), *cuoricino* (piccolo cuore).

PUBBLICITÀ DI OGGETTI "PAZZI"

1 *Leggi le pubblicità di questi oggetti "strani".*
Poi abbinale alle immagini corrispondenti.

> a. Le **posate dietetiche** sono impossibili da tenere in mano: l'oggetto ideale per seguire una dieta in modo rigoroso.
> Avete davanti ai vostri occhi un piatto buonissimo ma molto pesante? Nessun problema: non potrete assaggiarlo! Da oggi è facile stare a dieta!

> b. Un amico vuole giocare a ping pong con te, ma è molto più bravo? Niente paura! Regalagli questa racchetta e non riuscirà mai più a prendere una pallina. Diventa il nuovo campione assoluto di ping pong con la **racchetta disonesta**!

☐

☐

2 *In coppia. Insieme inventate la pubblicità di due oggetti assurdi: pensate al nome e a che cosa possono servire. Seguite i modelli sopra.*
Disegnate i due oggetti in modo molto semplice.

3 *Alla fine le coppie mostrano le loro pubblicità.*
Qual è l'oggetto più divertente per la classe?
C'è un oggetto che sembra assurdo, ma che in realtà è utile?

Nelle foto: oggetti "improbabili" del fotografo Giuseppe Colarusso.

DIECI ECCELLENZE ITALIANE

1 ABBIGLIAMENTO

2 DESIGN

3 GIOIELLI

4 AUTOMOBILI, MOTO E SCOOTER

5 CIBO

6 CALZATURE

7 VINO

8 CERAMICA ARTISTICA

9 OCCHIALI

10 ARREDAMENTO

1 *Trova nella lista i sinonimi, tipici della lingua scritta, delle parole qui sotto.*

mobili | scarpe | macchine | vestiti

2 *Possiedi o hai mai posseduto qualche prodotto "made in Italy"?*

GRAMMATICA

1 Completa le descrizioni con gli aggettivi della lista e forma il superlativo relativo, come nell'esempio.

✓corto | caro | piccolo | alto | antico

ESEMPIO:

fiume | _____*Il fiume più corto*_____ d'Italia si chiama Aril e si trova vicino a Verona. È lungo 175 metri.

grattacielo | La torre della banca Unicredit di Milano, con i suoi 231 metri, è _____ d'Italia.

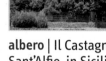

albero | Il Castagno di Sant'Alfio, in Sicilia, è _____ d'Europa. Ha circa 3500 anni.

hotel | Qual è _____ d'Italia? Il Four Seasons a Firenze: la *royal suite* costa 18500 euro a notte.

ristorante | _____ del Paese si trova vicino a Rieti e si chiama "Solo per due": ha un unico tavolo!

OGNI AGGETTIVO AL POSTO GIUSTO = 2 PUNTI	__ / 8
OGNI SUPERLATIVO CORRETTO = 2 PUNTI	__ / 8

2 Completa le frasi con i verbi della lista al condizionale presente. I verbi non sono in ordine.

potere (x2) | avere | piacere | portare

1. (*Voi*) _____ dirmi dove devo buttare il Tetrapak, per favore?
2. Mi _____ avere una grande terrazza.
3. (*Tu*) _____ il cane fuori stasera?
4. Senta, scusi, (*io*) _____ sapere quanto costa questa lavatrice?
5. Buongiorno, (*voi*) _____ vasi in vetro blu? O non li vendete in questo negozio?

OGNI ABBINAMENTO CORRETTO = 1 PUNTO	__ / 5
OGNI FORMA VERBALE CORRETTA = 1 PUNTO	__ / 5

VOCABOLARIO

3 Forma i nomi degli elettrodomestici. Attenzione: un elemento sopra va con *due* elementi sotto.

lava	tele	aspira	tosta	micro

onde	stoviglie	trice	visore	polvere	pane

OGNI NOME CORRETTO = 2 PUNTI	__ / 12

4 Abbina le descrizioni a quattro oggetti del punto **3**.

È un oggetto:
a. in cui metto i piatti sporchi. _____
b. con cui lavo i vestiti. _____
c. che serve a cucinare rapidamente. _____
d. con cui pulisco la casa. _____

OGNI ABBINAMENTO CORRETTO = 5 PUNTI	__ / 20

COMUNICAZIONE

5 Abbina le espressioni con un significato simile.

1. Non mi serve.	a. Per fortuna.
2. La ringrazio.	b. Non lo so.
3. Mi serve una mano.	c. Non ne ho bisogno.
4. Non ne ho idea.	d. Ho bisogno di aiuto.
5. Non c'è di che.	e. Grazie mille.
6. Meno male.	f. Prego.

OGNI ABBINAMENTO CORRETTO = 4 PUNTI	__ / 24

6 Ricomponi le frasi delle persone interessate all'annuncio.

Annuncio: Regalo orologio vintage da muro.

1. Mi manderebbe	a. di che materiale è.
2. Vorrei sapere	b. sapere quanto pesa.
3. A che ora potrei	c. passare a prenderlo?
4. Posso passare	d. o funziona bene?
5. Per decidere dovrei	e. entro stasera?
6. È da riparare,	f. i Suoi orari in privato?

OGNI ABBINAMENTO CORRETTO = 3 PUNTI	__ / 18

TOTALE	__ / 100

AUTOVALUTAZIONE

CHE COSA SO FARE IN ITALIANO?	☺	☺	●
descrivere oggetti di uso quotidiano	○	○	○
dare consigli	○	○	○
capire annunci immobiliari	○	○	○

LEZIONE 9
L'ITALIA CAMBIA

Qui imparo a:
- *indicare azioni imminenti*
- *parlare di faccende domestiche*
- *esprimermi su stereotipi*
- *passare dal Lei al tu*

COMINCIAMO

a *Leggi le statistiche sulla famiglia in Italia: un'informazione è <u>falsa</u>. Quale? Rispondi, poi verifica la soluzione in fondo alla pagina.*

- ○ l'età media quando nasce il primo figlio è **31,8 anni** per le donne e **35 anni** per gli uomini
- ○ il numero di figli per donna è **1,34**
- ○ il 46% delle coppie ha **due figli** e il 24,9% **un figlio**
- ○ il 25% dei bambini nasce da **coppie non sposate**
- ○ il 13% dei bambini vive **solo con la madre**
- ○ il 60% dei matrimoni è **religioso**

istat.it

b *Parla con un compagno: ci sono dati che ti sorprendono? Perché? Secondo te nel tuo Paese la situazione è simile o diversa?*

SOLUZIONE

Il 46% delle coppie ha un figlio (e il 24,9% nessun figlio).

1 *LEGGERE E ASCOLTARE* Matrimoni

1a *Leggi le notizie e seleziona il significato giusto delle parole* evidenziate *.*

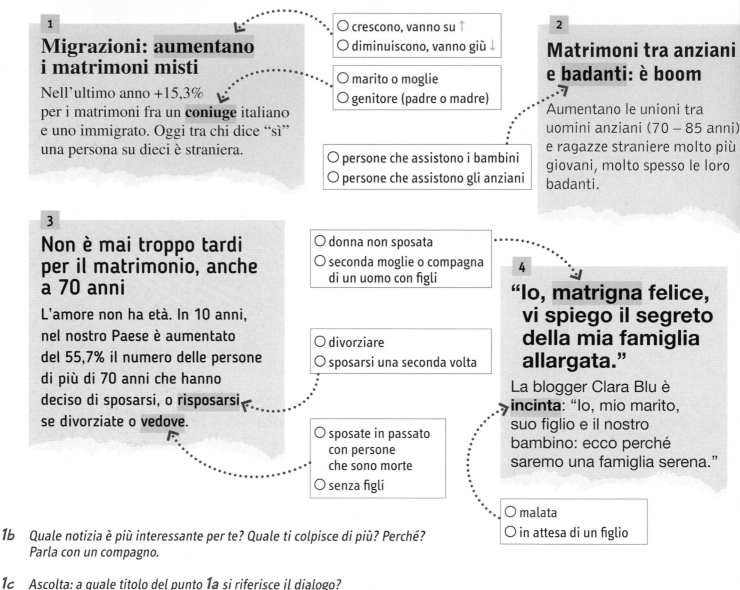

1

Migrazioni: aumentano i matrimoni misti

Nell'ultimo anno +15,3% per i matrimoni fra un **coniuge** italiano e uno immigrato. Oggi tra chi dice "sì" una persona su dieci è straniera.

○ crescono, vanno su ↑
○ diminuiscono, vanno giù ↓

○ marito o moglie
○ genitore (padre o madre)

○ persone che assistono i bambini
○ persone che assistono gli anziani

2

Matrimoni tra anziani e badanti: è boom

Aumentano le unioni tra uomini anziani (70 – 85 anni) e ragazze straniere molto più giovani, molto spesso le loro badanti.

3

Non è mai troppo tardi per il matrimonio, anche a 70 anni

L'amore non ha età. In 10 anni, nel nostro Paese è aumentato del 55,7% il numero delle persone di più di 70 anni che hanno deciso di sposarsi, o **risposarsi** se divorziate o **vedove**.

○ donna non sposata
○ seconda moglie o compagna di un uomo con figli

○ divorziare
○ sposarsi una seconda volta

○ sposate in passato con persone che sono morte
○ senza figli

4

"Io, matrigna felice, vi spiego il segreto della mia famiglia allargata."

La blogger Clara Blu è **incinta**: "Io, mio marito, suo figlio e il nostro bambino: ecco perché saremo una famiglia serena."

○ malata
○ in attesa di un figlio

1b *Quale notizia è più interessante per te? Quale ti colpisce di più? Perché? Parla con un compagno.*

30 ▶ **1c** *Ascolta: a quale titolo del punto* **1a** *si riferisce il dialogo?*

1d *Ascolta ancora e seleziona l'opzione corretta. Attenzione: a volte le opzioni corrette sono due!*

1. **Pietro vuole sposarsi con:**	○ la sua badante.	○ una donna più giovane.	○ una donna di Genova.
2. **Una delle due persone ha conosciuto Denise:**	○ al corso di tango.	○ venerdì scorso al compleanno di Pietro.	○ prima di venerdì scorso.
3. **Denise fa:**	○ la badante.	○ l'insegnante di tango.	○ la ballerina.
4. **Dal primo matrimonio Pietro ha avuto:**	○ una figlia.	○ un figlio.	○ due figli.
5. **Pietro avrà:**	○ una figlia da Denise.	○ un figlio da Denise.	○ due figli da due donne diverse.
6. **La figlia di Pietro avrà:**	○ una matrigna.	○ un fratello.	○ un fratellastro.

2 GRAMMATICA Sapere e conoscere

2a Ascolta ancora e completa la prima parte del dialogo con i 4 verbi tra parentesi al passato prossimo o all'imperfetto.

▶ (*Tu – sapere*) _____ che Pietro sta per sposarsi?

● Pietro? Davvero? No, non lo (*sapere*) _____.
  Ma quanti anni ha?

▶ Settantuno, credo.

● Ah, pensavo di più...

▶ Eh, da quando è rimasto vedovo è invecchiato molto.
  Però è sempre un bell'uomo, dai.

● Sì, sì. E con chi si risposa?

▶ Con una donna di 40 anni.

● Ma dai!

▶ Sì, ed è anche innamoratissimo. Devi vederlo, sembra un ragazzino.

● Ma lei chi è? Tu la conosci?

▶ Me l'ha presentata venerdì scorso, alla sua festa di compleanno.
  È una bellissima donna, si chiama Denise.

● È straniera?

▶ No, no, è italiana di Genova, ma la cosa incredibile...
  è che io la (*conoscere*) _____ già!

● Ah sì? E come mai?

▶ Perché è la badante di mia zia.

● Incredibile! E lui invece come l'(*conoscere*) _____?

▶ Al corso di tango. Lo sai che Pietro è un gran ballerino, no?
  [...]

> **FOCUS**
>
> **STARE PER**
> *Stare per* indica un'azione che accade in un futuro molto vicino.
>
> Pietro **sta per sposarsi**.
> (= si sposa tra pochissimo tempo)

2b I verbi sapere e conoscere *hanno due significati diversi al passato prossimo e all'imperfetto.
Inserisci i verbi coniugati al punto 2a vicino al significato corretto, come nell'esempio.*

1. non ero informato   = __*non lo sapevo*__
2. qualcuno ti ha informato   = _____
3. hai incontrato qualcuno
   per la prima volta   = _____
4. non era una persona
   nuova per me   = _____

3 PARLARE Non lo sapevo!

3a Pensa una o più risposte per ogni domanda.

● **Prima di iniziare il corso di italiano:**
  chi conoscevi già?
  Che cosa sapevi già sui compagni o sull'insegnante?

● **Da quando hai iniziato il corso di italiano:**
  chi hai conosciuto?
  Hai saputo notizie interessanti sui compagni o sull'insegnante?

3b In piccoli gruppi. Confrontate le vostre risposte del punto 3a.

Io conoscevo già molti compagni del corso.	Io non conoscevo nessuno.	Io ho saputo che il nostro insegnante ha scritto un libro di racconti.	Io lo sapevo già.

1 VOCABOLARIO Lavori in casa

Che tipo di lavori fai in casa? Seleziona quelli che fai di solito. Poi confrontati con un compagno: chi fa più cose?

○ cucinare

○ fare la lavastoviglie

○ fare la lavatrice

○ stendere i panni

○ stirare

○ pulire il bagno

○ lavare il pavimento

○ passare l'aspirapolvere

○ spolverare

○ fare il letto

○ altro: _____

_____

2 LEGGERE Uomini e donne in casa

Leggi l'articolo alla pagina successiva.
Poi qui sotto seleziona solo le affermazioni che sono nel testo.
Dopo sottolinea nel testo la parte che secondo te corrisponde alle affermazioni selezionate.
Alla fine confrontati con un compagno.

1. La donna italiana in casa lavora ancora più dell'uomo.   ○

2. In Italia non c'è ancora totale parità tra uomo e donna.   ○

3. In Europa la collaborazione in casa tra partner è più alta.   ○

4. Secondo le donne italiane l'uomo deve lavorare soprattutto fuori casa.   ○

5. Gli uomini italiani non amano fare le pulizie in casa, preferiscono la cura dei figli.   ○

6. Gli uomini italiani sono degli ottimi cuochi.   ○

7. Le cause della disparità in casa tra uomini e donne sono storiche.   ○

3 GRAMMATICA Gli avverbi in -mente

3a *Nel testo del punto 2 ci sono quattro avverbi in -mente. Guarda il primo esempio e trova gli altri tre.*

AGGETTIVO	AVVERBIO
completo	*completamente*
evidente	
fisico	
storico	

3b *Completa la regola.*

Possiamo usare gli avverbi per chiarire meglio il significato di un verbo.
Per formare un avverbio usiamo:
○ il maschile   dell'aggettivo   +   -mente
○ il femminile

testo parlante 31 ▶

Le pulizie in casa, ancora un lavoro per donne
Gli uomini collaborano, ma non abbastanza

Le pulizie in casa? In Italia sono ancora un lavoro per donne. E gli uomini? Non sono completamente assenti e qualcosa fanno: preparano il pranzo o la cena, aiutano i bambini nei compiti, fanno la lavastoviglie, ma questo è tutto.

Nel nostro Paese il *gap* tra uomo e donna non è forte come in passato ma ancora esiste: le donne che in una famiglia si occupano delle pulizie sono il 56%, una media più alta che nel resto d'Europa (49%). Anche la collaborazione fra i partner nel lavoro in casa è insoddisfacente, infatti solo il 19% delle coppie collabora (30% in Europa).
La stessa situazione troviamo per la cura dei figli: gli uomini sono più presenti di prima, comunque non abbastanza. Insomma, gli stereotipi della donna che cucina, stira, fa le pulizie e si occupa dei figli, e dell'uomo che lavora soprattutto fuori di casa, sono evidentemente ancora vivi.

Ci spiega la sociologa Chiara Saraceno: «Negli ultimi anni gli uomini hanno iniziato a collaborare di più, ma sono ancora selettivi. Per esempio si occupano dei figli ma non amano fare le pulizie in casa. Prima di tutto perché i lavori di routine sono "distruttivi" fisicamente. Inoltre non danno una gratificazione immediata. La frase "Che bravo cuoco, che ottimo pranzo hai preparato!" per l'uomo è un grande complimento. Ma nessuno gli direbbe mai: "Wow, come hai pulito bene il bagno!". Non è facile uscire da questa situazione: gli uomini dicono che non collaborano in casa perché non hanno un "senso pratico" per questo tipo di lavori. La verità è che gli uomini storicamente hanno avuto più potere e hanno scelto di non occuparsi della casa e della famiglia. Le donne invece non hanno avuto la possibilità di scegliere. Ma è arrivato il momento di cambiare.»

donnamoderna.com

3c In gruppi di 3. A turno: scegliete un'azione del punto **1** e un aggettivo della lista. Poi trasformate l'aggettivo in avverbio e fate una frase come negli esempi. Attenzione: usate ogni volta un'azione e un avverbio diversi.

lento | improvviso | silenzioso | veloce
perfetto | rumoroso | completo | felice
vero | attento | triste | immediato

ESEMPI:
pulire il bagno + perfetto
➙ Di solito pulisco il bagno **perfettamente**.

passare l'aspirapolvere + felice
➙ Mentre dormivo **felicemente** mio padre ha passato l'aspirapolvere e così mi sono svegliato.

4 **PARLARE** La parità?

Nel tuo Paese che differenze ci sono tra uomini e donne? Nel lavoro, nella famiglia, nella società, c'è parità? Parlane con alcuni compagni.

> In casa uomini e donne collaborano.

> Le donne che hanno ruoli di potere sono poche.

> Gli uomini hanno stipendi più alti.

> In casa le donne lavorano di più.

1 LEGGERE Pubblicità e stereotipi

1a Leggi e sotto seleziona le scene delle pubblicità descritte nei testi (2 foto per ogni pubblicità).

A Come Barilla cambia lo stereotipo della famiglia italiana: ieri e oggi

In Italia **si mangia** pasta tutti i giorni, questo **si sa**. E un piatto di pasta è il pranzo ideale per tutta la famiglia. Barilla, la pasta italiana più famosa nel mondo, ha sempre messo la famiglia al centro delle sue pubblicità. Gli spot Barilla **si riconoscono** subito: storie di buoni sentimenti che propongono l'immagine di una famiglia tradizionale riunita intorno al tavolo a mangiare un buon piatto di pasta.

Oggi il concetto di famiglia è cambiato: non **si sta** più insieme a pranzo e spesso le famiglie sono allargate o divise. Barilla ha capito benissimo questo cambiamento e così nei suoi spot non **si vedono** più le classiche famiglie di una volta con la mamma, il papà e i bambini che mangiano seduti tutti insieme. Nelle nuove pubblicità c'è solo un padre (forse divorziato), che mangia con la figlia sul divano.

Tutto cambia, sembra dire lo spot, anche la famiglia; solo una cosa resta uguale: la pasta Barilla.

cosedaweb.it

B Fiat 500, tutto tipicamente italiano

Nel nuovo spot della Fiat 500, realizzato per gli Stati Uniti, **si vedono** un marito e una moglie che vanno a comprare la nuova auto. Ma quando stanno per prendere la macchina, il venditore informa i clienti del particolare optional compreso nel prezzo: una vera famiglia italiana sul sedile posteriore, che accompagnerà la coppia di americani in ogni viaggio. Da questo momento inizia l'avventura. Tra gag simpatiche e qualche stereotipo sul carattere italiano, la famiglia riuscirà a conquistare la coppia, che alla fine imparerà la nostra lingua. Nello spot **si ride** molto e **si gioca** con i classici cliché che accompagnano gli italiani: il caffè espresso, la passione per il calcio, la gestualità esagerata, la pasta, la mamma.

gossipetv.com

1b Discutete in piccoli gruppi. Secondo voi, perché nello spot Barilla per l'Italia c'è una famiglia diversa da quella tradizionale e invece nello spot della Fiat 500 per gli Stati Uniti c'è ancora il classico stereotipo della famiglia italiana?

2 VOCABOLARIO Espressioni sinonime

Cerca nei due testi le espressioni equivalenti, come negli esempi. Le espressioni sono in ordine.

Testo A

1. la gente mangia:
   si mangia
2. hanno uno stile che tutti identificano immediatamente:
   _____
3. le famiglie includono il nuovo partner del padre o della madre e i suoi figli:
   le famiglie sono allargate
4. di un tempo passato:
   _____

Testo B

1. persona che vende, negoziante:
   _____
2. persone che comprano:
   _____
3. senza costi extra:
   _____
4. il posto dietro:
   _____
5. stereotipi:
   _____

3 GRAMMATICA Il *si* impersonale

3a *Osserva la frase estratta dal testo* A *e leggi la regola.*

Non si sta più insieme a pranzo.
= **La gente non sta** più insieme a pranzo.

Per indicare un soggetto generico (la gente, le persone) usiamo la forma impersonale *si* + un verbo alla terza persona singolare.

3b *Completa la regola con uno dei verbi* evidenziati *nei testi al punto* 1*. Aggiungi anche l'oggetto.*

• Quando il verbo con il *si* impersonale ha un oggetto singolare, va alla terza persona singolare.
→ In Italia **si mangia** pasta tutti i giorni.

• Quando il verbo con il *si* impersonale ha un oggetto plurale, va alla terza persona plurale.
→ _____

3c *In coppia (studente A e B). A turno, uno studente legge una frase della sua lista con il verbo tra parentesi coniugato. L'altro studente deve dire se la frase è vera o falsa in base alle informazioni nei testi al punto* 1*. Seguite l'esempio.*

ESEMPIO:
Testo sulla pasta Barilla
In Italia (*mangiare*) pasta tutti i giorni.
Studente A: In Italia si mangia pasta tutti i giorni.
Studente B: Vero!

STUDENTE A – Testo sulla pasta Barilla

1. Gli spot Barilla (*riconoscere*) facilmente perché parlano sempre di famiglia e buoni sentimenti.
2. Oggi non (*stare*) più tutti insieme a tavola come nel passato.
3. Nei nuovi spot Barilla (*vedere*) ancora le famiglie tradizionali.

STUDENTE B – Testo sulla Fiat 500

1. Nello spot della 500 (*vedere*) un marito e una moglie che comprano una macchina.
2. Nello spot della 500 (*ridere*) poco.
3. Nello spot della 500 (*giocare*) con gli stereotipi sugli italiani.

4 SCRIVERE Stereotipi: veri o falsi?

Scegli una delle due istruzioni e scrivi un breve testo sul tema degli stereotipi.

Secondo te quali stereotipi hanno gli stranieri sul tuo Paese? Che cosa ne pensi?

Secondo te quali stereotipi esistono nel tuo Paese sulla tua città? Che cosa ne pensi?

• Gli stranieri dicono che nel mio Paese si mangia / si parla / si lavora...
• Secondo me questi stereotipi sono veri / falsi, perché...

FOCUS

QUALCHE
Qualche è sempre singolare.

qualche stereotipo
= alcuni stereotipi / degli stereotipi

9D Diamoci del tu!

v Ti dispiace se ci diamo del tu?

1 ASCOLTARE Tu o Lei?

1a Secondo te, in queste situazioni le persone si danno del tu o del Lei? Completa con tu o Lei, come nell'esempio.

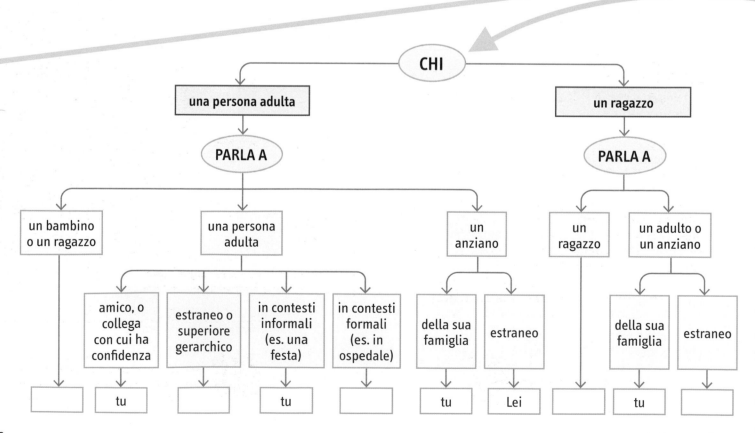

1b Ascolta e abbina ogni dialogo a una situazione del punto **1a**.

| 1 | | 2 | | 3 | | 4 | | 5 | |

1c Ascolta ancora e verifica il punto **1a**: tu o Lei?

1d In un dialogo le due persone passano dal Lei al tu. Perché? Parlane con un compagno.

> 💡 **FOCUS**
>
> **DARSI DEL TU**
> Diamoci del tu, va bene?
> Possiamo darci del tu?
> Ti dispiace se ci diamo del tu?

1e Per decidere quando usare tu o Lei è importante saper rispondere a queste domande.

Le due persone:
- si conoscono?
- hanno età diverse?
- hanno posizioni sociali diverse?
- sono parenti?

1f In coppia. Ora siete esperti di come e quando usare il tu o il Lei. Completate lo schema alla pagina precedente con tu o Lei.

2 PARLARE Ti dispiace se ci diamo del tu?

In coppia (studente A e B). Leggete le vostre istruzioni e fate una conversazione.

STUDENTE A	STUDENTE B
Nel tuo ufficio è arrivata una nuova persona. Ti presenti, le chiedi informazioni e rispondi alle sue domande. Non le hai ancora detto che... sarai il suo nuovo capo!	È il tuo primo giorno di lavoro in un nuovo ufficio. Ti presenti a un / una collega, rispondi alle sue domande e chiedi informazioni su come è il lavoro lì. Alla fine, gli / le chiedi se potete darvi del tu.

'ALMA.tv ▶

Guarda il video
Dare del tu nella rubrica
Vai a quel paese.

DIECI nomi di famiglia... allargata

1 marito di mia madre

2 moglie di mio padre

3 cognato

4 cognata

5 vedovo

6 vedova

7 genero

8 nuora

9 ex moglie

10 ex marito

Quali di queste parole significano: marito della figlia e moglie del figlio?

ASCOLTO IMMERSIVO©
Inquadra il QRcode a sinistra o vai su
www.almaedizioni.it/dieciA2, chiudi
gli occhi, rilassati e ascolta in cuffia.

VIDEO ▶

1 In coppia. Leggete il dialogo: secondo voi che cosa ha dato la mamma a Ivano? Poi guardate il video e verificate.

Ivano — Siccome andiamo via per qualche mese mi ha dato tutta quella roba.

Anna — Ma lo sa che stiamo per trasferirci in California e non al Polo Nord? Ah, la mammina!

2 Seleziona le informazioni _presenti_ nel video.

1. Nel soggiorno c'è molto disordine. ○
2. Anna vuole comprare vestiti in California. ○
3. Ivano è figlio unico. ○
4. La madre di Ivano vive in un'altra città. ○
5. Anna non vuole ancora pensare al matrimonio. ○
6. Ivano pensa di mettere in valigia cose inutili. ○

3 Abbiamo sostituito alcune espressioni del dialogo con dei sinonimi. Rimetti le espressioni originarie al posto giusto, come nell'esempio (sono in ordine). Alla fine guarda ancora il video e verifica.

che dici | andiamo via | suocera | eccola
stiamo per partire | fare | (maglietta)

Ivano — Allora... Questi sì. Poi... Questa sì.... Anna! Che ne pensi? La porto questa?

Anna — No, quella no. Senti, ma che cos'è quello scatolone pieno di sciarpe, maglioni... C'è anche questo cappello...

Ivano — Ah, quello... Eh... Mia madre. Siccome ci trasferiamo per qualche mese, mi ha dato tutta quella roba.

Anna — Ma lo sa che stiamo per trasferirci in California e non al Polo Nord? Ah, ah, ah! Ah, la mammina...

Ivano — La tua futura madre di tuo marito!

Anna — Ehi, piano eh! Dai, pensiamo alle valigie, è meglio! E abbiamo anche poco tempo!

Ivano — Eh, è questa. Pronto? Sì, ciao, mamma, ciao... Eh... Tra poco partiamo, sì. Be', dobbiamo ancora finire di preparare le valigie... Eh, sì, sì, sì, l'ho aperto lo scatolone. Tutta roba molto bella... Solo che in California, mamma, non fa freddo. Con la (t-shirt) si sta bene...

4 Guarda il video da dopo la telefonata con la madre e indica con un numero l'ordine di apparizione degli oggetti che usa Ivano. Poi ordina gli oggetti dal più utile al più inutile per te.

☐ teiera
☐ piccola Statua della Libertà
☐ cuffia per nuotare
☐ cappello tuba
☐ orecchie rosse da topolino
☐ collana di fiori
☐ peluche

il più utile
⋮
↓

_____

_____

_____

_____

_____

_____

↑
⋮
il più inutile

5 Seleziona il significato della frase di Anna. Guarda l'immagine: il gesto può aiutare la comprensione.

Ivano — La tua futura suocera!
Anna — Ehi, piano eh!

○ Aspettiamo ancora 5 anni!
○ Non andare veloce quando guidi!
○ È presto per parlare di matrimonio!

6 In questo episodio Ivano parla al telefono con sua madre. Che tipo di rapporto ha con lei, secondo te? Parlane con un compagno e poi confrontati con altri compagni.

Nella lingua parlata la parola _roba_ indica semplicemente delle cose indefinite.

Mi ha dato **tutta quella roba.** = tutte quelle cose

LA FAMIGLIA IN GIRO PER IL MONDO

1 La famiglia non cambia solo in Italia, ma anche nel resto d'Europa. In coppia. Completate le informazioni con i Paesi della lista. Se non avete idea, provate a indovinare! Poi leggete la soluzione in basso.

Bulgaria | Danimarca | Irlanda | Italia

a. Il matrimonio è più diffuso in: _____, Portogallo, Croazia.

b. Si divorzia di più in: _____, Lituania, Lettonia.

c. Si fanno più figli in: _____, Finlandia, Belgio.

d. Si fanno meno figli in: _____, Spagna, Portogallo.

2 Adesso cercate su internet statistiche sulla famiglia. Avete due possibilità:

a Se venite tutti dallo stesso Paese: lavorate in piccoli gruppi. Ogni gruppo si concentra su un aspetto diverso (vedi sotto, ma potete considerare anche altri aspetti).

> ▸ **tipi di matrimonio** (religioso / civile; esiste una legge sulle unioni tra persone dello stesso sesso?)
> ▸ numero di **matrimoni** e di **divorzi**
> ▸ numero di **figli** per famiglia e **età media** quando si fanno figli
> ▸ **tipi di famiglia**: tradizionale, monoparentale, allargata, ecc.

b Se venite quasi tutti da Paesi diversi: ogni studente o coppia di studenti cerca informazioni sulla famiglia nel proprio Paese.

3 Raccogliete tutte le informazioni su un grande foglio o cartellone come indicato sotto.
Se avete seguito il punto **2a**, completate la mappa del vostro Paese con le informazioni.
Se avete seguito il punto **2b**, completate la mappa del mondo con le informazioni.

Soluzione del punto 1:
Nelle liste i Paesi non sono in ordine.
a. Italia; b. Danimarca; c. Irlanda; d. Bulgaria.

DIECI ABITUDINI TIPICAMENTE ITALIANE

1 Parlare a voce alta.

2 Toccarsi, baciarsi, abbracciarsi tra amici.

3 Stendere i panni all'esterno.

4 Gesticolare.

5 Parlare spesso di cibo.

6 Essere protettivi con i figli.

7 Parlare molto di salute.

8 Curare l'aspetto fisico e il look.

9 Litigare spesso per la politica.

10 Offrire sempre il caffè agli ospiti.

ISOLA DI BURANO (VENETO)

E tu?

	non lo faccio mai	lo faccio ogni tanto	lo faccio spesso
1	○	○	○
2	○	○	○
3	○	○	○
4	○	○	○
5	○	○	○
6	○	○	○
7	○	○	○
8	○	○	○
9	○	○	○
10	○	○	○

GRAMMATICA

1 Completa il testo con la forma impersonale con si dei verbi della lista. I verbi non sono in ordine.

mangiare | usare | fare | dividere
avere | vivere | divorziare

L'espressione "famiglia del Mulino Bianco" (una famosa marca di biscotti) _____ per indicare lo stereotipo della famiglia perfetta. Nelle pubblicità storiche della marca:

- _____ in campagna, lontano dal caos della città

- _____ la casa con uno o due nonni

- non _____ mai e _____ sempre due figli, un bambino e una bambina

- _____ sempre una lunga colazione insieme... e ovviamente _____ molti biscotti.

OGNI VERBO AL POSTO GIUSTO = 1 PUNTO	__ / 7
OGNI FORMA VERBALE CORRETTA = 1 PUNTO	__ / 7

2 Completa le frasi con i verbi tra parentesi all'imperfetto o al passato prossimo.

1. ▶ Anita ha avuto un bambino ultimamente.
   ● Ah, non lo (io – sapere) _____.
     Che bella notizia!

2. ▶ Finalmente ieri sera Martina (conoscere) _____ i genitori del suo futuro marito!
   ● Stanno per sposarsi e ancora non li (lei – conoscere) _____? Che strano!

3. ▶ (Io – sapere) _____ che hai un fratello! Me l'ha detto ieri Katia.
   ● Sì, ma abbiamo padri diversi, lui è il figlio del secondo marito di mia madre.

OGNI VERBO CORRETTO = 6 PUNTI	__ / 24

VOCABOLARIO

3 Completa il testo sulla famiglia italiana in alto a destra con le parole della lista.

figli (x2) | genitori | età | famiglia | media
coppie | coniugi | matrimoni | religiosi | famiglie

Quando i _____ crescono | Nella fascia di _____ compresa tra 25 e 34 anni aumenta il numero di persone che restano a vivere con i _____ (circa il 43%). Il 62% dei giovani va a vivere vicino alla _____ di origine.
Le microfamiglie | In _____ il numero di persone per famiglia è di 2,4. Si fanno pochi _____.
Le _____ "atipiche" | Sono 7 milioni le famiglie di persone single, _____ non sposate, o monogenitori. In questo gruppo sono più di un milione le famiglie allargate, cioè con _____ che hanno figli da _____ precedenti.
Matrimoni | I matrimoni _____ sono circa il 60% del totale. I matrimoni civili sono la maggioranza al Nord, più del 51%.

OGNI COMPLETAMENTO CORRETTO = 2 PUNTI	__ / 22

4 Cancella l'intruso in ogni serie.

1. fare: le pulizie | un figlio | del tu | la cena
2. spolverare: i mobili | il tavolo | le pulizie | in casa
3. pulire: la casa | il pranzo | il bagno | i mobili

OGNI SERIE CORRETTA = 4 PUNTI	__ / 12

COMUNICAZIONE

5 Completa le espressioni con le parole della lista.

sul | va | come | del | ne | ma | di

situazione	espressione
1. sei sorpreso/a	_____ dai! / _____ serio?
2. rispondi a un ringraziamento	Non c'è _____ che.
3. non sai qualcosa	Non _____ ho idea.
4. non hai voglia di fare qualcosa	Non mi _____.
5. vuoi essere più informale	Possiamo darci _____ tu?
6. vuoi chiedere perché	_____ mai?

OGNI COMPLETAMENTO CORRETTO = 4 PUNTI	__ / 28

TOTALE	__ / 100

AUTOVALUTAZIONE

CHE COSA SO FARE IN ITALIANO?	🙂	😐	⚫
descrivere stereotipi	○	○	○
parlare di lavori domestici	○	○	○
capire quando usare il Lei o il tu	○	○	○

LEZIONE
BUONO O CATTIVO?

Qui imparo a:
- descrivere sapori
- raccontare esperienze gastronomiche
- indicare abitudini al ristorante
- descrivere regole alimentari del mio Paese
- ordinare in gelateria

COMINCIAMO

In gruppi di tre. L'autore dell'immagine ha fatto la foto in un supermercato non italiano e l'ha postata sulla sua bacheca di Facebook. Sotto trovate alcuni commenti. Perché i suoi amici reagiscono così, secondo voi?

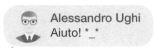
Alessandro Ughi
Aiuto! *_*

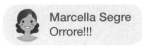
Marcella Segre
Orrore!!!

Giovanna Viola
😭

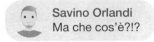
Savino Orlandi
Ma che cos'è?!?

PIZZE SURGELATE IN UN SUPERMERCATO ALL'ESTERO

G   ma, però, mentre
V   dolce, amaro, salato, aspro, piccante

1 PARLARE Il cibo e i sensi

1a Se senti o leggi la parola "arancia", a che cosa pensi immediatamente? Puoi indicare più cose.

○ al profumo
○ al sapore dolce
○ alla forma rotonda
○ a un Paese o una città
○ a dove compro le arance di solito
○ alla stagione in cui mangio le arance
○ al colore arancione
○ ai prodotti a base di arancia
○ ad altro: _____

1b In coppia (studente A e studente B). Fate un esperimento: B chiude gli occhi, A legge la prima parola della sua lista a voce alta e B dice a che cosa pensa. Poi A chiude gli occhi e B legge la sua prima parola, ecc.

STUDENTE A	STUDENTE B
1. formaggio	1. pesce
2. caffè	2. banana
3. carne	3. aglio
4. pomodoro	4. riso
5. prosciutto cotto	5. mozzarella
6. latte	6. salame
7. acqua	7. tè
8. funghi	8. limone
9. pane	9. patata
10. cioccolato	10. uovo

2 ASCOLTARE Specialità "da strada"

33 ▶ **2a** Ascolta il reportage e abbina i nomi della lista alle specialità nelle foto, come nell'esempio.

arrosticini | piadina | supplì | ✓focaccia di Recco | granita | frittatina

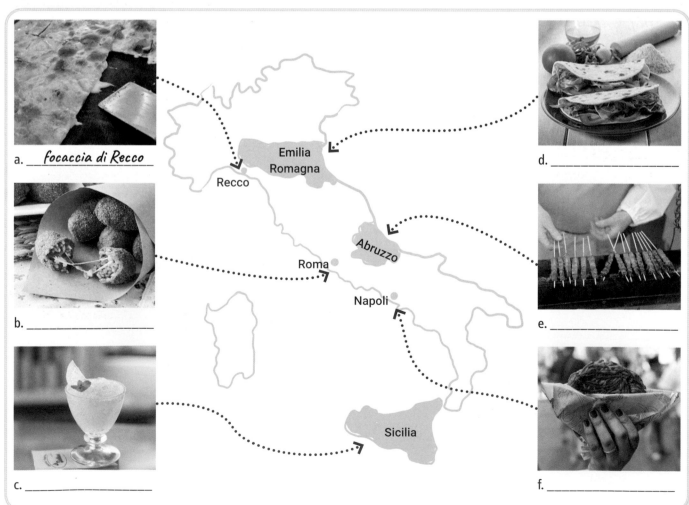

a. _focaccia di Recco_

b. _____

c. _____

d. _____

e. _____

f. _____

2b *Ascolta ancora e indica se le frasi sono vere o false.*

	V	F
1. Agli italiani piace ancora la classica "pomodoro e mozzarella".	○	○
2. Oggi esistono tipi di pizza adatti a esigenze alimentari specifiche.	○	○
3. Lo *street food* si è sviluppato solo recentemente in Italia.	○	○
4. La piadina si mangia imbottita come un panino.	○	○
5. Raramente lo *street food* è dolce.	○	○
6. Tutte le specialità di *street food* italiano si trovano senza problemi in tutte le regioni.	○	○
7. La piadina si può comprare anche al supermercato.	○	○

2c *Seleziona la congiunzione corretta tra quelle **evidenziate**. Poi ascolta ancora e verifica.*

UNA PIZZERIA AL TAGLIO

1. Tutti amano ancora la classica pomodoro e mozzarella, **però / che** la pizza tradizionale non basta più... Quindi abbiamo dovuto creare tante ricette... diciamo più "moderne", **perché / però** oggi i clienti chiedono cose nuove...

2. Poi abbiamo ridotto l'uso di mozzarella e parmigiano **mentre / perché** molte persone sono intolleranti ai latticini.

3. Non dimentichiamo **che / però** molte specialità di *street food* sono dolci...

4. Alcune di queste ricette sono abbastanza difficili da trovare fuori dalla regione di provenienza, **perché / mentre** altre si possono comprare in tutti i supermercati della penisola, come la piadina.

3 *PARLARE* Sapori buoni e meno buoni

In coppia. Racconta a un compagno quando e dove hai mangiato una cosa buonissima e/o cattivissima. Dov'eri, che piatto era e perché ti è piaciuto o non ti è piaciuto?

salato

dolce

amaro / senza zucchero

piccante

aspro

senza sale

10B Non lo mangerò mai!

Ⓖ "ne" con il passato prossimo
Ⓥ Non sopporto... • Per me non ha senso...

1 LEGGERE E PARLARE Quello che gli chef evitano al ristorante

1a Formate un gruppo di 5 studenti: **A, B, C, D** e **E**. Gli studenti **A, B, C,** e **D** leggono il proprio testo sotto.
Lo studente **E** va in ▶ *COMUNICAZIONE* a pagina 138.

testo parlante 34 Ⓟ

A

Riconosco subito le pizzerie cattive. Ne ho viste moltissime nella vita e posso dire con certezza che le peggiori hanno dei menù lunghissimi. Poi non sopporto quando nel menù non ci sono dolci: mi dispiace, ma se mangio fuori devo finire il pasto con un dessert.

Davide Mosca
del ristorante
La Torretta
di Rivoli (Piemonte)

B

Ho paura di ordinare i contorni perché non so da dove vengono. Alcuni ristoranti comprano la verdura (e la frutta) al supermercato più vicino, dove vendono prodotti di bassa qualità che si rovinano in pochissimo tempo, anche nel frigorifero.

Beatrice Penna
responsabile
del ristorante
Il Trabocco
di Vasto (Abruzzo)

C

Per me non ha senso ordinare pomodori, peperoni, zucchine in inverno, o spinaci in estate. Evito sistematicamente tutte le verdure fuori stagione. Anche a tavola bisogna rispettare i cicli della natura. Se non lo fai, non sei un ristorante serio.

Corrado Mieli
del ristorante
Dioniso
di Noto (Sicilia)

D

Mi fanno paura i piatti a base di carne macinata: ne ho mangiati alcuni veramente terribili. Prendo la pasta al ragù o l'hamburger solo se mi fido del ristorante e so che tipo di controlli fa. Idem per il pollo. Devo sapere da dove viene.

Enrico Venturi
del ristorante
Il Tartufo
di Alba (Piemonte)

D la Repubblica

1b **A**: sei Davide Mosca.
B: sei Beatrice Penna.
C: sei Corrado Mieli.
D: sei Enrico Venturi.
*Per tutti: andate a cena insieme alla trattoria "Da zia Marisa": il menù è a pagina 138.
Sedetevi e chiamate il / la cameriere/a.*

1c *Alla fine tutti e cinque gli studenti leggono le dichiarazioni di Mosca, Penna, Mieli e Venturi. Condividete le opinioni di queste persone? Quali? Perché sì o no?*

2 GRAMMATICA Ne e il passato prossimo

2a In coppia. Leggete le due frasi e completate la regola sotto.

Mosca: "Riconosco subito le pizzerie cattive. **Ne ho viste** moltissime nella vita."

Venturi: "Mi fanno paura i piatti a base di carne macinata: **ne ho mangiati** alcuni veramente terribili."

> Quando c'è *ne* con il passato prossimo, il participio passato:
>
> ○ a. cambia.   ○ b. non cambia.

2b Adesso completa con le parole della lista e la vocale corretta del participio passato.

**bottiglie di salsa al pomodoro | prosecco
tipi di ravioli | carbonara**

1. Ne ho cucinat_ una buonissima l'altra sera per mia sorella:

   _____

2. Ne ho assaggiat_ due diversi perché ero curioso:

   _____

3. Ne ho ordinat_ uno molto buono per l'aperitivo:

   _____

4. Ne ho comprat_ due al supermercato:

   _____

NAPOLI

3 SCRIVERE E PARLARE Le mie abitudini al ristorante

3a Tu a che cosa fai attenzione quando mangi fuori? Completa le frasi come preferisci, ma da' sempre informazioni diverse.

> Posso dire con certezza che i peggiori ristoranti...

> Per me i migliori ristoranti...

> Non sopporto quando al ristorante...

> Al ristorante ho paura di ordinare o evito sistematicamente...

> Quando mangio fuori per me non ha senso...

3b Adesso confrontati con alcuni compagni: avete abitudini simili o diverse? Motivate le vostre risposte.

G il futuro per formulare ipotesi
V Che brutto! • Uffa! • Io non ci credo!

1 LEGGERE "cucinaremale"

1a In Italia esiste una pagina Facebook che si chiama "cucinaremale": secondo te chi sono le persone iscritte a questa pagina? E perché qualcuno ci ha postato la foto qui a destra? Parlane con un compagno. Poi leggete il post dell'autrice della foto, Silvia Sgrena.

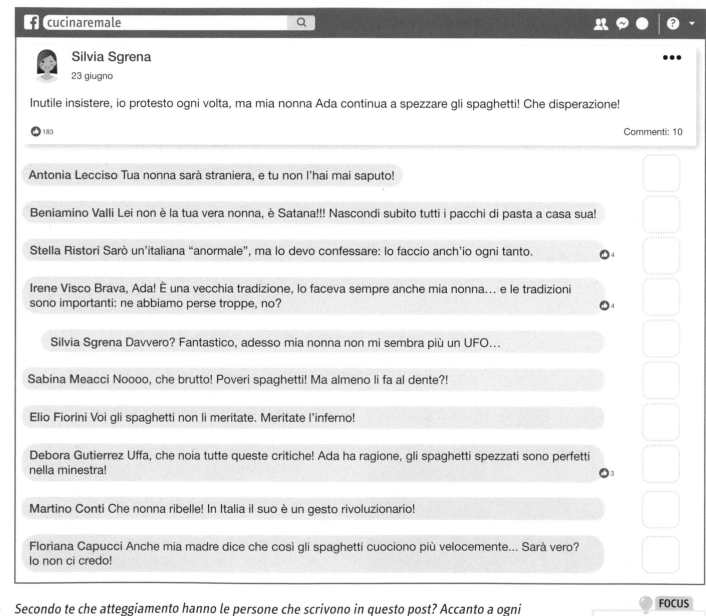

f cucinaremale 🔍 👥 💬 ● | ❓ ▾

Silvia Sgrena
23 giugno

Inutile insistere, io protesto ogni volta, ma mia nonna Ada continua a spezzare gli spaghetti! Che disperazione!

👍 183   Commenti: 10

Antonia Lecciso Tua nonna sarà straniera, e tu non l'hai mai saputo!

Beniamino Valli Lei non è la tua vera nonna, è Satana!!! Nascondi subito tutti i pacchi di pasta a casa sua!

Stella Ristori Sarò un'italiana "anormale", ma lo devo confessare: lo faccio anch'io ogni tanto. 👍 4

Irene Visco Brava, Ada! È una vecchia tradizione, lo faceva sempre anche mia nonna… e le tradizioni sono importanti: ne abbiamo perse troppe, no? 👍 4

    Silvia Sgrena Davvero? Fantastico, adesso mia nonna non mi sembra più un UFO…

Sabina Meacci Noooo, che brutto! Poveri spaghetti! Ma almeno li fa al dente?!

Elio Fiorini Voi gli spaghetti non li meritate. Meritate l'inferno!

Debora Gutierrez Uffa, che noia tutte queste critiche! Ada ha ragione, gli spaghetti spezzati sono perfetti nella minestra! 👍 3

Martino Conti Che nonna ribelle! In Italia il suo è un gesto rivoluzionario!

Floriana Capucci Anche mia madre dice che così gli spaghetti cuociono più velocemente… Sarà vero? Io non ci credo!

1b Secondo te che atteggiamento hanno le persone che scrivono in questo post? Accanto a ogni commento disegna uno degli emoticon sotto, o scrivi la lettera corrispondente alla faccia. Le risposte sono soggettive. Poi motiva le tue risposte con alcuni compagni.

a.   b.   c.   d.   e.   f.   g.   h.   i.   l.

💡 **FOCUS**

Che…

+ **nome:**
Che disperazione!

+ **aggettivo:**
Che brutto!

+ **nome** e **aggettivo:**
Che nonna ribelle!

2 PARLARE Obblighi e divieti a tavola

Nel tuo Paese esistono abitudini alimentari che a tavola più o meno tutti rispettano? Parlane con due compagni con esempi concreti. Potete ispirarvi alle abitudini indicate sotto.

si mangia la carne insieme al pesce

alcuni cibi sono vietati

a colazione si mangia solo cibo salato

tutti mangiano dallo stesso piatto

si servono piatti in un ordine preciso

il cibo dolce non si mangia solo come dessert

TAGGA L'AMICO CHE SPEZZA GLI SPAGHETTI

3 GRAMMATICA Altri usi del futuro

3a *In coppia. Leggete le frasi e poi selezionate l'opzione corretta sotto.*

- Tua nonna **sarà** straniera, e tu non l'hai mai saputo!
- **Sarò** un'italiana "anormale", ma lo devo confessare: lo faccio anch'io ogni tanto.
- Anche mia madre dice che così gli spaghetti cuociono più velocemente… **Sarà** vero? Io non ci credo!

In queste frasi il futuro serve a:

○ fare una supposizione   ○ annunciare una cosa che succederà presto   ○ dare un consiglio

3b *Adesso guardate questi piatti, presi dalla pagina "cucinaremale", e provate a indovinare: che cosa sarà?*

Sarà carne?

Forse sì…

No, saranno zucchine…

'ALMA.tv ▶

Guarda il video
Tra grammatica e smiles nella rubrica
Grammatica caffè.

1 ASCOLTARE I luoghi dove si mangia

35 ▶

Ascolta i dialoghi e completa lo schema. Poi confronta le tue risposte con quelle di un compagno. Alterna ascolti e confronti con compagni diversi.

1. AL RISTORANTE

Come vuole il caffè la signora?

a. ○   b. ○

2. IN GELATERIA

Che tipo di gelato vuole la ragazza?

a. ○ coppetta con panna   b. ○ cono senza panna   c. ○ coppetta senza panna

3. IN UNA PIZZERIA AL TAGLIO

Che cosa ordina la donna?

a. ○   b. ○   c. ○

4. IN GELATERIA

Come si scrive il nome di questo gusto di gelato?

P ☐ ☐ ☐ ☐ ☐ ☐ ☐ ☐ ☐ O

5. AL RISTORANTE

Completate con le parole mancanti.

- ● Che fai?
- ▶ _____ _____ piace con il parmigiano.
- ● Che _____!
- ▶ Guarda che a casa mia la pasta con i frutti di mare _____ _____ sempre così.
- ● Con il formaggio?
- ▶ Eh, con il formaggio, sì.
- ● Che _____ strana!
- ▶ Uffa, _____ _____ dicono tutti! Che _____!

6. IN GELATERIA

Prima di ascoltare: ordinate il dialogo. Poi ascoltate e verificate.

- ☐ Hm, no, la crema è meno bianca. È più gialla.
- ☐ Ah, esiste anche il gelato allo yogurt?
- ☐ Senti, chiediamolo al signore. Scusi, questo che gusto è?
- ☐ Sarà crema.
- ☐ Esisterà sicuramente! Fanno il gelato con tutto!... O sarà banana?
- ☐ Allora sarà yogurt.
- ☐ Quello che gusto è, secondo te? Non c'è scritto niente.

7. IN UNA PIZZERIA AL TAGLIO

Completate con le parole mancanti.

- ● Avete _____?
- ▶ Certo. _____ vuole uno?
- ● No, due, _____ me li dà caldi? Li mangio _____.

2 PARLARE In gelateria

2a In gruppi di 4 studenti. Preparate circa 15 etichette con i nomi di gusti di gelato. Potete usare le etichette sotto, o altre, consultare il dizionario, chiedere aiuto all'insegnante e disegnare l'ingrediente.
Alla fine decidete chi fa il gelataio (**A**), che prende tutte le etichette del gruppo.

 CIOCCOLATO FRAGOLA BANANA

MANGO   YOGURT   MORA

2b Gli altri tre studenti di ogni gruppo sono i clienti (**B**, **C** e **D**). Leggete tutti le vostre istruzioni, poi i tre clienti vanno da un gelataio di un altro gruppo e ordinano un gelato.

> Un cono da 2 euro.

> Panna?

> Quello che gusto è?

STUDENTE A

Lavori in una gelateria. Sistema su un tavolo le etichette con il nome dei gusti di gelato e servi i clienti.

STUDENTE B

 Vai in gelateria. Adori il gelato, ma sei intollerante ai latticini.

STUDENTE C

 Vai in gelateria. Adori il gelato, ma sei intollerante al glutine.

STUDENTE D

  Vai in gelateria. Sei vegano/a.

DIECI luoghi dove si mangia

1 trattoria

2 gelateria

3 pasticceria

4 pizzeria

5 piadineria

6 rosticceria

7 spaghetteria

8 birreria

9 hamburgheria

10 osteria

Secondo te qual è il posto dove si mangiano piatti caldi già pronti, come il pollo e le patate arrosto?

ASCOLTO IMMERSIVO©
Inquadra il QRcode a sinistra o vai su www.almaedizioni.it/dieciA2, chiudi gli occhi, rilassati e ascolta in cuffia.

1 Guarda il video e seleziona gli alimenti che Ivano vuole mettere nella valigia.

○ **parmigiano** ○ **penne** ○ **spaghetti** ○ **olio** ○ **pizza** ○ **fusilli**

2 Guarda ancora il video e seleziona le opzioni corrette.
Attenzione: in alcuni casi le opzioni corrette sono <u>due</u>.

1. Secondo Anna, il tipico italiano:
   ○ mangia sempre spaghetti.
   ○ cerca cibo italiano anche fuori dall'Italia.
   ○ mangia troppo.

2. Ivano dice che all'estero il cibo italiano:
   ○ non si trova facilmente.
   ○ non è buono come in Italia.
   ○ costa di più.

3. Secondo Anna, Ivano:
   ○ avrà bisogno di due valigie.
   ○ avrà una valigia molto pesante.
   ○ avrà bisogno di un taxi grande.

4. Anna dice che:
   ○ sta arrivando il taxi.
   ○ sta partendo l'aereo.
   ○ sta arrivando il treno.

3 Completa il dialogo con le parole mancanti.
Poi guarda ancora il video e verifica.

Ivano Allora, queste sono le cose da
_____ in valigia.

Anna No, aspetta. Non _____ credo! Dai,
non sarai il _____ italiano che deve
mangiare gli spaghetti anche _____
_____!

Ivano No, hm... Anna, scusa, il _____
italiano all'estero è molto più caro. E
_____ me non è buono come qui.
Guarda qui! Fusilli fatti _____ casa.
Li trovi solo qui. E ho preso anche il parmigiano,
che ti piace tanto. E l'olio. _____ lo
fa mio zio Saverio. Che buono!

Anna Anche l'olio? Ma quanto _____
hai preso? Quella alla fine quanto
_____? Cinquanta chili?
_____ pochissimo arriva il taxi!
Ivano, sbrigati! Finisci di riempire la valigia
con... con quella roba. Ivano, abbiamo poco
tempo, devi _____ presto!

4 Leggi la frase e poi seleziona l'opzione corretta.

Quella alla fine quanto **peserà**, 50 chili?

Anna usa il futuro perché:
○ sa quanto peserà la valigia.
○ prova a immaginare il peso della valigia.

5 Seleziona un personaggio e scrivi una mail.

Sei Ivano.	Sei Anna.
Abiti negli Stati Uniti con Anna da qualche settimana. Scrivi una mail a tua madre.	Abiti negli Stati Uniti con Ivano da qualche settimana. Scrivi una mail a tua sorella Francesca.

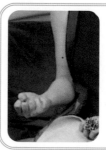

Anna dice a Ivano: *sbrigati*.
Questo ordine significa:
Fa' subito!
Fa' presto!
Fa' velocemente!

Spesso si accompagna questo tipo di ordine con il gesto che fa Anna.

UNA LETTERA PER L'INSEGNANTE

1 Come ti piace imparare l'italiano? Che tipo di studente sei?
Completa la scheda sotto e poi confrontati con 2 o 3 compagni.

a Ecco **cinque** cose molto importanti o utili per me a lezione:

○ studiare la grammatica   ○ giocare con i compagni
○ lavorare in coppia   ○ leggere testi
○ guardare video   ○ ascoltare dialoghi
○ lavorare da solo/a   ○ parlare della mia vita
○ scoprire tradizioni   ○ lavorare in gruppo
○ interpretare un personaggio
○ imparare parole e espressioni nuove

b Quello che ho selezionato al punto **a**:

○ lo sapevo già.
○ l'ho scoperto durante questo corso.

c Ecco la cosa che mi è piaciuta molto di questo corso:

_____
_____
_____

d Ecco la cosa che non mi è piaciuta molto di questo corso:

_____
_____
_____

2 Adesso raccogli le idee e su un foglio a parte scrivi al tuo / alla tua insegnante.
Che cosa gli / le vorresti dire su come è andato questo corso di italiano? Quali riflessioni, desideri, suggerimenti, frustrazioni o soddisfazioni vorresti condividere con lui / lei?
Alla fine puoi dare direttamente la lettera all'insegnante, o inviarla via mail... o tenerla per te.

Caro... / Cara...

DIECI PRODOTTI ITALIANI BUONI E FAMOSI

1 olio extravergine di oliva

2 prosciutto di Parma

3 ricotta

4 vino

5 parmigiano

6 pasta

7 aceto balsamico

8 mozzarella

9 limoncello

10 mortadella

Alcuni di questi prodotti si mangiano spesso nel tuo Paese? Quali?
Nel tuo Paese esistono prodotti simili?

GRAMMATICA

1 *Sottolinea l'opzione corretta tra quelle* **evidenziate**.

Diego Seri, chef di *Riccio*, Milano: "All'estero mangio raramente nei ristoranti italiani. Sono terribili, **perché / però** non tutti: **alcuni / qualche** sono ottimi, soprattutto a Hong Kong. E non bevo quasi mai caffè al bar **perché / mentre** spesso è cattivissimo."

Roberta Salemi, chef di *Salemi*, Bra: "Mi piace assaggiare un po' tutto, **perché / però** non scelgo mai piatti con cibi pari, **mentre / per esempio** due bruschette, o quattro fette di prosciutto... Per ragioni estetiche! **Ero / Sarò** matta? Chissà!"

Eugenio Mori, chef di *Stazione MC*, Milano: "Sono lo chef più radicale **che / di** tutti: non mangio mai fuori, neanche a casa di amici! **Per questo / Però** in 40 anni ho quasi sempre mangiato bene!"

D la Repubblica

OGNI OPZIONE CORRETTA = 3 PUNTI	__ / 24

2 *Completa con la vocale finale dei participi passati.*

1. ▶ Quanti caffè hai chiesto?
   - Ne ho ordinat__ tre.

2. ▶ Hai preso la carne macinata?
   - No, non l'ho comprat__.

3. ▶ Quante scatole di biscotti hai comprato?
   - Ne ho pres__ due.

4. ▶ Che gusti hai scelto?
   - Ho pres__ cioccolato e pistacchio.

OGNI COMPLETAMENTO CORRETTO = 3 PUNTI	__ / 12

VOCABOLARIO

3 *Completa il testo in alto a destra con le parole della lista.*

gusti | assaggiate | crema | fate | fresco
gusto | coppetta | forte | gelateria

Consigli sul gelato

- In _____ deve esserci la lista degli ingredienti.
- Il gelato non deve avere un colore troppo _____.
- I tradizionalisti mangiano il gelato in _____ perché così si sente meglio il gusto.
- È meglio scegliere _____ semplici.
- Se la _____ ha il gusto del latte _____, è di qualità.
- _____ un test: chiudete gli occhi e _____ il gelato. Che _____ è? Se lo riconoscete, il gelato è buono.

OGNI COMPLETAMENTO CORRETTO = 2 PUNTI	__ / 18

4 *Risolvi gli anagrammi.*

1. una **TAFET** _____ di torta
2. un **OCCAP** _____ di pasta
3. un **ZOPEZ** _____ di pizza
4. un **TABAROLTO** _____ di marmellata
5. una **ACOLSAT** _____ di cioccolatini

OGNI ANAGRAMMA CORRETTO = 2 PUNTI	__ / 10

COMUNICAZIONE

5 *Le espressioni sono positive* (P) *o negative* (N)?

1. ottimo	P N	4. che buono	P N	7. che incubo	P N
2. uffa	P N	5. che bello	P N	8. che meraviglia	P N
3. che noia	P N	6. che brutto	P N	9. che peccato	P N

OGNI RISPOSTA CORRETTA = 2 PUNTI	__ / 18

6 *Quali di queste frasi è possibile sentire in* gelateria?

○ Panna? ○ Pronto, posso prenotare per due?
○ Quello che gusto è? ○ Posso assaggiarlo?
○ Mi dà un pezzo da 4 euro con i funghi? ○ Avete la M?

OGNI RISPOSTA CORRETTA = 6 PUNTI	__ / 18

TOTALE	__ / 100

AUTOVALUTAZIONE

CHE COSA SO FARE IN ITALIANO?	☺	😐	☹
descrivere cibi	○	○	○
descrivere le mie abitudini a tavola	○	○	○
ordinare in gelateria	○	○	○

2b *GRAMMATICA* Espressioni di tempo

*Fai una domanda allo studente **B** e verifica la sua risposta. Poi rispondi alla sua domanda.*
Puoi leggere di nuovo il testo su Casanova a pagina 32 prima di rispondere. Poi fai tu un'altra domanda e così via.
Per ogni risposta esatta guadagnate un punto. Vince chi alla fine ha risposto esattamente a più domande.

ESEMPIO:
Studente A: In che anno nasce Casanova?
Studente B: Nel...

LE MIE DOMANDE

1. In che anno nasce Casanova?

   (soluzione: nel 1725)

2. Da ragazzo che cosa fa per vivere?

   (soluzione: suona il violino, gioca a carte e pratica la magia)

3. Dopo quanto tempo scappa dalla prigione?

   (soluzione: dopo un anno)

4. In che anno muore? (soluzione: nel 1798)

3 *PARLARE* Un'intervista

Sei Virginia Raffaele.
Oggi hai un appuntamento per fare un'intervista per una rivista importante.
Rispondi alle domande del / della giornalista.
Cerca di dare tutte le informazioni che chiede.
Se necessario, leggi ancora l'intervista a pagina 44, o improvvisa!

COMUNICAZIONE

3 PARLARE Cinema per tutti i gusti

Vuoi vedere "Ammore e malavita", un musical che ha vinto premi importanti in Italia. Leggi la scheda, poi proponi al tuo compagno di andarlo a vedere.

MULTISALA RIVOLI

Festival "L'Italia sullo schermo"

Sezione: Il cinema di oggi

Programmazione del 16 marzo

SALA GRANDE

Ammore e malavita (regia: Manetti Bros)

Una divertente storia d'amore nel mondo della criminalità con canzoni originali in napoletano.

genere: commedia, musicale, azione

durata: 2 ore

salta la fila: biglietti online

---

5 PARLARE Indovina l'oggetto

*Descrivi il primo oggetto della lista. **B** tiene il libro chiuso e indovina che oggetto è. Puoi usare le frasi sotto, o altre.*

*Poi **B** descrive un oggetto della sua lista, tu ascolti con il libro chiuso e indovini, eccetera.*

*Alla fine provate a giocare con due oggetti che non sono nella lezione: tu scegli il tuo, **B** il suo!*

serve a...	è utile per...	lo / la usi per...

è un oggetto con cui...

è l'oggetto più / meno...

1. secchio

2. vasca da bagno

3. foglio

4. saponetta

5. Il mio oggetto: _____

LEZIONE 2B

3b PARLARE Com'è?

Tutti gli studenti girano per la classe con un foglio bianco attaccato sulla schiena.
A turno, per ogni studente, i compagni scrivono un aggettivo per descrivere il suo carattere. Tutti scrivono un aggettivo per ogni compagno e ricevono un aggettivo da ogni compagno.
Quando tutti hanno scritto, ogni studente legge gli aggettivi che i compagni hanno scritto sul suo carattere.

Potete usare uno o più aggettivi di questa lista:

divertente
simpatico/a
allegro/a
socievole
timido/a
intelligente
dinamico/a
pigro/a
avventuroso/a
gentile
creativo/a
puntuale
preciso/a
ordinato/a
generoso/a
sincero/a
sportivo/a
elegante
goloso/a
ottimista

LEZIONE 3A

4 PARLARE La gara delle domande

In piccoli gruppi. Ogni gruppo prepara 5 domande su Antonio Manzini.
Poi un gruppo fa la sua prima domanda agli altri gruppi. Il gruppo che per primo dà l'informazione giusta vince un punto. Poi il turno passa al gruppo successivo. Finite tutte le domande.
Due regole importanti:
a) dovete conoscere la risposta a tutte le vostre domande;
b) ogni volta fa la domanda o risponde uno studente diverso.

 Che lavoro faceva prima?

 Da quando è sposato?

 Lavorava in una casa editrice. ✗

 Da 6 anni. ✓

COMUNICAZIONE

1 *LEGGERE E PARLARE* Quello che gli chef evitano al ristorante

1a Leggi il menù a destra.

1b Lavori come cameriere/a al ristorante "Da zia Marisa". Arrivano quattro clienti molto esigenti: cerca di soddisfare le loro richieste.

TRATTORIA "DA ZIA MARISA"

ANTIPASTI
prosciutto e melone
bruschette miste (patè di funghi, patè di olive, funghi, pomodoro)

PRIMI
tagliatelle al ragù di carne
ravioli spinaci e ricotta

SECONDI
hamburger (servito con patatine)
pollo arrosto (servito con patate)

CONTORNI
insalata di pomodori e olive nere
peperoni grigliati

FRUTTA
macedonia di frutta di stagione
fragole e panna

piatto del giorno, martedì 30/06: lasagna vegetariana con zucchine

2b *GRAMMATICA* Espressioni di tempo

Rispondi alla domanda dello studente A. Puoi leggere di nuovo il testo su Casanova a pagina 32 prima di rispondere. Poi fai tu una domanda e verifica la sua risposta. Poi rispondi a un'altra domanda dello studente A e così via. Per ogni risposta esatta guadagnate un punto. Vince chi alla fine ha risposto esattamente a più domande.

ESEMPIO:
Studente A: In che anno nasce Casanova?
Studente B: Nel...

LE MIE DOMANDE

1. A quanti anni Casanova finisce in prigione?   (soluzione: a 30 anni)

2. Dopo quanti anni di esilio ritorna a Venezia?   (soluzione: dopo 18 anni)

3. In che anni lavora come agente segreto?   (soluzione: dal 1774 al 1783)

4. A quanti anni muore?   (soluzione: a 73 anni)

LEZIONE 3c — STUDENTE B

3 PARLARE Un'intervista

Sei un / una giornalista e lavori per una rivista importante. Oggi intervisti Virginia Raffaele.
Fa' domande su aspetti che non conosci bene, come negli esempi. Se necessario, leggi ancora l'intervista a pagina 44.

> Tu lavoravi in un Luna Park. Ti piaceva quel lavoro? E perché?

> Perché hai smesso di lavorare con la tua vecchia compagnia di teatro?

LEZIONE 6b — STUDENTE B

3 PARLARE Cinema per tutti i gusti

Vuoi vedere "Il sorpasso", un grande classico del cinema italiano. Leggi la scheda, poi proponi al tuo compagno di andarlo a vedere.

MULTISALA RIVOLI
Festival "L'Italia sullo schermo"
Sezione: Il cinema di ieri
Programmazione del 16 marzo
SALA PICCOLA

Il sorpasso (regia: Dino Risi)

Capolavoro sul boom economico dell'Italia degli anni Sessanta, un'avventura estiva tra Roma e la costa toscana.

genere: commedia, drammatico

durata: 1,5 ore

LEZIONE 8a — STUDENTE B

5 PARLARE Indovina l'oggetto

Lo studente A descrive un oggetto: tu ascolti con il libro chiuso e indovini che oggetto è.
Poi tu descrivi il primo oggetto della tua lista. Puoi usare le frasi sotto, o altre.
A ascolta con il libro chiuso e indovina, eccetera.
Alla fine provate a giocare con due oggetti che non sono nella lezione: tu scegli il tuo, A il suo!

| serve a... | è utile per... | lo / la usi per... |

è un oggetto con cui...

è l'oggetto più / meno...

1. tastiera

2. spugna

3. teiera

4. cuscino

5. Il mio oggetto: _____

LA GRAMMATICA DEL BARBIERE
Vai su www.almaedizioni.it/dieciA2
e guarda il primo episodio della videogrammatica.

IL SUPERLATIVO ASSOLUTO

Per aumentare il valore di un aggettivo, possiamo usare *molto* prima dell'aggettivo o *-issimo/a* alla fine dell'aggettivo.
*un cantante **molto bravo** ↪ bravissimo*
*una donna **molto felice** ↪ felicissima*

Agli aggettivi che finiscono in *-co/-go* di solito dobbiamo aggiungere anche la lettera h:
*stanca ↪ stan**h**issima, lungo ↪ lung**h**issimo*
Eccezioni: *simpaticissimo, antipaticissimo.*

Forme irregolari

Alcuni aggettivi hanno due forme di superlativo assoluto, una regolare e una irregolare.

AGGETTIVO	SUPERLATIVO REGOLARE	SUPERLATIVO IRREGOLARE
buono	buonissimo	ottimo
cattivo	cattivissimo	pessimo
grande	grandissimo	massimo
piccolo	piccolissimo	minimo

*Questo gelato è **ottimo**! = Questo gelato è **buonissimo**! = Questo gelato è **molto buono**!*

PREPOSIZIONI

Prima + di + verbo all'infinito:
Prima di studiare l'italiano, ho imparato l'inglese.

Per indicare la durata:
per   *Ho studiato arabo **per** 6 mesi.*
da   *Suono il violino **da** 10 anni.*

PASSATO PROSSIMO: CASI PARTICOLARI

Cominciare e finire

Con il passato prossimo di *cominciare* e *finire* possiamo usare due ausiliari diversi.

	AVERE	ESSERE
quando	dopo il verbo c'è un oggetto o un verbo all'infinito	dopo il verbo non c'è un oggetto o un verbo
esempi	**Hai cominciato** il corso di russo?	Il concerto è **cominciato** tardi.
	Ho finito di lavorare un'ora fa.	La lezione è **finita** alle 11:00.

Il passato prossimo dei verbi riflessivi

Con i verbi riflessivi usiamo sempre l'ausiliare *essere*:
(divertirsi) *Federica, ti **sei** divertita alla festa?*
(iscriversi) *Igor e Vera si **sono** iscritti a un corso di tango.*

Il passato prossimo dei verbi modali

Al passato prossimo i verbi modali (*potere, dovere, volere*) prendono l'ausiliare del verbo che c'è dopo:
(tornare ↪ essere)
*Mariangela, perché **sei** dovuta tornare in ufficio?*
(comprare ↪ avere)
*Flavio non **ha** voluto comprare quei jeans.*

SAPERE + INFINITO

Per indicare che siamo o non siamo capaci di fare qualcosa, usiamo la forma: (*non*) *sapere* + verbo all'infinito:
Non so nuotare, ma **so sciare** molto bene.

SEMPRE, MAI, ANCORA CON IL PASSATO PROSSIMO

Di solito gli avverbi *sempre*, *mai* e *ancora* con il passato prossimo vanno tra l'ausiliare e il participio passato:
*Hai **sempre** abitato a Palermo?*
*Non abbiamo **mai** visto questo film.*
*Non ho **ancora** imparato a guidare.*

IL SUPERLATIVO ASSOLUTO

1 Completa i superlativi assoluti come nell'esempio. Attenzione: dove necessario, aggiungi anche la lettera h.

1. La casa di Giuliana non è grand*issima*_____, ma è molto bella.
2. Questi pantaloni sono sporc_____, devo cambiarli.
3. La mia nuova collega è giovan_____: ha solo 19 anni.
4. L'università di Bologna è antic_____.
5. Le mie cugine sono tutte simpatic_____.

2 Completa lo schema. Poi completa le frasi sotto con i superlativi irregolari.

SUPERLATIVO REGOLARE		SUPERLATIVO IRREGOLARE
buonissimo	=	
piccolissimo	=	
cattivissimo	=	
grandissimo	=	

1. In quel bar il caffè è _____, non ci vado mai.
2. Il Pantheon è il _____ esempio di architettura romana.
3. In russo faccio errori _____, sono diventato abbastanza bravo.
4. Questa crema è _____ per la pelle.

PREPOSIZIONI

3 *Completa con la preposizione corretta.*

1. Oggi pomeriggio ho nuotato in piscina _______ un'ora.
2. Prima _______ andare in ufficio, faccio un po' di ginnastica.
3. Non vedo Ilaria ______ tre mesi, ma domani finalmente ceniamo insieme.
4. Mi piace guardare un film prima _______ andare a dormire.
5. Ho studiato in quella scuola _______ due anni.

PASSATO PROSSIMO: CASI PARTICOLARI

4 *Seleziona le frasi corrette. Poi correggi le frasi sbagliate.*

1. ○ Il corso di danza ha cominciato il 5 aprile.
   ____
2. ○ Ho finito il latte.
   ____
3. ○ Quando hai cominciato a suonare?
   ____
4. ○ Sono cominciati a correre perché era molto tardi.
   ____
5. ○ Aldo è finito di cucinare alle 4:00.
   ____
6. ○ Il film è finito a mezzanotte.
   ____

5 *Coniuga i verbi al passato prossimo, come nell'esempio.*

1. noi – vestirsi ___*ci siamo vestite*___
2. io – sbagliarsi ____________________
3. voi – preoccuparsi ____________________
4. tu – svegliarsi ____________________
5. loro – alzarsi ____________________
6. lei – presentarsi ____________________

6 *Inserisci le espressioni della lista nello schema corretto, come nell'esempio.*

✓parlare in inglese | andare via | prendere un gelato | tornare a casa | fare un brindisi | uscire con gli amici | restare a casa | dormire tutto il pomeriggio | bere il caffè

ha voluto	è voluto/a
parlare in inglese	

7 *Completa le righe vuote (___) con l'ausiliare corretto e i participi passati con la vocale corretta.*

1. Violetta e Sandra non _____________ volut☐ pranzare con noi.
2. Rita, ma davvero ti ______________ addormentat☐ in classe?!
3. Io e Claudio non ______________ potut☐ andare alla sua festa di compleanno perché (*noi*) ______________ dovut☐ lavorare fino a tardi.
4. Domitilla si ______________ dimenticat☐ le chiavi della macchina e così ______________ dovut☐ prendere l'autobus.

SAPERE + INFINITO

8 *Completa con il presente del verbo* sapere *e i verbi della lista, come nell'esempio.*

curare | ballare | guidare
cucinare | nuotare | ✓parlare

1. Hanno una laurea in francese.
   ➥ ___*Sanno*___ ___*parlare*___ il francese.
2. Ha la patente.
   ➥ ____________ ____________ la macchina.
3. Fai il dottore.
   ➥ ____________ ____________ le malattie.
4. Abbiamo paura dell'acqua.
   ➥ Non ____________ ____________.
5. Faccio il cuoco in un ristorante giapponese.
   ➥ ____________ ____________ il sushi molto bene.
6. Studiate danza da 15 anni.
   ➥ ____________ ____________ bene.

SEMPRE, MAI, ANCORA CON IL PASSATO PROSSIMO

9 *Ordina le parole e completa le frasi.*

1. **molto | sono | disordinata | stata**
   ________ sempre ________ ________ ________.
2. **molto | hanno | non | viaggiato**
   ________ ________ mai ________ ________.
3. **abbiamo | questo | non | letto | libro**
   ________ ________ ancora ________ ________ ________.
4. **siamo | stati | Groenlandia | in | non**
   ________ ________ mai ________ ________ ________.
5. **voluto | cane | ho | avere | un**
   ______ sempre ________ _______ _______ ________.

LA GRAMMATICA DEL BARBIERE
Vai su www.almaedizioni.it/dieciA2
e guarda il secondo episodio della videogrammatica.

L'IMPERFETTO

Usiamo l'imperfetto per
- fare descrizioni nel passato:
  *Da bambina Olivia **era** molto timida.*
- descrivere azioni abituali o ripetitive nel passato:
  *Mia madre mi **accompagnava** a scuola tutti i giorni.*

Verbi regolari

	VERBI IN -ARE	VERBI IN -ERE	VERBI IN -IRE
io	us**avo**	av**evo**	dorm**ivo**
tu	us**avi**	av**evi**	dorm**ivi**
lui / lei / Lei	us**ava**	av**eva**	dorm**iva**
noi	us**avamo**	av**evamo**	dorm**ivamo**
voi	us**avate**	av**evate**	dorm**ivate**
loro	us**avano**	av**evano**	dorm**ivano**

Verbi irregolari

	ESSERE	FARE
io	ero	facevo
tu	eri	facevi
lui / lei / Lei	era	faceva
noi	eravamo	facevamo
voi	eravate	facevate
loro	erano	facevano

	DIRE	BERE
io	dicevo	bevevo
tu	dicevi	bevevi
lui / lei / Lei	diceva	beveva
noi	dicevamo	bevevamo
voi	dicevate	bevevate
loro	dicevano	bevevano

IL COMPARATIVO

di maggioranza	+	*Clarissa è **più magra di** Monica.*
di minoranza	-	*Fulvio è **meno bello di** Luca.*
di uguaglianza	=	*Luigi è **alto come** Linda.*

Forme irregolari
Alcuni aggettivi hanno un comparativo regolare e uno irregolare.

AGGETTIVO	COMPARATIVO REGOLARE	COMPARATIVO IRREGOLARE
buono	più buono	migliore
cattivo	più cattivo	peggiore
grande	più grande	maggiore
piccolo	più piccolo	minore

IL PRESENTE STORICO

Per parlare di eventi o personaggi storici, è possibile usare il presente invece del passato:
*Giulio Cesare **nasce** nel 100 e **muore** nel 44 avanti Cristo.*
*La Seconda guerra mondiale **inizia** nel 1939 e **finisce** nel 1945.*

CONGIUNZIONI

sia... che...
*Ilaria è **sia** simpatica **che** intelligente.*
(= è simpatica e intelligente)
*Quest'estate vado **sia** al mare **che** in montagna.*
(= vado al mare e in montagna)

o... o...
*Stasera andiamo a mangiare **o** cinese **o** vietnamita.*
(= cibo cinese, in alternativa cibo vietnamita)

né... né...
Usiamo queste congiunzioni dopo una negazione:
*Oggi il tempo è perfetto. Non fa **né** caldo **né** freddo.*
(= non fa caldo e non fa freddo)
*Non mangio **né** la carne **né** il pesce.*
(= non mangio la carne e non mangio il pesce)

L'IMPERFETTO

1 *Abbina le frasi come nell'esempio.*

1. Ieri sono andato in farmacia perché
2. Adesso siamo commesse ma prima
3. I miei genitori si sono sposati quando
4. Adesso ti svegli sempre presto, ma da ragazzo
5. Luisa ha cambiato lavoro perché
6. Adesso leggete molto, ma da bambini

a. voleva passare più tempo con suo figlio.
b. preferivate guardare la televisione.
c. avevo mal di testa.
d. dormivi spesso fino a tardi.
e. facevamo le cameriere.
f. erano molto giovani.

2 *Coniuga i verbi tra parentesi all'imperfetto.*

In Italia tra gli anni Cinquanta e Sessanta c'è stato un *boom* economico, ma i cambiamenti all'inizio sono arrivati solo nelle città. Com'(*essere*) _____ invece la vita nelle campagne? Abbiamo intervistato il signor Aurelio di Cressa, un piccolo paese in Piemonte.

Com'(*essere*) _____ **la Sua casa?**
Io e la mia famiglia (*vivere*) _____ in due stanze: camera da letto e cucina. Non (*noi – avere*) _____ il bagno in casa, (*il bagno – trovarsi*) _____ all'aperto, in giardino.

(***Voi – guardare***) _____ **la televisione?**
Io sì, spesso, ma non a casa. In quegli anni a Cressa pochissime persone (*avere*) _____ la televisione. Per guardarla (*io – andare*) _____ al bar del paese quasi tutte le sere.

Cosa (*voi – mangiare*) _____?
Grazie al *boom* economico (*noi – potere*) _____ mangiare carne anche quattro o cinque volte alla settimana, ma non (*noi – avere*) _____ il frigorifero per conservarla.

Dove (*voi – fare*) _____ **la spesa?**
Nei negozi del paese. A quei tempi non (*esserci*) _____ supermercati vicino.

digilander.libero.it

IL COMPARATIVO

3 *Che tipo di comparativo è? Di maggioranza* (+)*, minoranza* (-) *o uguaglianza* (=)*?*

	+	–	=
1. Pisa è meno grande di Napoli.	○	○	○
2. La metropolitana è più veloce dell'autobus.	○	○	○
3. Il tuo gelato è migliore del mio.	○	○	○
4. Questa torta è buona come quelle di mia nonna.	○	○	○
5. Questo libro è meno interessante di quello.	○	○	○

4 *Scrivi frasi con gli elementi dati, come nell'esempio. Per la frase 5 sono possibili due soluzioni.*

1. il Monte Rosa | - alto | il Monte Bianco
   ➤ *Il Monte Rosa è meno alto del Monte Bianco.*

2. Roma | + cara | Torino
   ➤ _____

3. i pantaloni gialli | - eleganti | la gonna nera
   ➤ _____

4. la Campania | = grande | il Trentino – Alto Adige
   ➤ _____

5. questo ristorante | + buono | quella trattoria
   ➤ _____
   ➤ _____

5 *Trasforma i comparativi* **evidenziati** *in comparativi regolari o irregolari.*

1. Questo vino è **più buono** (_____) di quello. Costa anche il doppio!

2. Adesso abito a una distanza **più piccola** (_____) dall'ufficio, prima ero più lontano.

3. Un architetto con molta esperienza ha un costo **maggiore** (_____), ma è anche più bravo.

4. Il nuovo ristorante cinese in via Cavour è **peggiore** (_____) di quello in piazza Oberdan.

IL PRESENTE STORICO

6 *Su un foglio a parte, riscrivi il testo al presente storico.*

Gianni Versace è nato a Reggio Calabria il 2 dicembre 1946. A 25 anni, si è trasferito a Milano per lavorare come stilista: ha disegnato le sue prime collezioni per le case di moda Genny, Complice e Callaghan. Negli anni Ottanta e Novanta ha vinto premi importanti (per esempio l'Oscar americano per la moda), ha lavorato per il Teatro alla Scala di Milano e ha collaborato con molti personaggi famosi. Dopo una vita di successi, la tragedia: il 15 luglio 1997 è morto a Miami Beach per mano del serial killer Andrew Cunanan.

CONGIUNZIONI

7 <u>Sottolinea</u> *l'opzione corretta tra quelle* **evidenziate**.

1. Non mi piace **né / o** il vino bianco **né / o** il vino rosso. Preferisco la birra.

2. Simonetta è molto brava **né / sia** a sciare **né / che** a nuotare. È davvero una donna sportiva.

3. Domani è sabato, mi voglio divertire! Vado **o / né** in discoteca **o / né** a sentire un concerto.

4. Quel bar non è **né / sia** buono **né / che** economico. Andiamo in un altro.

5. In vacanza di solito dormiamo **o / né** in albergo **o / né** in un agriturismo. Il campeggio è scomodo per noi.

3 GRAMMATICA

LA GRAMMATICA DEL BARBIERE
Vai su www.almaedizioni.it/dieciA2
e guarda il terzo episodio della videogrammatica.

PREPOSIZIONI E PRONOMI

| a / con / per... + | me | te | lui | lei | Lei | noi | voi | loro |

*Questo regalo è **per te**. (per ti ✗ / per tu ✗)*
*Vuoi venire al cinema **con me**? (con mi ✗ / con io ✗)*

USO DEL PASSATO PROSSIMO E DELL'IMPERFETTO

Usiamo il passato prossimo per indicare
- eventi avvenuti <u>in un momento preciso</u>:
  *Ieri sera **abbiamo cenato** al ristorante messicano.*
- azioni finite nel passato:
  ***Ho studiato** a Madrid <u>dal 2008 al 2012</u>.*

Usiamo l'imperfetto
- per fare descrizioni nel passato:
  *Da giovane Pino **era** innamorato di Amanda.*
- parlare di azioni abituali o ripetitive:
  *Negli anni Novanta **andavate** spesso a ballare?*

Possiamo alternare le due forme:
*Quando **avevo** 18 anni, **sono partita** per la prima volta senza i miei genitori.*
***Ho messo** un maglione perché **faceva** freddo.*

Mentre / Durante
Nelle frasi al passato, dopo *mentre* va l'imperfetto:
*Ho conosciuto Gherardo **mentre** <u>facevo</u> l'università.*

Dopo *mentre* usiamo sempre un verbo.
Invece dopo *durante* usiamo un nome.

Mentre <u>cenavamo</u>	ha telefonato Leon dalla Germania.
Durante <u>la cena</u>	

'ALMA.tv ▶

Guarda il **Linguaquiz**
Passato prossimo o imperfetto?

I PRONOMI INDIRETTI

SINGOLARI	PLURALI
a me = mi	a noi = ci
a te = ti	a voi = vi
a lui = gli	a loro (m. + f.) = gli
a lei = le	

***Vi** devo dire una cosa importante.*
(= devo dire a voi una cosa importante)
*Ieri ho incontrato Annalisa e Manuela. **Gli** ho offerto un caffè. (= ho offerto a loro un caffè)*

L'ACCORDO TRA IL PRONOME DIRETTO E IL PARTICIPIO PASSATO

Se prima di un verbo al passato prossimo c'è un pronome diretto (*lo, la, li, le*), il participio passato concorda con l'oggetto diretto:
- ▶ *Hai conosciuto <u>i tuoi nuovi colleghi</u>?*
- ● *Sì, <u>li</u> ho conosciut**i** lunedì. Sono molto simpatici!*

- ▶ *Ieri avete visto <u>la partita</u> di calcio?*
- ● *Sì, <u>l'</u>abbiamo vist**a** a casa di Leonardo.*

Attenzione: davanti alla lettera *h*, i pronomi diretti singolari (*lo, la*) prendono l'apostrofo:
- ▶ *Hai fatto la spesa?*
- ● *Sì, **l'**ho fatta ieri. (l'ho = la ho)*

I pronomi diretti plurali invece non prendono l'apostrofo:
- ▶ *Avete mangiato le lasagne?*
- ● *Sì, ma non **le** abbiamo finite. (l'abbiamo finite ✗)*

ECCO

Per attirare l'attenzione su una persona o una cosa, possiamo usare l'avverbio *ecco*.

Ecco il Suo resto.

I pronomi diretti vanno dopo *ecco* (*ecco* e il pronome formano un'unica parola):
***Ecco** il treno!* → ***Ecco**lo!*
***Ecco**mi, mi cercavi?*

PREPOSIZIONI E PRONOMI

1 Indica se il pronome **evidenziato** è corretto (✓) o sbagliato (✗). Se è sbagliato, correggi come nell'esempio.

	✓	✗	FORMA CORRETTA
1. Hai parlato al tuo capo di **io**?	○	☑	*me*
2. Sofia cena con **voi**?	○	○	_____
3. Venite al mare con **noi**?	○	○	_____
4. La pizza margherita è per **tu**?	○	○	_____
5. A **loro** non piace il calcio.	○	○	_____
6. Sono stato fidanzato con **lei** per tre anni.	○	○	_____

USO DEL PASSATO PROSSIMO E DELL'IMPERFETTO

2 Completa la biografia dell'attrice Sara Serraiocco. Coniuga i verbi tra parentesi al passato prossimo o all'imperfetto.

Sara Serraiocco (*nascere*) _____ a Pescara nel 1990. Da bambina (*essere*) _____ molto timida e (*amare*) _____ il balletto: (*ballare*) _____ quattro ore ogni giorno. Giovanissima, (*cominciare*) _____ a fare l'insegnante di danza. Poi un giorno, per strada, (*cadere*) _____ e (*rompersi*) _____ la caviglia: così (*dovere*) _____ smettere di ballare. (*Decidere*) _____ allora di seguire la sua seconda passione, la recitazione. A 19 anni (*trasferirsi*) _____ a Roma per frequentare una famosissima scuola di cinema e diventare una attrice. Subito tutti (*capire*) _____ che Sara (*essere*) _____ molto brava e che (*avere*) _____ un talento speciale. Nel 2013 (*cominciare*) _____ a recitare in serie televisive e in ruoli difficili: una donna non vedente, una nuotatrice professionista... (*Ottenere*) _____ premi importanti e oggi lavora sia in Italia che all'estero.

3 Trasforma le frasi. Usa *mentre* al posto di *durante* o viceversa, come nell'esempio.

1. Abbiamo guardato la TV mentre cenavamo.
   → *Abbiamo guardato la TV durante la cena*.

2. Mentre ero in ferie sono andata in Colombia.
   → _____.

3. Mentre guardavano il film, il gatto è salito sul letto.
   → _____.

4. Durante il viaggio in Italia avete visitato molti musei?
   → _____?

5. Mi sono addormentata mentre l'insegnante faceva lezione!
   → _____!

I PRONOMI INDIRETTI

4 Sostituisci le parti **evidenziate** con un pronome indiretto e riscrivi le frasi, come nell'esempio.

1. Hai detto **a Giacomo** della cena?
   → _____ *Gli hai detto della cena* _____?

2. Ho scritto **a te e a Edoardo** una mail ieri, l'avete letta?
   → _____?

3. Ho chiesto un consiglio **a Giulia e Niccolò**.
   → _____.

4. Cristina ha fatto un regalo di Natale **a me e Susanna**.
   → _____.

5. Hai dato il biglietto **a Carlotta**?
   → _____?

L'ACCORDO TRA IL PRONOME DIRETTO E IL PARTICIPIO PASSATO

5 *Sottolinea* l'opzione corretta tra quelle **evidenziate** e completa il participio passato con la vocale giusta.

1. Questa ballerina è bravissima.
   L' / La abbiamo vist__ alla Scala l'anno scorso.

2. Giulia e Flavia sono simpaticissime.
   Li / Le hai conosciut__ ieri alla festa?

3. Sai che Raffaele è tornato in Italia?
   Lo / L' ho incontrat__ ieri per strada.

4. Queste arance sono buonissime.
   Le / La avete comprat__ voi?

5. Mariangela e Massimiliano sono di Torino, ma **l' / li** ho conosciut__ a Palermo.

ECCO

6 Completa con i pronomi corretti.

1.
▶ Una spremuta d'arancia, per favore.
● Ecco____. Altro?

2.
▶ Stefano, ma dove sei?
● Ecco____, arrivo!

3.
▶ Hai visto i miei occhiali?
● Sì, ecco____. Sono qui sul tavolo.

4.
▶ Ma quando arriva l'autobus? È in ritardo!
● Ecco____!

LA GRAMMATICA DEL BARBIERE
Vai su www.almaedizioni.it/dieciA2
e guarda il quarto episodio della videogrammatica.

PLURALI IRREGOLARI

Alcune parole hanno il plurale irregolare. Molte si riferiscono a parti del corpo. A volte al plurale cambiano anche genere.

SINGOLARE	PLURALE
la mano (f.)	le mani (f.)
il ginocchio (m.)	le ginocchia (f.)
l'orecchio (m.)	le orecchie (f.)
il braccio (m.)	le braccia (f.)
l'osso (m.)	le ossa (f.)
il dito (m.)	le dita (f.)
l'uomo (m.)	gli uomini (m.)
l'uovo (m.)	le uova (f.)

L'IMPERATIVO

Imperativo con *Lei*: forme regolari

aspett**are**	prend**ere**	sent**ire**	fin**ire**
aspett**i**	prend**a**	sent**a**	fin**isca**

I verbi in *-care / -gare* prendono la lettera *h*: *cerchi, paghi.*

Per la forma negativa, aggiungiamo *non* prima del verbo:
Non *lavori fino a giovedì, deve riposare.*

Imperativo con *Lei*: forme irregolari

dare	dia	avere	abbia
bere	beva	**andare**	vada
venire	venga	**togliere**	tolga
fare	faccia	**essere**	sia
uscire	esca	**dire**	dica
scegliere	scelga		

Imperativo con *noi* e *voi*
Per l'imperativo con *noi* e *voi*, usiamo le forme del presente:
Andiamo, *è tardi!,* ***Venite*** *in vacanza con noi!*

Per la forma negativa, aggiungiamo *non* prima del verbo:
Non *usciamo, sono stanco.*, ***Non*** *arrivate in ritardo, per favore.*

LA PARTICELLA NE

Ne indica una certa quantità o una parte di qualcosa:
Adoro le mele. ***Ne*** *mangio <u>due</u> al giorno.* (ne = di mele)

▶ *Ha il prosciutto di Parma?*
● *Sì, quanto* ***ne*** *vuole?*
▶ ***Ne*** *prendo un etto, grazie.* (ne = di prosciutto di Parma)

Spesso usiamo *ne* con *poco, molto, troppo, nessuno:*

▶ *Tu mangi molta carne?*
● *No,* ***ne*** *mangio <u>poca</u>.* (ne = di carne)

▶ *Conosci un ristorante coreano?*
● *No, non* ***ne*** *conosco <u>nessuno</u>.* (ne = di ristoranti coreani)

Con *tutto/a/i/e*, usiamo i pronomi diretti:

▶ *Hai mangiato i biscotti?*
● *Sì,* ***li*** *ho mangiati <u>tutti</u>.*

▶ *Quanto sciroppo hai bevuto?*
● *L'ho bevuto <u>tutto</u>.*

TROPPO

Troppo significa "più del necessario". Può essere aggettivo o avverbio. Se è aggettivo, concorda con il nome a cui si riferisce; se è avverbio, è invariabile.

AGGETTIVO	AVVERBIO
Hai preso ***troppe*** *medicine.*	*Hanno mangiato* ***troppo**.*

L'INDEFINITO NESSUNO

Nessuno può essere aggettivo o pronome. Ha solo la forma singolare. Se è aggettivo, segue le forme dell'articolo indeterminativo.

AGGETTIVO	PRONOME
Non ho visto ***nessun*** *film di Antonioni.* *Non abbiamo preparato* ***nessuna*** *torta.*	*Non c'era* ***nessuno*** *nella stanza.*

Quando *nessuno* è all'inizio della frase, non usiamo *non*:
Nessuno *sport in Italia è popolare come il calcio.*

IL PARTITIVO

Per indicare una quantità indefinita, possiamo usare *di* + articolo determinativo:
Ho letto ***dei libri*** *molto interessanti.* (= un po' di libri)
Vorrei ***del pane**, per favore.* (= un po' di pane)

I NUMERI ORDINALI DA 11 IN POI

A partire da 11, per formare gli ordinali eliminiamo l'ultima lettera del numero e aggiungiamo *-esimo/a/i/e*:
undici → *undic**esimo**, ventuno* → *ventun**esimo**,*
sessanta → *sessant**esimo**, cento* → *cent**esimo**.*

Con i numeri che finiscono in *-tré*, aggiungiamo *-eesimo*:
trentatré → *trentatr**eesimo**.*
Con i numeri che finiscono in *-sei*, aggiungiamo *-iesimo*:
quarantasei → *quarantas**eiesimo**.*

PLURALI IRREGOLARI

1 Completa la tabella con le forme mancanti. Attenzione: alcuni nomi sono regolari, altri irregolari.

SINGOLARE	PLURALE	SINGOLARE	PLURALE
l'orecchio		l'uomo	
l'osso		la mano	
la spalla			i gomiti
	le dita	l'uovo	

L'IMPERATIVO

2 Coniuga i verbi tra parentesi all'imperativo con Lei.

> Gentile Signor Benvenuti,
> La ringrazio del Suo interesse per il nostro corso di tedesco. Per iscriversi, per favore (*seguire*) _____ queste istruzioni. (*Leggere*) _____ le informazioni sulla privacy sul nostro sito. Poi (*completare*) _____ il modulo d'iscrizione. (*Spedire*) _____ il modulo via mail a: iscrizioni@accademiadellelingue.it. Dopo la prima lezione, se vuole continuare, (*pagare*) _____ la quota d'iscrizione in segreteria.
> Ci (*scrivere*) _____ se ha domande.
> La aspettiamo! Un cordiale saluto, Anna Rinucci

3 Completa il testo con i verbi della lista, come nell'esempio. I verbi non sono in ordine.

✓scelga | esca | mangi | tolga
cerchi | beva | faccia | entri

> **Come usare la sauna**
>
> **Prima di entrare |** _____ qualcosa di leggero, come uno yogurt o un frutto: non _____ nella sauna a stomaco vuoto. _____ molta acqua o una tisana.
>
> **Durante la sauna |** Non _____ il costume: nel nostro centro è vietato fare la sauna nudi. ___*Scelga*___ una posizione comoda e _____ di rilassarsi.
>
> **Dopo la sauna |** _____ dalla sauna lentamente. _____ attenzione quando si alza: dopo la sauna, la pressione del sangue è molto bassa. Il rituale si conclude con una doccia fredda.

4 Adesso trasforma tutti i verbi del punto **3** in verbi all'imperativo con voi, come nell'esempio.

1. _____   2. _____   3. _____   4. _____
5. *scegliete*   6. _____   7. _____   8. _____

LA PARTICELLA NE

5 Sottolinea l'opzione corretta tra quelle **evidenziate**.

▶ Buongiorno, avete il pecorino sardo?
● Sì. **Ne / Lo** vuole uno stagionato, o uno più fresco?
▶ Preferisco quello stagionato.
● Allora Le do questo, è ottimo. Quanto **ne / lo** vuole?
▶ Circa quattro etti.
● Ecco qua. Altro?
▶ Sì, vorrei anche delle mozzarelle di bufala.
● **Ne / Le** sono rimaste solo tre. **Ne / Le** vuole tutte?
▶ No, **ne / le** prendo solo due. E poi vorrei delle olive.
● Guardi, oggi le olive sono in offerta. Se prende tre confezioni, **ne / le** paga solo due.
▶ Grazie, ma tre sono troppe. **Ne / La** vorrei solo una.

TROPPO E NESSUNO

6 Completa con la forma corretta di troppo o nessuno.

1. Ho telefonato a casa di Mariella ma non mi ha risposto _____.
2. Ho bisogno di una vacanza! Quest'anno ho lavorato _____.
3. Franco non ama leggere. In casa sua non c'è _____ libro.
4. Lei mangia _____ carne. Cerchi di mangiare in modo più vario.
5. Ieri ho fatto _____ esercizi per le braccia. Mi fanno male i muscoli.
6. Oggi non ho ricevuto _____ telefonata.

IL PARTITIVO

7 Completa con il partitivo, come nell'esempio.

1. Questo negozio vende ___*degli*___ occhiali da sole, _____ borse e _____ cappelli molto strani.
2. Esistono _____ sport per chi ha mal di schiena?
3. In Toscana ci sono _____ isole molto belle: l'Elba, il Giglio, Capraia, Pianosa... Le conosci?
4. Nella mia classe ci sono _____ ragazzi iraniani.
5. Buongiorno. Vorrei _____ sciroppo per la tosse.

I NUMERI ORDINALI DA 11 IN POI

8 Scrivi i numeri ordinali **evidenziati** tra parentesi in lettere.

1. I miei nonni domani festeggiano il loro (**56°**) _____ anniversario!
2. Al pronto soccorso ero il (**33°**) _____ paziente!
3. Amanda corre da molti anni. Questa era la sua (**12ª**) _____ maratona. È arrivata (**37ª**) _____ su 315 partecipanti.
4. Il Papa Joseph Ratzinger si chiamava Benedetto (**16°**) _____.

LA GRAMMATICA DEL BARBIERE
Vai su www.almaedizioni.it/dieciA2
e guarda il quinto episodio della videogrammatica.

PREPOSIZIONI

Preposizioni e negozi

in	*in farmacia*, **in** *macelleria...*
a + articolo	**al** *mercato*, **all'***alimentari...*
da + articolo	**dal** *fruttivendolo*, **dal** *parrucchiere...*

Da
Usiamo *da* con:
- i nomi di professione: *Vado* **dal** *medico.*
  (= allo studio del medico)
- i nomi di persona: *Vado* **da** *Ivan.*
  (= a casa di Ivan / dov'è Ivan)
- le persone: *Vado* **da** *mio zio.*
  (= a casa di mio zio)
- i pronomi personali: *Vieni* **da** *me stasera?*
  (= a casa mia)

STARE + GERUNDIO

La forma *stare* + gerundio indica un'azione che accade adesso, in questo momento:
Fabiana **sta leggendo** *un libro.* (= legge un libro adesso)

▶ *Pronto? Dove sei?* ● **Sto facendo** *la fila alla posta.*

Il gerundio

FORME REGOLARI		FORME IRREGOLARI	
VERBI IN *-ARE*	parl**ando**	bere	bevendo
VERBI IN *-ERE*	chiud**endo**	dire	dicendo
VERBI IN *-IRE*	part**endo**	fare	facendo

PLURALI: CASI PARTICOLARI

Plurali irregolari
Al plurale alcuni nomi diventano femminili e prendono la *-a*:
Annalisa ha **molte paia** *di scarpe.*

SINGOLARE	PLURALE
paio (m.)	paia (f.)
centinaio (m.)	centinaia (f.)
migliaio (m.)	migliaia (f.)

Plurale dei nomi in *-cia* / *-gia*
Se prima di *-cia* / *-gia* c'è una vocale, il plurale finisce in *-ie*:
*farma**cia*** → *farma**cie***, *vali**gia*** → *vali**gie***.
Se prima di *-cia* / *-gia* c'è una consonante, il plurale finisce in *-e*: *aran**cia*** → *aran**ce***, *spiag**gia*** → *spiag**ge***.

IMPERATIVO CON TU + PRONOMI

I pronomi (diretti, indiretti, riflessivi) e le particelle *ci* e *ne* vanno dopo l'imperativo con *tu* e formano una sola parola:
*Belli, quei pantaloni. Prova**li**!*
*Rosaria è triste, manda**le** un messaggio.*
*Lava**ti** le mani, Samuele!*
*Se ti piace tanto Roma, resta**ci** un altro giorno.*
*È finito il prosciutto, compra**ne** due etti per favore.*

Con la forma negativa mettiamo il pronome o prima del verbo, o dopo in un'unica parola.
Prima del verbo: *Quella borsa ha un difetto: non* **la** *comprare.*
Dopo il verbo: *Quella borsa ha un difetto: non comprar**la**.*

Con i verbi irregolari *andare, dare, dire, fare, stare* i pronomi e le particelle *ci* e *ne* raddoppiano la consonante iniziale:
Non posso venire in centro con te. **Vacci** *con Marco.* (va' + ci)
Ecco Sandra. **Dalle** *il suo regalo!* (da' + le)
Dimmi *la verità: perché non vuoi incontrare Miriam?* (di' + mi)
Sei stressato? **Fatti** *un bagno caldo per rilassarti.* (fa' + ti)
È un momento difficile, **stammi** *vicino.* (sta' + mi)

Attenzione: con il pronome *gli* non c'è raddoppiamento:
È il compleanno di Luca. **Fagli** *un regalo!*

AVERCI

Nella lingua parlata, per dire che abbiamo una cosa usiamo la forma *ce l'ho / ce li ho / ce le ho*.

▶ *Hai il passaporto?*   ▶ *Ha la large di questa gonna?*
● *Sì,* **ce l'ho.**   ● *Certo, signora,* **ce l'ho.**

▶ *Hai i biglietti?*   ▶ *Hai le valigie?*
● *Sì,* **ce li ho.**   ● *Sì,* **ce le ho.**

Per dire che non abbiamo qualcosa usiamo la formula *non ce l'ho / non ce li ho / non ce le ho*:

▶ *Hai il passaporto?*   ● *No,* **non ce l'ho.**

IMPERATIVO CON LEI, NOI, VOI + PRONOMI

Con *Lei*
I pronomi (diretti, indiretti, riflessivi) e le particelle *ci* e *ne* vanno <u>prima</u> dell'imperativo con **Lei**, anche nella forma negativa:
Per favore, **ci** *spedisca il documento.*
Il formaggio non Le fa bene. Non **ne** *mangi troppo.*
Non **si** *metta qui, è pericoloso!*

Con *voi* e *noi*
I pronomi (diretti, indiretti, riflessivi) e le particelle *ci* e *ne* vanno <u>dopo</u> l'imperativo con *voi* e *noi* e formano una sola parola:
*Sabato c'è la festa di Mario. Andiamo**ci**!*
*Domani sveglia**te**vi presto.*

Con la forma negativa mettiamo il pronome o prima dell'imperativo, o dopo in un'unica parola.
Prima del verbo: *Quel caffè è cattivo: non* **lo** *bevete!*
Dopo il verbo: *Quel caffè è cattivo: non bevete**lo**!*

PREPOSIZIONI

1 Completa con la preposizione giusta, come nell'esempio.

vado...

1. _dal_ parrucchiere
2. _____ mia madre
3. _____ mare
4. _____ supermercato
5. _____ casa
6. _____ dentista
7. _____ Patrizio e Anna
8. _____ farmacia

STARE + GERUNDIO

2 Trasforma i verbi tra parentesi: usa la forma stare + gerundio, come nell'esempio.

1. Samuele e Gianni (nuotano) ___stanno_ _nuotando___ da due ore.
2. Tommaso (chiude) _____ _____ la porta del garage.
3. Lucia e Serena (bevono) _____ _____ un cappuccino.
4. [AL TELEFONO] Amore, arrivo tra cinque minuti! (Esco) _____ _____ dall'ufficio!
5. [VIA CHAT] Valentina, dove sei? (Fai) _____ _____ la spesa?

PLURALI: CASI PARTICOLARI

3 Scrivi il plurale delle parole.

1. mano _____
2. uovo _____
3. paio _____
4. osso _____
5. migliaio _____
6. dito _____
7. uomo _____
8. centinaio _____

IMPERATIVO CON TU + PRONOMI

4 Scrivi l'imperativo con tu del verbo tra parentesi e uno dei pronomi della lista, come nell'esempio. Attenzione: quando il verbo è in blu, usa una forma negativa.

gli | ne | lo | ci | ✓la | li | ci

1. Perché hai chiuso la porta? (Aprire) _____Aprila_____ per favore, fa caldo!
2. Patrizio non mi sta simpatico. (Invitare) _____ alla festa!
3. Ti piace la torta? Allora (mangiare) _____ un'altra fetta.
4. Non hai ancora fatto i compiti? (Fare) _____ subito!
5. A quest'ora c'è molto traffico e il supermercato è vicinissimo. (Andare) _____ in macchina, (andare) _____ a piedi!
6. È arrivato Lorenzo. (Dare) _____ un bicchiere di vino.

AVERCI

5 Rispondi alle domande con le tue informazioni personali, come nell'esempio.

1. Hai una macchina? _Sì, ce l'ho. / No, non ce l'ho._
2. Hai un cane? _____
3. Hai dei pantaloni grigi? _____
4. Hai delle scarpe rosse? _____
5. Hai una bicicletta? _____
6. Hai la patente? _____

IMPERATIVO CON LEI, NOI, VOI + PRONOMI

6 Seleziona il soggetto del verbo all'imperativo.

	TU	LEI	VOI	NOI
1. Non farlo.	○	○	○	○
2. Alzatevi.	○	○	○	○
3. Fammi un favore.	○	○	○	○
4. Ascoltiamolo.	○	○	○	○
5. Non si arrabbi.	○	○	○	○
6. Non andateci.	○	○	○	○

7 Completa le frasi con i verbi della lista all'imperativo. I verbi non sono in ordine. Usa il soggetto e il pronome tra parentesi, come nell'esempio. In alcuni casi sono possibili due opzioni.

perdere | visitare | mangiare | svegliare
andare | ✓prendere | lasciare

1. Veronica ha fatto una torta deliziosa. (Voi + ne) _____Prendetene_____ una fetta!
2. Per favore (Lei + mi) _____ parlare!
3. È una regione bellissima, ma (voi + la) _____ in inverno perché in estate fa troppo caldo.
4. La mia famiglia ha una casa al mare. (Noi + ci) _____ insieme quest'estate!
5. Queste arance non sembrano fresche. Non (voi + le) _____!
6. Ecco lo scontrino della giacca. Non (Lei + lo) _____, così se vuole dopo può fare il cambio.
7. Finalmente Alessandra si è addormentata, non (noi + la) _____.

LA GRAMMATICA DEL BARBIERE
Vai su www.almaedizioni.it/dieciA2
e guarda il sesto episodio della videogrammatica.

USI DELLA PARTICELLA NE

Usiamo spesso *ne* con verbi come *parlare (di)*, *pensare (di)*, *avere voglia / bisogno di*:

*È un film bellissimo, **ne** parlano tutti!* (ne = del film)

A Giulio piace molto il corso di spagnolo.
*Tu che cosa **ne** pensi?* (ne = del corso di spagnolo)

AGGETTIVO + DA + INFINITO

*Il tablet è **comodo da portare** in viaggio.*
(= lo porti comodamente in viaggio)

*Questa lingua è **utile da sapere**.* (= è utile se la sai)

PLURALI: CASI PARTICOLARI

I nomi maschili in *-a* (*problema*, *schema*, *panorama*...)
hanno il plurale in *-i* (*problemi*, *schemi*, *panorami*...).

Attenzione: il plurale di *cinema* è *cinema*. Questo perché
è un'abbreviazione: *il cinema(tografo) / i cinema(tografi)*.
Altre parole come *cinema*: *foto(grafia/e)*, *metro(politana/e)*,
bici(cletta/e), *moto(cicletta/e)*, *frigo(rifero/i)*.

IL VERBO BISOGNA

Bisogna significa "è necessario". Dopo *bisogna* c'è un verbo
all'infinito:
*Per fare questo lavoro **bisogna** sapere bene l'inglese.*
(= è necessario sapere bene l'inglese)

Bisogna non cambia mai, è una forma impersonale. Non
possiamo dire *io bisogno* ✗, *loro bisognano* ✗ ecc.
In questi casi, usiamo *avere bisogno di*:
Ho bisogno di bere. (= per me è necessario bere)
Dopo *avere bisogno di* possiamo mettere un verbo all'infinito
o un nome: *Ho bisogno di un lavoro.*

I PRONOMI COMBINATI

Quando un pronome diretto (o *ne*) e un pronome indiretto
sono nella stessa frase, diventano un pronome combinato.
I pronomi indiretti vanno <u>prima</u> dei pronomi diretti.

Attenzione: *gli* e *le* formano una sola parola con i pronomi
diretti: *glielo / gliela / glieli / gliele*.

	LO	LA	LI	LE	NE
MI	me lo	me la	me li	me le	me ne
TI	te lo	te la	te li	te le	te ne
GLI / LE	glielo	gliela	glieli	gliele	gliene
CI	ce lo	ce la	ce li	ce le	ce ne
VI	ve lo	ve la	ve li	ve le	ve ne
GLI	glielo	gliela	glieli	gliele	gliene

> ▶ *Papà, mi fai un tè, per favore?*
> ● *Sì, Sandra. Tra cinque minuti **te lo** faccio.*
>
> ▶ *Ferruccio e Giada vengono con noi al ristorante?*
> ● *Non lo so, **glielo** chiedo dopo.*
>
> ▶ *Che buoni questi biscotti! **Me ne** dai un altro?*

LA DISLOCAZIONE

Le dislocazioni evidenziano un elemento della frase:
l'elemento importante è all'inizio della frase e nella seconda
parte c'è un pronome.

FRASE NORMALE	DISLOCAZIONE
Hai comprato il latte?	*Il latte **l'**hai comprato?*
Prendi tu i biglietti?	*I biglietti **li** prendi tu?*

GIÀ E ANCORA CON IL PASSATO PROSSIMO

Già va generalmente tra l'ausiliare e il participio passato:
<u>Abbiamo</u> **già** <u>visitato</u> *Venezia, non ci torniamo quest'anno.*

Nelle frasi negative usiamo *ancora*, che può andare:
• tra l'ausiliare e il participio passato:
  *Sono le 20 e non <u>ho</u> **ancora** <u>finito</u> di lavorare!*
• prima di *non*:
  *Sono le 20 e **ancora** <u>non</u> ho finito di lavorare!*

USI DELLA PARTICELLA NE

1 Completa le frasi con i pronomi della lista. Attenzione: c'è
un pronome in più.

ne | li | lo | ci | ne | ci

1.
▶ Lucia viene stasera?
● Non ____ so. Spero di sì.

2.
▶ Giovanna ieri ha parlato del suo nuovo ragazzo?
● No, non _____ ha parlato! Come si chiama?

3.
▶ Avete voglia di venire al cinema stasera?
● No, _____ siamo andati ieri. Oggi restiamo a casa.

4.
▶ Vuoi dei soldi per il viaggio?
● No, papà, grazie. Non _____ ho bisogno.

5.
▶ Hai fatto gli esercizi?
● Sì, _____ ho fatti tutti.

AGGETTIVO + DA + INFINITO

2 Trasforma le frasi, come nell'esempio.

1. Il tiramisù è _____veloce da preparare_____.
   (= lo prepari velocemente)
2. Questa strada è _____.
   (= la trovi difficilmente)
3. Questo film è _____ con i tuoi figli.
   (= ti diverti se lo guardi con i tuoi figli)
4. Il reader è _____ in borsa.
   (= lo porti in borsa comodamente)
5. Questa posizione yoga è _____.
   (= la fai facilmente)

PLURALI: CASI PARTICOLARI

3 Completa il blog con le parole della lista. Attenzione: di ogni parola devi inserire la forma _plurale_.

**commento | uomo | problema | biglietto
programma | cinema | bici | festival**

> **CineMania – il blog di cinema di Alessia e Luca**
>
> Ciao! Sono felice perché è cominciato il Torino Film Festival: tra i _____ di Torino è il mio preferito! Io e Luca abbiamo già visto 4 film molto interessanti. Ci siamo spostati tra i vari _____ con le nostre _____ per non perdere tempo. Domani partecipiamo alla "Notte Horror": a partire da mezzanotte vediamo 4 film horror al cinema "Massimo". Chi dice che i film d'orrore piacciono soprattutto agli _____? Questa volta abbiamo avuto un po' di _____ a trovare i _____, ma alla fine siamo riusciti a comprarli. Voi andate al TFF? Quali _____ avete? Scrivetelo nei _____!

IL VERBO BISOGNA

4 Seleziona le frasi corrette. Poi correggi le frasi sbagliate, come nell'esempio.

1. ○ Bisogno di un computer nuovo.
   Ho bisogno di un computer nuovo.
2. ○ Bisogna dormire molto per lavorare bene.
   _____
3. ○ Tu bisogni riposarti. Sei molto stanco.
   _____
4. ○ Abbiamo bisogno di una vacanza.
   _____
5. ○ Non bisogna mangiare troppi dolci.
   _____
6. ○ Bisogno leggere molto per scrivere bene.
   _____

I PRONOMI COMBINATI

5 Abbina domande e risposte. Attenzione: una risposta va bene con _due_ domande.

1. Chi ti ha dato questa giacca?
2. Chi le ha dato il vocabolario?
3. Chi vi ha dato le chiavi?
4. Chi ti ha dato i documenti?
5. Chi gli ha dato il regalo?
6. Chi vi ha dato l'ombrello?

a. Ce le ha date Remo.
b. Me li ha dati Viktor.
c. Me l'ha data Anita.
d. Gliel'ha dato Ciro.
e. Ce l'ha dato Alba.

6 _Sottolinea_ la forma corretta tra quelle **evidenziate**.

1. Ecco il regalo per Monica. Domani **me lo / ce lo / glielo** porto.
2. Vanno bene tre mozzarelle, o **ce ne / ve ne / gliele** do quattro?
3. Quel film è noioso. Non **te lo / te ne / ce lo** consiglio.
4. Hai dimenticato la giacca a casa mia. **Ti / Te la / Te ne** porto domani.
5. Tu e Paolo avete bisogno di una macchina per andare a Genova? **Me la / Ve la / Gliela** posso prestare io.
6. ▶ Mi sta bene questo cappello?
   ● Sì, molto. **Te lo / Te ne / Me li** regalo io!

LA DISLOCAZIONE

7 Trasforma le frasi come nell'esempio.

1. Vorrei visitare la Basilicata a settembre.
   → _La Basilicata la vorrei visitare a settembre._
2. Vediamo spesso i film in lingua originale.
   → _____
3. Non seguo molto il cinema americano.
   → _____
4. Preferisco evitare la fila al botteghino.
   → _____
5. Avete visto questo film?
   → _____

GIÀ E ANCORA CON IL PASSATO PROSSIMO

8 Inserisci già o ancora _al posto giusto, come nell'esempio._

1. Quel museo l'ho _già_ visitato.
2. Non ho letto questo libro, e tu?
3. Domani partiamo ma non abbiamo fatto la valigia.
4. Camilla si è svegliata.
5. Sono solo le 16:00, ma Fiammetta ha finito di lavorare.
6. Lascia la frutta sul tavolo, per favore. Non l'ho mangiata.

LA GRAMMATICA DEL BARBIERE
Vai su www.almaedizioni.it/dieciA2
e guarda il settimo episodio della videogrammatica.

VERBI PRONOMINALI

Metterci
Ci metto un'ora per andare in ufficio.
(= ho bisogno di un'ora per andare in ufficio)

Volerci
Da Roma a Napoli in treno **ci vuole** circa un'ora.
(= da Roma a Napoli in treno è necessaria circa un'ora)

IL PRONOME RELATIVO CHE

Usiamo il pronome relativo *che* per unire le frasi che hanno **un elemento in comune**. *Che* sostituisce quell'elemento:

Faccio sport in una piscina molto bella. Questa piscina è aperta anche la domenica.
➡ *Faccio sport in una piscina molto bella* **che** *è aperta anche la domenica.*

Che è invariabile e può sostituire cose o persone:
Ho letto i libri **che** *mi ha dato Giulia.*
Ho pranzato con la ragazza **che** *fa il corso di ballo con te.*

IL FUTURO SEMPLICE

Per fare previsioni e indicare un evento che avviene nel futuro, possiamo usare il futuro semplice:
Dopo l'università **andrò** *a studiare a Milano.*

Possiamo usare il futuro anche nel periodo ipotetico:
Se **avrete** *pazienza,* **riuscirete** *a realizzare i vostri progetti.*

Verbi con futuro regolare

	-ARE	-ERE	-IRE
io	ascolterò	leggerò	dormirò
tu	ascolterai	leggerai	dormirai
lui / lei / Lei	ascolterà	leggerà	dormirà
noi	ascolteremo	leggeremo	dormiremo
voi	ascolterete	leggerete	dormirete
loro	ascolteranno	leggeranno	dormiranno

I verbi come *finire* non prendono *-isc-* al futuro: *finirò, finirai...*
I verbi in *-care / -gare* prendono una *h*: *pagherò, pagherai...*
I verbi in *-iare* perdono la *i*: *mangerò, mangerai...*

Verbi con futuro contratto
Al futuro alcuni verbi (come *avere, dovere, andare, potere, vedere, vivere...*) perdono la prima vocale della desinenza.

io	dovrò	noi	dovremo
tu	dovrai	voi	dovrete
lui / lei / Lei	dovrà	loro	dovranno

Verbi con futuro irregolare

	ESSERE	FARE	VOLERE	DARE
io	sarò	farò	vorrò	darò
tu	sarai	farai	vorrai	darai
lui / lei / Lei	sarà	farà	vorrà	darà
noi	saremo	faremo	vorremo	daremo
voi	sarete	farete	vorrete	darete
loro	saranno	faranno	vorranno	daranno

Futuro e preposizioni: *tra* e *fra*

Tra / Fra *due mesi andrò a Parigi.*
(= ora è settembre, vado a Parigi a novembre)

Tra / Fra *due giorni mi laureo.*
(= oggi è lunedì, mi laureo mercoledì)

CONNETTIVI

	LO USIAMO PER...	ESEMPIO
cioè	spiegare o dare più informazioni	*Luca è vegano,* **cioè** *non mangia uova, latte, carne, pesce...*
siccome	indicare la causa (come *perché*); la frase con *siccome* va prima della frase che esprime la conseguenza	**Siccome** *sto male, non vado al lavoro.* (= non vado al lavoro **perché** sto male)
insomma	concludere un discorso, fare una sintesi	*Ho visitato Roma, Milano, Napoli, Venezia...* **insomma**, *tutte le città italiane più famose.*
infatti	confermare	*Adoro Lisbona,* **infatti** *ci vado spesso.*

FEMMINILE DEI MESTIERI: CASI PARTICOLARI

Alcuni nomi di professione non cambiano al femminile:
*Livia fa l'***avvocato**.*, *Marilena fa l'***ingegnere**.*, *Irene è un* **architetto**.*, *Giulia è un* **medico**.

In certi casi si stanno diffondendo anche le forme femminili, ma non tutti le usano: *avvocata / avvocatessa, architetta, ministra, sindaca...*

VERBI PRONOMINALI

1 Completa le frasi con i pronomi della lista.

ci | mi | lo | mi | ci | ci | ne | ci

> **Filippo**
> Per andare al lavoro _____ devo svegliare presto perché abito lontano dall'ufficio. Per arrivar_____ _____ metto più di un'ora!

> **Benedetta**
> Insegno inglese ai bambini. È un lavoro divertente, _____ adoro! Inoltre, la scuola è vicina a casa mia. _____ posso andare a piedi e _____ metto solo 10 minuti.

> **Danilo**
> Sono un freelance. Giorni liberi? _____ ho pochissimi. Però ho libertà di orario e questo _____ piace molto.

IL PRONOME RELATIVO CHE

2 Inserisci nella mail 4 pronomi relativi **che**.

> Gentile Direttore, Le invio le informazioni mi ha chiesto ieri. I clienti comprano i nostri prodotti sono principalmente asiatici, ma le vendite stanno crescendo anche in altri Paesi, come gli Stati Uniti (+3%).
> Il prodotto ha maggiore successo è il nostro orologio sportivo con GPS (22% sulle vendite totali), ma vende bene anche lo smart watch abbiamo messo sul mercato a febbraio (200 in due mesi). Se ha bisogno di altre informazioni, sono a disposizione.
> Un cordiale saluto, Dott.ssa Carla Cioni

IL FUTURO SEMPLICE

3 Completa il testo con i verbi tra parentesi al futuro.

> Il fisico Michio Kaku ha intervistato 300 scienziati per scoprire come (*essere*) _____ la nostra vita nel futuro. Nel 2100 (*noi – indossare*) _____ vestiti "intelligenti" che (*controllare*) _____ la nostra salute e infatti non (*noi – ammalarsi*) _____ mai. Tutti (*potere*) _____ comunicare con la telepatia e (*spostare*) _____ gli oggetti con la forza della mente. (*Noi – avere*) _____ l'aspetto che (*preferire*) _____: (*scegliere*) _____ la forma del naso e il colore degli occhi e li (*cambiare*) _____ tutte le volte che (*volere*) _____. Nessuno (*dovere*) _____ studiare le lingue perché le (*noi – capire*) _____ tutte grazie a un traduttore universale.

ilsecoloxix.it

4 Completa il cruciverba con i verbi al futuro semplice.

ORIZZONTALI →
1. tu – pulire
5. io – volere
6. voi – prendere
9. lei – dare
10. loro – fare
11. voi – sentire

VERTICALI ↓
2. loro – avere
3. noi – andare
4. noi – cantare
6. lui – potere
7. io – vedere
8. tu – essere

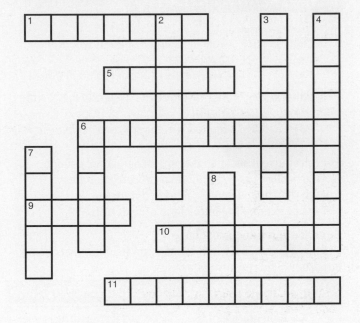

'ALMA.tv ▶

> Guarda il video *Non c'è più futuro* nella rubrica Grammatica caffè.

CONNETTIVI

5 <u>Sottolinea</u> il connettivo giusto tra quelli **evidenziati**.

Il lavoro ideale? Te lo dice il tuo segno zodiacale!

> **Sei dei Pesci?**
> **Allora / Alla fine** devi fare lo scrittore, il poeta o il regista... **Insomma, / Siccome,** un lavoro creativo! **Ma / Infatti** i Pesci sono persone fantasiose.

> Se sei del Cancro, puoi fare il maestro o lavorare in un albergo **perché / siccome** il tuo segno è molto dolce e attento agli altri.

> **Perché / Siccome** le persone della Vergine sono attente ai dettagli e molto organizzate, ecco i lavori ideali per loro: analista finanziario, chimico, farmacista, **cioè / allora** lavori di precisione.

foxlife.it

8 GRAMMATICA

LA GRAMMATICA DEL BARBIERE
Vai su www.almaedizioni.it/dieciA2
e guarda l'ottavo episodio della videogrammatica.

IL PRONOME RELATIVO CUI

Per unire due frasi dopo una preposizione usiamo il pronome invariabile *cui*:
Le ragazze con cui vivo sono tailandesi.
La stanza della casa in cui passo più tempo è la cucina.
L'oggetto da cui non riesco a separarmi è il cellulare.

IL SUPERLATIVO RELATIVO

di maggioranza	Questo è **l'appartamento più grande** del palazzo. Eva è **la più brava** del corso di danza.
di minoranza	Per me la teiera è **l'oggetto meno utile** di tutti. Giulio è **il meno sportivo** dei miei amici.

Per introdurre il secondo termine di paragone, usiamo
di (+ articolo): *Eva è la più brava **del** corso di danza.*
Spesso indichiamo genericamente *di tutti/e*:
*Per me la teiera è l'oggetto meno utile **di tutti**.*

Superlativi relativi irregolari
Alcuni aggettivi, oltre alla forma regolare, hanno anche un superlativo relativo irregolare.

SUPERLATIVO REGOLARE	SUPERLATIVO IRREGOLARE
il più grande	il maggiore
il più piccolo	il minore
il più buono	il migliore
il più cattivo	il peggiore

*Quel ristorante fa la **migliore** carbonara della città.*
*Questo è il film **peggiore** del momento. L'ho trovato bruttissimo.*
*A Rotterdam c'è il **maggiore** porto d'Europa.*
*Bisogna produrre la **minore** quantità possibile di rifiuti.*

LA PARTICELLA NE: USI PARTICOLARI

Ne può sostituire *di* + un nome o *di* + una frase intera:

*Non comprare quell'aspirapolvere. Non **ne** hai bisogno.*
(ne = di quell'aspirapolvere)

▸ *Vi va di andare al cinema?*
● *No, non **ne** abbiamo voglia.* (ne = di andare al cinema)

IL CONDIZIONALE PRESENTE

Il condizionale presente si usa per:
• fare una richiesta gentile: *Mi **daresti** del pane?*
• esprimere un desiderio: *Mi **piacerebbe** cambiare casa.*
• dare un consiglio con gentilezza: ***Dovresti** fare sport.*

	-ARE	-ERE	-IRE
io	parler**ei**	legger**ei**	finir**ei**
tu	parler**esti**	legger**esti**	finir**esti**
lui / lei / Lei	parler**ebbe**	legger**ebbe**	finir**ebbe**
noi	parler**emmo**	legger**emmo**	finir**emmo**
voi	parler**este**	legger**este**	finir**este**
loro	parler**ebbero**	legger**ebbero**	finir**ebbero**

I verbi in *-care* / *-gare* prendono una *h*: *giocherei, pagherei...*
I verbi in *-iare* perdono la *-i-*: *mangerei, mangeresti...*

Verbi con condizionale contratto
Al condizionale alcuni verbi (come *avere, dovere, sapere, andare, potere, vedere, vivere...*) perdono la prima vocale della desinenza.

io	dov**rei**	noi	dov**remmo**
tu	dov**resti**	voi	dov**reste**
lui / lei / Lei	dov**rebbe**	loro	dov**rebbero**

Verbi con condizionale irregolare

essere	sarei	**tenere**	terrei
rimanere	rimarrei	**stare**	starei
dare	darei	**bere**	berrei
fare	farei	**volere**	vorrei

L'AGGETTIVO BELLO

Davanti al nome, *bello* funziona come l'articolo determinativo.

	singolare	plurale
maschile	**bel** palazzo **bello** specchio **bell'**appartamento	**bei** palazzi **begli** specchi **begli** appartamenti
femminile	**bella** terrazza	**belle** terrazze

GLI ALTERATI IN -INO, -ETTO E -ONE

Diminutivo: *-ino* e *-etto*
gatto ➜ *gatt**ino*** (= piccolo gatto)
bottiglia ➜ *bottigli**etta*** (= piccola bottiglia)

Accrescitivo: *-one*
gatto ➜ *gatt**one*** (= grosso gatto)
Alcuni alterati in *-one* di parole femminili cambiano genere:
una scatola ➜ *uno scatolone, una bottiglia* ➜ *un bottiglione...*

IL PRONOME RELATIVO CUI

1 Completa l'articolo con gli elementi della lista.

in cui | con cui | di cui | che | in cui | con cui

CELEBRI OGGETTI DI DESIGN ITALIANO

CONICA
marca: Alessi, anno: 1984,
architetto: Aldo Rossi

La Conica è un bellissimo oggetto di design _____ l'inventore Aldo Rossi ha vinto il prestigioso premio Pritzker per l'architettura. Si tratta di una caffettiera semplice ed elegante _____ serve a preparare un caffè di qualità.

ARCO
marca: Flos, anno: 1962,
architetti: fratelli Castiglioni

La lampada Arco, _____ l'Italia ha scritto la storia dell'*industrial design* mondiale, fa parte della collezione del MoMA di New York, _____ è entrata nel 1972.

METTITUTTO
marca: Annibale Colombo, anno: 2017,
architetto: Stefano Boeri

Il Mettitutto è un piccolo mobile _____ possiamo raccogliere in modo ordinato e creativo tutti gli accessori _____ abbiamo bisogno ogni giorno.

artwave.it

IL SUPERLATIVO RELATIVO

2 Vincenzo descrive la sua casa. Completa il testo con gli aggettivi della lista al superlativo, come nell'esempio. Fa' attenzione al genere degli aggettivi.

✓ + famoso | + usato | - utile | - grande | + disordinato

A casa mia la stanza _____ è il soggiorno perché io ci gioco con la Playstation e i miei genitori ci guardano la televisione. Invece la stanza _____ è la cucina perché nessuno ama cucinare. Infatti ordiniamo spesso la cena online, soprattutto da "Che Pizza!", la pizzeria ___*più famosa*___ del quartiere.
La camera _____ è quella delle mie sorelle gemelle perché hanno solo 3 anni e lasciano sempre tutti i loro giocattoli per terra!
La mia camera è la stanza _____ della casa (9 metri quadrati!), ma a me piace perché è l'unica con il balcone.

LA PARTICELLA NE: USI PARTICOLARI

3 Sottolinea l'opzione corretta tra quelle **evidenziate**.

Angela Andreoli ...
Regalo una caffettiera di marca Alessi usata perché **ne / ci / le** ho due uguali. Chi **ci / la / ne** vuole?

Arianna Scali Io! Non **la / ne / ci** ho veramente bisogno perché non bevo caffè, ma è un bell'oggetto di design.

Mirko Lenzi Sei sicura di volerne **/ ci / la** regalare? Le caffettiere Alessi sono molto costose! Puoi provare a venderla in un negozio vintage! Io **lo / ti / ne** conosco uno che paga molto bene.

Angela Andreoli Grazie, ma **ci / ne / lo** vuole tempo e non **le / ne / ci** ho voglia.

IL CONDIZIONALE PRESENTE

4 Coniuga i verbi tra parentesi al condizionale presente e indica a che cosa serve: fare una richiesta (**R**), esprimere un desiderio (**D**) o dare un consiglio (**C**).

R D C

1. ▶ Andiamo al ristorante o in pizzeria?
   ● (*Io – preferire*) _____ la pizza. ○ ○ ○
2. (*Tu – potere*) _____ chiudere la finestra? ○ ○ ○
3. (*Noi – volere*) _____ comprare una casa più grande. ○ ○ ○
4. Mi (*voi – prestare*) _____ la macchina domani? ○ ○ ○
5. Signor Binetti, (*dovere*) _____ fare una vacanza. Lei è troppo stressato. ○ ○ ○

L'AGGETTIVO BELLO

5 Completa con la forma corretta dell'aggettivo **bello**.

1. _____ attrici 2. _____ ragazzi
3. _____ cane 4. _____ armadi
5. _____ zaino 6. _____ albergo

GLI ALTERATI IN -INO, -ETTO E -ONE

6 Questi oggetti sono grandi (**G**) o piccoli (**P**)? Rispondi e poi per ogni oggetto scrivi la parola base.

	G	P	parola base
1. quadernone	○	○	_____
2. spugnetta	○	○	_____
3. tazzina	○	○	_____
4. stanzone	○	○	_____
5. bicchierino	○	○	_____

LA GRAMMATICA DEL BARBIERE
Vai su www.almaedizioni.it/dieciA2
e guarda il nono episodio della videogrammatica.

SAPERE E CONOSCERE AL PASSATO

I verbi *sapere* e *conoscere* hanno due significati diversi al passato prossimo e all'imperfetto.

SAPERE		
	ESEMPIO	**SIGNIFICATO**
imperfetto	*Marianna ha avuto una bambina? Non lo* **sapevo**!	non ero informato/a
passato prossimo	**Ho saputo** *da Grazia che ti sei sposato!*	ho ricevuto la notizia da Grazia

CONOSCERE		
	ESEMPIO	**SIGNIFICATO**
imperfetto	*Quando io e Mara ci siamo messi insieme, la* **conoscevo** *già da sette anni.*	Mara non era una persona nuova per me
passato prossimo	**Ho conosciuto** *Flora in Croazia.*	ho incontrato Flora per la prima volta

STARE PER + INFINITO

Stare per + infinito indica un'azione che accade tra poco o pochissimo tempo:
Entriamo, **sta per piovere**.
(= tra pochi minuti piove)
Lo spettacolo **sta per iniziare**, *vi preghiamo di spegnere i telefoni cellulari.*
(= lo spettacolo inizia tra pochissimo)

GLI AVVERBI IN -MENTE

Usiamo gli avverbi in *-mente* per chiarire il significato di un verbo o di un aggettivo:
Il gatto dorme **tranquillamente**.
Questo gelato è **veramente** *buono.*

Per formare un avverbio usiamo il femminile dell'aggettivo + il suffisso *-mente*: *timida* ➞ *timid**amente**,
felice ➞ *felic**emente**.

Con gli aggettivi che finiscono in *-le* o *-re* eliminiamo la *-e* e aggiungiamo *-mente*: *speciale* ➞ *specia**lmente**,
regolare ➞ *regola**rmente**.

Anche con gli avverbi possiamo formare il comparativo:
Violetta nuota **più / meno velocemente** *di me.*

INDEFINITI

Alcuni/e e *qualche* hanno lo stesso significato.
Qualche è sempre singolare.

Alcuni/e
L'estate scorsa ho passato **alcuni** *giorni in Calabria.*
(= dei giorni / qualche giorno in Calabria)

Qualche
Se vai al mercato, prendi **qualche** *mela.* (= delle / alcune mele)

IL SI IMPERSONALE

Quando vogliamo indicare un soggetto generico (la gente, le persone), usiamo la forma impersonale *si* + verbo alla terza persona singolare:
In Italia di solito a scuola **si studia** *inglese.*
(= in generale a scuola tutti studiano inglese)

Quando il verbo con il *si* impersonale ha un oggetto singolare, il verbo va alla terza persona singolare:
In Francia **si beve** *il caffè dopo pranzo?*

Quando il verbo con il *si* impersonale ha un oggetto plurale, il verbo va alla terza persona plurale:
In Italia **si fanno** *molti gesti durante le conversazioni.*

SAPERE E CONOSCERE AL PASSATO

1 <u>Sottolinea</u> la forma corretta tra quelle **evidenziate**.

1. **Sapevo / Ho saputo** che hai cambiato lavoro. Come ti trovi nel nuovo ufficio?
2. Veronica ha due figli? Non **lo sapevo / l'ho saputo**!
3. **Conoscevamo / Abbiamo conosciuto** Dario alla festa di compleanno di Caterina, due anni fa.
4. Ilaria è la nuova ragazza di mio fratello, ma io **la conoscevo / l'ho conosciuta** già da prima: eravamo a scuola insieme.
5. **Sapevo / Ho saputo** che Guido ha divorziato.

STARE PER + INFINITO

2 Riscrivi le frasi con *stare per* + infinito, come nell'esempio.

1. Tra due minuti arriva l'autobus.
   ➞ ___*L'autobus sta per arrivare*___.
2. L'estate comincia tra poco.
   ➞ _____.
3. Il film finisce tra cinque minuti.
   ➞ _____.
4. Arrivo tra pochissimo, aspettami!
   ➞ _____!
5. Io e Claudio ci sposiamo la prossima settimana.
   ➞ _____.
6. Il figlio di Lucrezia nasce tra pochi giorni.
   ➞ _____.

GLI AVVERBI IN -MENTE

3 Per ogni punto completa ogni frase con la forma avverbiale o l'aggettivo, come nell'esempio. Quando usi l'aggettivo, fa' attenzione al genere e al numero.

1. felice
   a. Brunello e Alba sono sposati _felicemente_ da 52 anni.
   b. Siamo tanto _felici_ di vederti!

2. allegro
   a. Tommaso è un bambino sempre _____.
   b. I bambini giocano _____ in spiaggia.

3. gentile
   a. Amo questo negozio perché le commesse sono molto _____.
   b. Se me lo chiedi _____, ti aiuto.

4. facile
   a. Susanna troverà _____ lavoro perché parla quattro lingue.
   b. Gli esercizi di inglese non erano _____.

5. attento
   a. Tiziano e Filippo non stanno mai _____ in classe.
   b. Ho riletto la relazione molto _____. Non ci sono errori.

6. particolare
   a. La lezione di oggi è stata _____ interessante.
   b. Il colore di questa gonna è molto _____.

INDEFINITI

4 Trasforma le frasi e usa qualche e alcuni/e, come nell'esempio. Fa' tutti i cambiamenti necessari.

	ALCUNI/E	QUALCHE
1. In quel negozio hanno dei mobili molto belli.	In quel negozio hanno alcuni mobili molto belli.	In quel negozio hanno qualche mobile molto bello.
2. Nel lavandino ci sono dei piatti sporchi.		
3. Conosco degli uomini che non cucinano mai.		
4. Stasera devo stirare delle camicie.		
5. In frigo ci sono solo delle cipolle.		

IL SI IMPERSONALE

5 Completa l'articolo con i verbi della lista.

si hanno | si evitano | si sceglie | si cresce
si ha | si prendono | si spendono | si passa

Nonni baby-sitter o asilo?

A chi lasciare i figli piccoli durante l'orario di lavoro? In molti casi, _____ di portarli dai nonni invece di mandarli all'asilo. Perché?
Prima cosa: _____ meno soldi. Gli asili infatti possono essere molto cari mentre i nonni... sono gratis. Un altro vantaggio è che _____ meno preoccupazioni perché i bambini sono con persone che li amano molto. Grazie ai nonni _____ anche piccoli problemi di salute: all'asilo _____ spesso malattie virali come l'influenza. Secondo alcuni studi, inoltre, fino a 18 mesi _____ bisogno di una relazione esclusiva con l'adulto e all'asilo questo non è possibile. Ma la relazione esclusiva ha anche dei lati negativi. Infatti, se da piccoli _____ poco tempo con altri bambini, può diventare difficile imparare a fare amicizia quando _____.

sitly.it

6 Scrivi la forma impersonale con si dei verbi tra parentesi, come nell'esempio.

La Mappa del Pregiudizio

Un blogger tedesco ha prodotto una "mappa mondiale dei pregiudizi". Ecco alcuni stereotipi presenti nella sua mappa.

in Italia
- (usare) _si usano_ le mani per comunicare
- (fare) _____ attenzione allo stile

in Germania
- (bere) _____ molta birra
- (arrivare) _____ in orario agli appuntamenti

in Malesia
- (preparare) _____ tutti i piatti con il curry

in Norvegia
- (mangiare) _____ solo pesce

a Cuba
- (ballare) _____ sempre la salsa

in Australia
- (fare) _____ sport dalla mattina alla sera

in Cina
- (copiare) _____ i prodotti occidentali

in Kenya
- (correre) _____ per la maratona

corriere.it

LA GRAMMATICA DEL BARBIERE
Vai su www.almaedizioni.it/dieciA2
e guarda il decimo episodio della videogrammatica.

CONGIUNZIONI E CONNETTIVI

Però
Però ha lo stesso significato di *ma*:
*Questo gelato è buono **però** è un po' troppo dolce.*
*Livia è stanca, **però** non riesce a dormire.*

Mentre
Usiamo *mentre*:
- per indicare azioni contemporanee:
  *Ascolto spesso la musica **mentre** studio.*

Attenzione! Per azioni contemporanee al passato, dopo *mentre* usiamo l'imperfetto:
***Mentre** ordinavo al bar, è arrivata Melissa.*

- per indicare un contrasto (in questo caso è sinonimo di *invece*):
  *Il tipico panino italiano a Milano si chiama "michetta", **mentre** a Roma il nome è "rosetta".*

Comunque
Significa *in ogni caso, in ogni modo*:
*Tina è davvero maleducata, **comunque** anche tu spesso sei antipatico con lei.*

Inoltre
Serve ad aggiungere informazioni:
*Mangiare moltissima carne non fa bene alla salute, **inoltre** è dannoso per l'ambiente.*

Prima di tutto
Indica l'inizio di una lista:
*Odio quella spiaggia! **Prima di tutto** è molto lontana, poi il parcheggio è carissimo e inoltre l'acqua non è pulita.*

NE E IL PASSATO PROSSIMO

Quando c'è *ne* con il passato prossimo, il participio passato concorda con l'oggetto:

*Queste pizzette sono troppo piccole. **Ne** ho mangiate tre e ho ancora fame.* (ne = pizzette)

*Mi piacciono i musei. **Ne** ho visitati molti negli ultimi anni.* (ne = musei)

Attenzione: quando specifichiamo la quantità dell'oggetto, il participio passato concorda con la parola che indica la quantità:

- *Che buona questa torta!*
- *Sì, io **ne** ho già mangiate tre fette.*

- *Hai comprato il latte?*
- *Sì, **ne** ho comprati due litri.*

IL FUTURO PER FARE IPOTESI

Usiamo il futuro anche per fare un'ipotesi, una supposizione:

- *Hai visto Ugo? Lo cerco da ore.*
- ***Sarà** in giardino. L'hai cercato lì?*

- *Ho chiamato Carmen tre volte ma non mi risponde.*
- *Non ti preoccupare, **sarà** ancora in ufficio.*

- *Non rispondi al telefono? Sta suonando.*
- *Ah sì, **sarà** mia sorella.*

ALTRI USI DI CI

La particella *ci* si usa anche per sostituire *a / con* + una parola / una frase.
Si usa in particolare con i verbi *credere* (*a*), *pensare* (*a*), *parlare* (*con*), *riuscire* (*a*), *provare* (*a*)...

- *Secondo me gli UFO esistono!*
- *Che cosa? Io non **ci** credo per niente.*
  (ci = agli UFO)

- *Mi aiuti a fare gli esercizi di inglese?*
- *Non sono molto bravo con le lingue, ma **ci** posso provare.*
  (ci = ad aiutarti a fare gli esercizi)

CONGIUNZIONI E CONNETTIVI

1 *Secondo te in queste frasi* mentre *è un sinonimo di* invece*?*

	mentre significa invece
1. Mi piace ascoltare la musica **mentre** studio.	sì / no
2. Nel gelato al cioccolato c'è il latte **mentre** in quello alla frutta no.	sì / no
3. In viaggio mangio sempre male **mentre** a casa mia mangio benissimo.	sì / no
4. Linda è uscita **mentre** io ancora dormivo.	sì / no
5. Mia moglie adora i dolci, **mentre** io preferisco il cibo salato.	sì / no

2 Completa l'articolo con i connettivi della lista, come nell'esempio.

✓comunque | mentre | però | insomma | inoltre | mentre

Tutti pazzi per il lampredotto!

Qual è il piatto più tipico di Firenze? Facile: la bistecca alla fiorentina. Risposta sbagliata! La bistecca alla fiorentina è sicuramente tradizionale, _____ è un piatto "di lusso", che i fiorentini non mangiano spesso. Chi visita Firenze e vuole provare la cucina tipica dovrebbe assaggiare anche un'altra specialità molto più comune: il panino con il lampredotto. Il lampredotto, cioè una parte dello stomaco della mucca, si compra dai "lampredottai" nelle piazze storiche della città e si mangia _____ si cammina, o seduti su una panchina per strada. _____, è perfetto per un pasto veloce ed economico tra un museo e l'altro (_____ per la bistecca bisogna andare in un'osteria o in un ristorante e spendere molto). Quando ordinate un lampredotto, potete scegliere se mangiarlo nella vaschetta o nel panino (noi vi consigliamo la seconda soluzione!). _____ potete aggiungere peperoncino e sala verde, o mangiarlo solo con sale e pepe. _____*Comunque*_____ è una specialità ottima in tutti e due i casi! Buon appetito!

LAMPREDOTTO, HAMBURGER DI CHIANINA

QUINTO QUARTO DI TERZA GENERAZIONE

visitflorence.com

NE E IL PASSATO PROSSIMO

3 Abbina le parole della colonna sinistra e quelle della colonna destra e completa le frasi.

1. Ho comprato del pane. Ne ho presi
2. Adoro i film d'azione. Ne ho visti
3. Non avevo gonne eleganti, così ieri ne ho comprata
4. Mi piace fare foto. A Milano ne ho fatte
5. Sono buoni questi biscotti. Ne hai assaggiato

a. una.
b. tantissime.
c. due chili.
d. uno?
e. moltissimi.

4 Completa i participi passati con la vocale corretta.

1. Che buoni questi spaghetti! Ne ho mangiat☐ due porzioni, ma ne vorrei ancora!
2. Queste magliette sono comode per fare sport. Ne ho comprat☐ tre uguali!
3. Ma dov'è il prosciutto? Ieri ne ho comprat☐ due etti, ma nel frigorifero non c'è niente!
4. Vorrei leggere molti libri in italiano, ma per adesso ne ho lett☐ solo uno.
5. Sono stanca di ricevere telefonate! Oggi ne ho ricevut☐ trenta!

IL FUTURO PER FARE IPOTESI

5 Seleziona le frasi in cui il **futuro** serve a fare un'_ipotesi_.

1. Dopo la laurea **farò** un viaggio in Australia. ○
2. **Verrai** alla festa? ○
3. È arrivata una lettera. **Sarà** di Simone. ○
4. ▶ Non mi sento bene.
   ● **Avrai** l'influenza. ○
5. ▶ Che strano quel gusto di gelato blu!
   ● **Sarà** mirtillo. ○
6. Quest'inverno **farà** molto freddo. L'hanno detto al telegiornale. ○

ALTRI USI DI CI

6 Completa con i pronomi diretti o con *ci*.

1. Belli questi pantaloni. _____ vorrei provare.
2. Ho cercato varie volte di fare il gelato in casa, ma non _____ riesco: è troppo difficile.
3. ▶ Parli bene il tedesco?
   ● Sì, _____ parlo abbastanza bene.
4. ▶ Sai che Michele e Susanna hanno divorziato?
   ● No dai, non _____ credo! Erano così innamorati.
5. ▶ Conosci bene Olivia?
   ● Sì, _____ conosco da molti anni.
6. ▶ Ho paura di dire la verità a Stefania.
   ● Non ti preoccupare, _____ parlo io.
7. ▶ Stasera puoi venire alle 8 invece che alle 9?
   ● _____ provo, ma esco dal lavoro alle 7:30, non sono sicura di fare in tempo.
8. ▶ Tu pensi mai alla tua infanzia?
   ● Sì, _____ penso spesso perché è stata bellissima.

MOTIVI PER STUDIARE L'ITALIANO

Studio italiano:
- per interesse / per piacere
- per lavoro
- per motivi familiari
- per viaggiare in Italia
- per amore

ESPRESSIONI DI TEMPO

*Ho iniziato a suonare la chitarra **a 13 anni**.*
= Ho iniziato a suonare all'età di 13 anni.

*Sono stato in Spagna **per sei mesi**.*
= Ho passato sei mesi in Spagna.

*(nel 2020) Ho visitato Roma **cinque anni fa**.*
= Ho visitato Roma nel 2015.

*Il gatto dorme **da tre ore**.*
= Ha iniziato a dormire tre ore fa e dorme ancora.

- ● **Da quanto tempo** studi italiano?
- ▶ **Da** tre giorni / settimane / mesi / anni...

- ● **Per quanto tempo** hai vissuto qui?
- ▶ **Per** cinque giorni / settimane / mesi / anni...

AZIONI

suonare

andare in bicicletta

nuotare

disegnare

sciare

ballare

guidare

cantare

cucinare

Attenzione:
suonare la chitarra / il pianoforte / il sassofono...
giocare a calcio / a carte / a poker...

LA SCUOLA

TIPO DI SCUOLA	TITOLO DI STUDIO
scuola elementare	
scuola media	licenza media
scuola superiore – liceo (classico, scientifico, linguistico, artistico, musicale, ecc.) – istituto professionale (indirizzo: marketing, turismo, agricoltura, grafica, ecc.)	diploma di maturità (verbo: diplomarsi)
università (facoltà di medicina, architettura, matematica, lingue, ecc.)	laurea (in medicina, ecc.) (verbo: laurearsi)

- quota di iscrizione
- corso individuale / di gruppo
- test di ingresso
- corso di italiano

MOTIVI PER STUDIARE L'ITALIANO

1 Leggi le dichiarazioni e poi completa le frasi con i nomi delle persone.

> Ho fatto l'attrice in molti film italiani. Per questo parlo bene l'italiano.

Penelope Cruz, attrice spagnola

> Parlo italiano perché ho origini italiane (i miei bisnonni erano di Campobasso).

Ariana Grande, cantante americana

> Ho imparato l'italiano perché amo Venezia e ci sono stato molte volte.

Javier Marías, scrittore spagnolo

> Parlo italiano, spagnolo, inglese, francese, arabo e portoghese... Mi piacciono le lingue!

Shakira, cantante colombiana

> Parlo italiano perché la mia ex moglie è di Roma.

Colin Firth, attore inglese

1. _____ parla l'italiano per motivi familiari.
2. _____ ha studiato l'italiano per lavoro.
3. _____ e _____ hanno imparato l'italiano per piacere.
4. _____ ha imparato l'italiano per amore.

ESPRESSIONI DI TEMPO

2 Trasforma le frasi con *da, a, fa* o *per, come nell'esempio.*

1. Oggi è il 22 agosto. Ho mal di schiena dal 12 agosto.
   → Ho mal di schiena ____*da dieci giorni*____.
2. Sono nata nel 1960. Nel 1985 ho finito l'università.
   → Ho finito l'università _____.
3. È domenica. Ho visto Bruno l'ultima volta giovedì.
   → Non vedo Bruno _____.
4. Ho lavorato a Bologna dal 2010 al 2014.
   → Ho lavorato a Bologna _____.
5. È il 1° dicembre. Sono tornato a Roma il 1° ottobre.
   → Sono tornato a Roma _____.

3 Seleziona l'opzione giusta. Attenzione: in un caso ci sono <u>due</u> risposte corrette.

1. Da quanto tempo studi l'italiano?
   ○ Un mese fa.
   ○ Da tre anni.
   ○ Per quattro settimane.

2. Per quanto tempo hai vissuto a Londra?
   ○ A ventidue anni.
   ○ Dieci anni fa.
   ○ Per dieci anni.

3. Quando hai cominciato a suonare la chitarra?
   ○ A tredici anni.
   ○ Per nove anni.
   ○ Sei mesi fa.

AZIONI

4 Seleziona l'azione collegata all'immagine.

1.
○ nuotare
○ guidare
○ cantare

2.
○ cucinare
○ disegnare
○ sciare

3.
○ andare in bicicletta
○ ballare
○ suonare

4.
○ giocare
○ suonare
○ guidare

LA SCUOLA

5 Abbina le parole di sinistra e quelle di destra.

1. scuola	a. di maturità
2. liceo	b. linguistico
3. facoltà	c. in ingegneria
4. diploma	d. elementare
5. laurea	e. di filosofia

6 Abbina i verbi della lista e i gruppi di parole, come nell'esempio.

fare (x2) | iscriversi a (x2) | frequentare passare | ✓pagare | laurearsi

┌─────────────────┐ ┌─────────────────┐
│ ___*pagare*___ una │ │ _____ in fisica │
│ quota di   │ │   │
│ iscrizione   │ │   │
└─────────────────┘ └─────────────────┘

┌─────────────────┐ ┌─────────────────┐
│ _____ un test di │ │ _____ un corso │
│ _____ ingresso │ │ _____ di italiano │
│ _____   │ │   │
└─────────────────┘ └─────────────────┘

> ## FRASI UTILI

7 Completa le parole nei dialoghi con le sillabe della lista.

**MO | ZO | AR | DO | PRE | POR
DE | MA | MES | TRAN | SA | VE**

È per____so?

Avanti, ____go!

1.

2. ● Ciao, Carlotta! Scu____, ho fatto tardi!
   ▶ ____quillo! Non im____ta. Sono ____rivata solo dieci minuti fa!

3. ● Vieni do____ni con noi al cinema?
   ▶ Mah, dipen____. Che film andate a ____dere?

4. ● Mi dai l'indiriz____ di Flavio, per favore?
   ▶ Aspetta, pren____ l'agenda. Non lo conosco a me____ria.

LE FASI DELLA VITA

infanzia

adolescenza

età adulta

vecchiaia

L'ASPETTO

 basso >< alto

 grasso / robusto >< magro

baffi

barba

Capelli corti >< lunghi

 ricci >< lisci

 biondi   castani

 neri   grigi

Avere i capelli / gli occhi + aggettivo:
*Ilaria **ha i capelli neri** e **gli occhi chiari.***

Attenzione:
- *ha i capelli biondi: è biondo/a*
- *ha i capelli castani: è castano/a*
- *ha i capelli neri: è moro/a*

Carattere

socievole	><	timido	allegro	><	triste
divertente	><	noioso	intelligente	><	stupido
buono	><	cattivo	simpatico	><	antipatico

Attenzione:
- ● ***Ti sta simpatico** Claudio?*
- ▶ *No, **mi sta antipatico!** (= per me è antipatico)*

Età

 giovane ><   anziano

Nella lingua parlata possiamo usare: *piccolo >< grande.*

ESPRESSIONI DI TEMPO

- *Nel* + anno (*nel 1953*)
- *Dal* + anno *al* + anno (*dal 2009 al 2011*)
- da bambino / ragazzo / giovane / anziano
- all'epoca = in quel periodo = a quei tempi
- negli anni Settanta / Ottanta / Novanta...

Da giovane vivevo in campagna, in Calabria. Poi, **negli anni Cinquanta,** mi sono trasferito a Torino. **A quei tempi** molte persone andavano al nord per cercare lavoro.

LE FASI DELLA VITA

1 *Completa i nomi delle fasi della vita con le lettere mancanti.*

1. La VE☐☐HI☐IA?
   È un periodo bellissimo della vita.

2. L'ADO☐☐SC☐N☐A è un'età difficile.

3. Le persone che hanno avuto un'INF☐☐☐☐A felice, spesso stanno bene anche in E☐À A☐☐LTA.

L'ASPETTO

2 Completa le frasi con le parole della lista.

timida | capelli | magro | verdi | barba | simpatica

1. Fiammetta ha i _____ biondi.
2. Tiziano è alto e _____.
3. Luca ha gli occhi _____.
4. Simone ha la _____ e i baffi.
5. Serena è molto _____ ma mi sta _____.

3 Lila e Lenù sono le protagoniste di una serie televisiva ispirata ai romanzi di Elena Ferrante. Osserva le foto e indica se le frasi sono vere o false.

	V	F
1. Lenù è meno alta di Lila.	○	○
2. Lila e Lenù hanno i capelli molto lunghi.	○	○
3. Lenù è bionda.	○	○
4. Lila è mora.	○	○
5. Lenù è magra.	○	○

4 Cerca nello schema i contrari degli aggettivi (in verticale ↓ o orizzontale →).

1. cattivo >< _____
2. intelligente >< _____
3. allegro >< _____
4. (capelli) ricci >< _____
5. timido >< _____
6. (capelli) lunghi >< _____
7. divertente >< _____

```
V E S E L I S C I
C O O R U N N O L
B M I S M Q U R A
P I S T R I S T E
E B R U M M T I L
Z U E P O D D O N
S O C I E V O L E
U N I D R H A N N
N O I O S O N I A
```

ESPRESSIONI DI TEMPO

5 _Sottolinea_ l'espressione equivalente alle parti **evidenziate**.

Da ragazza [1] amavo viaggiare.
Dal 1962 al 1970 [2] ho viaggiato tanto e ho vissuto in molti Paesi diversi: Messico, Francia, Canada...
A quei tempi [3] ancora non ero sposata.
Nel '72 [4] ho conosciuto Enzo.
Ci siamo sposati a Nizza, ma **siamo tornati in Italia subito dopo il matrimonio** [5].

1. da anziana / da giovane
2. negli anni Sessanta / negli anni Settanta
3. all'epoca / all'età
4. a 72 anni / nel 1972
5. ci siamo sposati e poi siamo tornati subito in Italia / siamo tornati in Italia e poi ci siamo sposati subito

FRASI UTILI IN FILA

6 Unisci le parole delle tre colonne e forma frasi.

1. A   a. è   A. tocca?
2. C'ero   b. in fila da B. io!
3. Chi   c. prima   C. un'ora.
4. Sono   d. chi   D. il prossimo?

ESPRESSIONI DI TEMPO

- **prima**
  Prima ero molto sportivo, ma ora non ho più tempo di andare a correre.

- **poi / dopo**
  *Ho fatto l'università a Torino e **poi / dopo** un master negli Stati Uniti.*

- **improvvisamente / all'improvviso**
  *Durante la cena, **improvvisamente / all'improvviso** Chiara si è alzata ed è andata via.*

- **a un certo punto**
  *Andavo sempre al lavoro in moto, ma **a un certo punto** ho iniziato ad andarci in bicicletta.*

LA COPPIA

- **amare / ti amo**: solo con il partner
- **volere bene / ti voglio bene**: con parenti e amici
- **innamorarsi**: iniziare ad amare qualcuno
- **mettersi insieme**: cominciare una relazione
- **fidanzarsi**: cominciare una relazione formale e ufficiale
- **frequentarsi** = **avere una relazione** = **stare insieme**

- **odiare** (>< amare)
- **separarsi** = **lasciarsi**: interrompere una relazione
- **divorziare**: annullare il matrimonio

IL MATRIMONIO

sposarsi
gli sposi: marito e moglie
il viaggio di nozze = la luna di miele
il pranzo di nozze

i confetti

le fedi

SALUTI

Quando andiamo via, possiamo usare:

- ciao / arrivederci
- a stasera
- a presto
- ci vediamo dopo

- a dopo
- a domani
- a lunedì
- a più tardi

A presto!

In Italia spesso diamo due baci sulla guancia agli amici per salutarli (quando arriviamo e quando andiamo via).

ESPRESSIONI DI TEMPO

1 *Sottolinea l'espressione corretta tra quelle **evidenziate**. Attenzione: in due casi le espressioni corrette sono due.*

1. **Prima / Dopo / Poi** vivevo a Napoli, ma adesso abito a Bari.

2. Ero al cinema e **dopo / a un certo punto / improvvisamente** il mio telefono ha cominciato a suonare.

3. Da ragazza non volevo fare figli, ma **poi / prima / a un certo punto** ho cambiato idea.

4. Il gatto **poi / all'improvviso / prima** era qui, ma adesso dov'è?

2 *Inserisci le espressioni tra parentesi nelle frasi, come nell'esempio. Sono possibili più soluzioni.*

1. (DOPO) Sono andata al corso di spagnolo e ho cenato con Clarissa.

2. (A UN CERTO PUNTO) La festa era noiosissima ma è arrivato Giancarlo con la chitarra e ci siamo divertiti.

3. (PRIMA) Abbiamo fatto due figli e dopo ci siamo sposati.

4. (IMPROVVISAMENTE) Ieri era bel tempo ma ha iniziato a piovere.

5. (POI) Ho fatto la spesa e ho cucinato il risotto per tutti.

LA COPPIA E IL MATRIMONIO

3 *Una storia d'amore che inizia bene e finisce male: metti le parole della lista in ordine cronologico, come nell'esempio.*

sposarsi | ✓innamorarsi | fidanzarsi divorziare | mettersi insieme

❤

_____ *innamorarsi* _____

↓

_____

↓

_____

↓

_____

↓

_____

💔

4 *Completa le parole con i gruppi di lettere della lista.*

NA | FE | LA | SA | MO | OD
BE | FRE | VO | RA | LE | MA

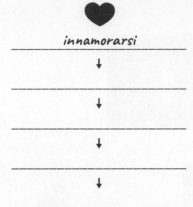

💕 Agenzia matrimoniale AMARSI PER SEMPRE

Michele, 44 anni

Sono un uomo sportivo e divertente. Ho due figli di 6 e 8 anni. Ho di___rziato cinque anni fa e adesso voglio in___mo___rmi di nuovo. Cerco una donna per una re___zione seria. Per me questa è una cosa importantissima: deve vo___re ___ne ai miei figli. Non mi interessano le donne che ___iano i bambini.

Patrizio, 62 anni

Sono un uomo elegante e gentile. Mi piace molto leggere. Nella mia vita ho ___quentato molte donne sbagliate, che non mi a___vano veramente. Spo___rmi era il mio sogno e... forse non è troppo tardi! Alla mia età, vorrei avere una ___de al dito: forse sei tu la mia futura ___glie!

5 *Completa con le parole della lista.*

moglie | voglio bene | miele | amo

1. Nino e Karen sono in luna di _____.

2. Ti _____.

3. Vuoi diventare mia _____?

4. Ti _____, mamma!

SALUTI

6 *Quali saluti possiamo usare quando pensiamo di rivedere la persona lo stesso giorno?*

○ A mercoledì.   ○ Salve.
○ Ci vediamo dopo.   ○ Piacere.
○ A più tardi.   ○ A dopo.
○ A stasera.   ○ A domani.

FRASI UTILI

7 *Seleziona le due reazioni logiche per ogni punto.*

1. ▶ Io e Milena a luglio ci sposiamo!
   - Chissà!
   - Congratulazioni!
   - Davvero? Che bello!

2. ▶ Scusa, non posso venire a cena da voi domani. Mi dispiace.
   - Ah, che peccato.
   - Ottimo!
   - Non importa, tranquillo.

3. ▶ Mamma, chi è questa signora grassa?
   - Ma che dici!
   - Ma insomma!
   - Spero di no.

LO SPORT

sport individuali

il tennis

il ciclismo

lo sci

il nuoto

la corsa

la boxe / il pugilato

sport di squadra

il basket / la pallacanestro

la pallavolo

il calcio

il rugby

IL CORPO

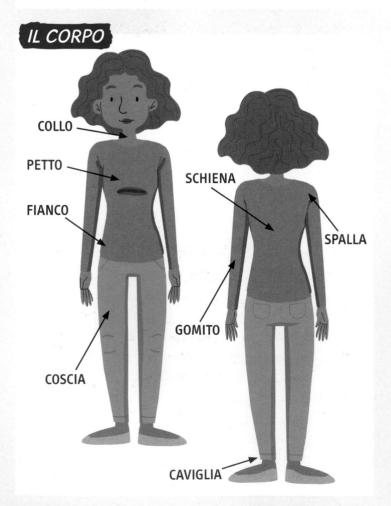

COLLO

PETTO

FIANCO

SCHIENA

SPALLA

GOMITO

COSCIA

CAVIGLIA

LA MANO

DITO

POLSO

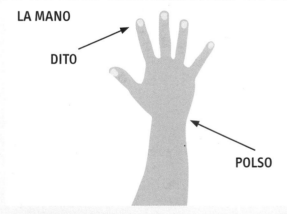

IN FARMACIA

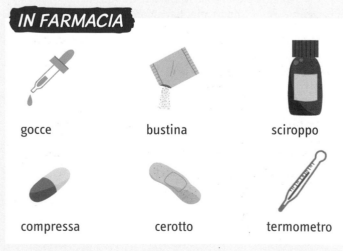

gocce

bustina

sciroppo

compressa

cerotto

termometro

LO SPORT

1 ~~Cancella~~ l'intruso.

Sport con la palla: **calcio | ciclismo | basket | pallavolo**
Sport di velocità: **nuoto | sci | pugilato | corsa**
Sport di squadra: **pallavolo | sci | calcio | basket**
Sport individuali: **ciclismo | corsa | rugby | nuoto**

2 Completa il cruciverba con il nome dello sport corrispondente all'immagine.

IL CORPO

3 Segui i quadrati con le parole del <u>corpo</u> per uscire dal labirinto, come nell'esempio. Puoi andare in verticale (↓), in orizzontale (→) o in diagonale (↗↙ o ↘).

INIZIO	confetti	polso	piede
polso	incrocio	nipote	brindisi
caviglia	pantaloni	spalla	compressa
parcheggio	gomito	costume	fianco
maglione	fila	moro	ginocchio
occhiali	vento	coscia	aglio
infanzia	collo	ragione	tosse
carrello	calcio	petto	**FINE**

4 Collega le parole delle due liste e le parti del corpo, come nell'esempio.

gomito | fianco | caviglia | polso

coscia | spalla | collo | petto

IN FARMACIA

5 Abbina le lettere di sinistra e le lettere di destra e forma le parole.

1. CER
2. COMP
3. GOC
4. BUST
5. TERMO
6. SCIR

a. CE
b. OTTO
c. OPPO
d. INA
e. METRO
f. RESSA

FRASI UTILI

6 Completa le frasi con le parole della lista.

febbre | riesco | sono | paura | che | giù

1. Ho _____ di avere l'influenza.
2. Mi sento molto _____.
3. Non _____ ad addormentarmi.
4. _____ problema ha?
5. Mi _____ fatto male.
6. Ho la _____.

5 VOCABOLARIO

NEGOZI

ferramenta

tabaccaio

farmacia

parrucchiere

edicola

negozio di abbigliamento

bancarella

TESSUTI

cotone

lana

pelle

seta

FANTASIE

a fiori

a quadri / quadretti

a righe

a tinta unita

TAGLIE

Indichiamo le taglie con le lettere:
- XS ("l'extra small" o "la ics-esse")
- S ("la small" o "la esse")
- M ("la media" o "la emme")
- L ("la large" o "la elle")
- XL ("l'extra large" o "la ics-elle")

Possiamo usare anche i numeri: la 44 (o "la taglia 44"), la 46 (o "la taglia 46"), ecc.

▶ *Che taglia hai / porti?* ● *La S / la 38.*

Per le scarpe abbiamo i numeri: 43, 44...

▶ *Che numero hai / porti?* ● *Il 39.*

ACCESSORI

orecchini

collana

braccialetto

orologio

anello

sciarpa

cravatta

cintura

cuffie

portafogli

carta di credito / bancomat

cappello

ALL'UFFICIO POSTALE

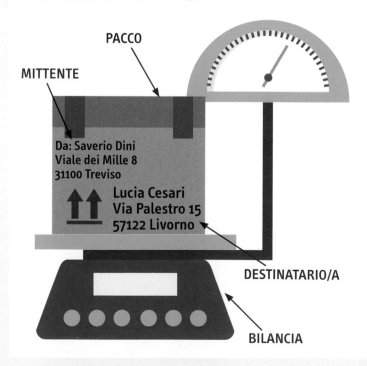

PACCO

MITTENTE

Da: Saverio Dini
Viale dei Mille 8
31100 Treviso

Lucia Cesari
Via Palestro 15
57122 Livorno

DESTINATARIO/A

BILANCIA

NEGOZI

1 *Dove puoi fare queste cose? Segui l'esempio.*

bancarella | edicola | parrucchiere
✓ferramenta | tabaccaio | farmacia

1. ___*ferramenta*___: fare una copia delle tue chiavi e comprare coltelli, prodotti per le pulizie, lampadine...

2. _____: cambiare il look dei tuoi capelli (tagliarli, colorarli...)

3. _____: comprare un biglietto dell'autobus, le sigarette, i francobolli...

4. _____: comprare lo sciroppo per la gola, le compresse per il mal di testa...

5. _____: comprare gonne, cappelli, maglioni...

6. _____: comprare giornali e riviste

TESSUTI, FANTASIE E TAGLIE

2 *Guarda le immagini e* <u>sottolinea</u> *la parola corretta fra quelle* **evidenziate.**

COLLEZIONE PRIMAVERA/ESTATE

maglietta **a righe** / **a tinta unita**

tessuto: **cotone** / **pelle** 100%

taglie / **numeri** disponibili: 38, 40, 42, 44

prezzo: 22€

 AGGIUNGI AL CARRELLO

scarpe
da uomo / **da donna**
alte / **basse**

fantasia:
a quadri / **a fiori**

colore:
bianco e nero /
bianco e rosso

prezzo: 60€

AGGIUNGI AL CARRELLO

ACCESSORI

3 *Guarda la foto e seleziona gli accessori della modella.*

- ○ anello
- ○ sciarpa
- ○ orecchini
- ○ cintura
- ○ braccialetto
- ○ cravatta
- ○ collana
- ○ cappello
- ○ cuffie

ALL'UFFICIO POSTALE

4 *Forma le espressioni, come nell'esempio.*

1. tipo ⋯⋯ del ⋯⋯ pacco
2. peso del spedizione
3. indirizzo del celere
4. contenuto di destinatario
5. pacco - pacco

FRASI UTILI

5 *Dove siamo? In un negozio di abbigliamento (A) o in un ufficio postale (UP)?*

	A	UP
1. Posso provarlo?	○	○
2. Devo spedire un pacco.	○	○
3. Come mi sta?	○	○
4. Le sta benissimo.	○	○
5. Lo sento stretto.	○	○
6. Ha compilato il modulo?	○	○
7. Mi fa uno sconto?	○	○
8. Che taglia porta?	○	○

6 *Indica le frasi del punto* **5** *che dicono il* <u>commesso</u> *del negozio e l'*<u>impiegato</u> *dell'ufficio postale.*

commesso: _____

impiegato: _____

GENERI CINEMATOGRAFICI

film comico   film drammatico   commedia romantica

film storico   film d'azione   film poliziesco

IL CINEMA

LA SALA

LO SCHERMO

LA FILA   IL POSTO

GENERI MUSICALI

musica classica

musica lirica (opera)

musica leggera (pop)

musica elettronica

musica da discoteca (disco)

musica d'autore

Per gli altri generi musicali usiamo parole inglesi: il jazz, il blues, il rock, la techno, ecc.

ANNUNCI

In aeroporto
Ultima chiamata per il passeggero Guido Prosperi. Imbarco immediato al gate 15.

In aereo
Vi preghiamo di: allacciare le cinture, chiudere il tavolino di fronte a voi e spegnere i telefoni cellulari.

In stazione
Il treno Frecciarossa 4321 è in arrivo al binario 4.
Il treno Inter City 4421 viaggia con 30 minuti di ritardo.
Il treno Regionale Veloce 2305 è in partenza dal binario 9.

Tipi di treno
Dal più veloce al più lento:

   Frecciarossa (alta velocità)

    Inter City

Regionale

GENERI CINEMATOGRAFICI

1 Completa le schede dei film qui sotto e alla pagina successiva con il genere corrispondente.

1. LA STANZA DEL FIGLIO

Di e con:
Nanni Moretti
Durata: 99 minuti
Genere:

_____

Una famiglia normale all'improvviso vive una tragedia: la morte del figlio adolescente Andrea.
Triste capolavoro, Palma d'oro al festival del cinema di Cannes.

⭐⭐⭐⭐⭐

2. NOI CREDEVAMO

Di: Mario Martone
Durata: 170 minuti
Genere:

_____

1800. Il film racconta episodi del Risorgimento italiano attraverso le storie personali di Salvatore, Domenico e Angelo: tre ragazzi del Sud che combattono per l'Unità d'Italia. Bravissimo Toni Servillo nel ruolo di Giuseppe Mazzini.

★★★

3. MANUALE D'AMORE

Di: Giovanni Veronesi
Durata: 112 minuti
Genere:

_____

Un film in quattro episodi (Innamoramento, Crisi, Tradimento, Abbandono) che racconta la storia di tutte le storie d'amore, tra risate e buoni sentimenti.
Cast eccezionale con tanti attori famosissimi, ma i dialoghi non sempre funzionano.

★★

IL CINEMA

2 Osserva l'immagine in alto a destra e indica se le frasi sono vere (V) o false (F).

	V	F
1. Nel cinema ci sono solo due file.	○	○
2. La fila A è la più vicina allo schermo.	○	○
3. Nella fila A c'è un posto libero.	○	○
4. In ogni fila ci sono 7 posti.	○	○
5. A sinistra e a destra dello schermo c'è una porta.	○	○

ANNUNCI

3 In ogni frase c'è una parola sbagliata. _Sottolineala_ e poi scrivi la parola appropriata, come nell'esempio.

1. Il treno Frecciarossa per Napoli Centrale è in <u>stazione</u> dal binario 7.	_partenza_
2. Vi preghiamo di chiudere il cellulare di fronte a voi e di allacciare le cinture di sicurezza.	
3. Ultima chiamata per il passeggero Tiziano Cherchi. Aereo immediato al gate 9.	
4. Il treno Regionale Frecciarossa viaggia con 15 minuti di partenza.	
5. Il treno Frecciarossa per Napoli Centrale è in arrivo al gate 2.	

FRASI UTILI

4 Indica se le coppie di frasi hanno lo stesso significato (=) o un significato opposto (><).

	=	><
1. a. Che ne dici di andare al cinema? b. Ti va di andare al cinema?	○	○
2. a. Mi sembra interessante. b. Non mi interessa.	○	○
3. a. Non mi va per niente un gelato. b. Vorrei tanto un gelato.	○	○
4. a. Non ho voglia di andare al concerto. b. Non mi va di andare al concerto.	○	○

IL LAVORO

giornata lavorativa
*La mia **giornata lavorativa** è molto faticosa, non finisce mai prima delle 21:30.*

orario (di lavoro)
● *Che **orario** fai domani?*
▶ *Entro alle 12 ed esco alle 18:30.*

giorno di riposo
*Fabio fa il cameriere. Il suo **giorno di riposo** è il lunedì, quando il ristorante è chiuso.*

ferie
*In agosto prendo sempre tre settimane di **ferie** e vado in vacanza al mare.*

stipendio
*Samantha ha uno **stipendio** buono, la sua azienda la paga bene.*

datore di lavoro
● *Come si chiama il tuo direttore?*
▶ *Nicola. È un **datore di lavoro** molto gentile, sono fortunato.*

il / la collega
*Sabato non voglio andare a cena con i **colleghi**! Li vedo già dal lunedì al venerdì in ufficio.*

pensione
*Dopo 40 anni di lavoro, Franco è andato in **pensione** e si è trasferito al mare.*

I SEGNI ZODIACALI

ariete toro gemelli

cancro leone vergine

bilancia scorpione sagittario

capricorno acquario pesci

● *Di che segno sei?*
▶ *Sono del Sagittario / della Vergine / dei Pesci.*

TITOLI E ABBREVIAZIONI

Sig. = Signore	Sig.ra = Signora	Sig.na = Signorina
Dott. = Dottore	Dott.ssa = Dottoressa	
Prof. = Professore	Prof.ssa = Professoressa	
Avv. = Avvocato	Ing. = Ingegnere	Arch. = Architetto

AL TELEFONO

verde = persona che telefona   **blu = persona che risponde**

Pronto?

Salve, sono Renato Trevi.
Cercavo... / Vorrei parlare con la signora Fermi.

la signora Fermi è disponibile	la signora Fermi non è disponibile
Gliela passo. (formale)	Mi dispiace, in questo momento è occupata / impegnata. Mi dispiace, non c'è.
Grazie.	Quando posso richiamare? Posso lasciare un messaggio?

SALUTI NELLE MAIL

MAIL FORMALI	
formule di apertura	**formule di chiusura**
Gentile...	Cordiali saluti.
Egregio/a...	Distinti saluti.

MAIL INFORMALI	
formule di apertura	**formule di chiusura**
Caro/a...	Un bacio.
Ciao...	Ti abbraccio.

IL LAVORO

1 Completa i titoli di giornale con le parole della lista. Attenzione: c'è una parola in più.

ferie | pensione | orario | collega | stipendio

1. STORIE D'AMORE E FLIRT IN UFFICIO
Come fare quando ci innamoriamo di un _____?

2. UOMINI E DONNE: DIFFERENZE DI _____
In Italia gli uomini continuano a guadagnare di più.

3. GLI ITALIANI SI RIPOSANO IN ESTATE
Il 90% degli italiani prende le _____ in questa stagione.

4. A QUANTI ANNI ANDRAI IN _____?
Inserisci i tuoi dati e calcola tra quanti anni smetterai di lavorare.

I SEGNI ZODIACALI

2 Completa i segni con le lettere mancanti.

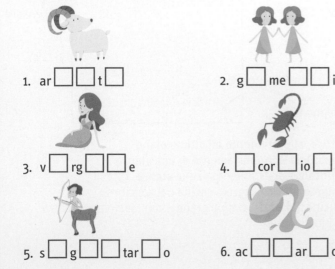

1. ar ☐☐ t ☐

2. g ☐ me ☐☐ i

3. v ☐ rg ☐☐ e

4. ☐ cor ☐ io ☐ e

5. s ☐ g ☐☐ tar ☐ o

6. ac ☐☐ ar ☐ o

TITOLI E ABBREVIAZIONI

3 Scrivi l'abbreviazione, come nell'esempio.

1. Dottoressa: _____*Dott.ssa*_____
2. Ingegnere: _____
3. Professore: _____
4. Signora: _____
5. Signore: _____
6. Professoressa: _____

AL TELEFONO

4 Ordina il dialogo, come nell'esempio.

☐ Cercavo la Professoressa Rinaldi. Me la può passare, per favore?

[2] Buongiorno, sono il Dottor Passigli.

☐ Ah dottore, buongiorno. Mi dica.

☐ Verso le 18 sarà sicuramente libera.

☐ Dottore, mi dispiace, in questo momento è impegnata.

☐ Pronto?

☐ Capisco. Quando posso richiamare?

SALUTI NELLE MAIL

5 Per ogni espressione indica: è formale (F) o informale (I)? La usiamo all'inizio o alla fine di un messaggio? Segui l'esempio.

	F	I	Quando la usiamo?	
1. Gentile...	☑	○	☑ inizio	○ fine
2. Cordiali saluti.	○	○	○ inizio	○ fine
3. Cara...	○	○	○ inizio	○ fine
4. Ti abbraccio.	○	○	○ inizio	○ fine
5. Egregio...	○	○	○ inizio	○ fine
6. Distinti saluti.	○	○	○ inizio	○ fine
7. Un bacio.	○	○	○ inizio	○ fine

8 VOCABOLARIO

AGGETTIVI PER DESCRIVERE OGGETTI

 morbido >< duro

 profumato >< puzzolente

 ruvido >< liscio

MATERIALI

 legno   plastica    vetro

 Carta   metallo

FORME (AGGETTIVI)

triangolare   rotondo   rettangolare   quadrato

ELETTRODOMESTICI

la lavatrice   la lavastoviglie   il televisore

l'aspirapolvere   il tostapane   il forno a microonde

UNITÀ DI MISURA

un centimetro (1 cm)

100 cm = un metro (1 m)

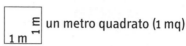 un metro quadrato (1 mq)

I NUMERI DA 10000 A UN MILIARDO

10000	diecimila
100000	centomila
200000	duecentomila
200050	duecentomilacinquanta
250000	duecentocinquantamila
1000000	un milione
1300000	un milione e trecentomila
2000000	due milioni
1000000000	un miliardo

LA CASA

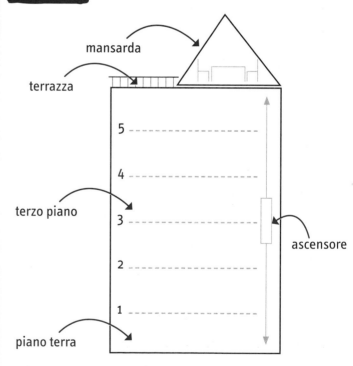

mansarda
terrazza
terzo piano
ascensore
5
4
3
2
1
piano terra

attico: appartamento all'ultimo piano
monolocale: appartamento di una stanza
bilocale: appartamento di due stanze
angolo cottura: piccola cucina nel soggiorno
cucina abitabile: cucina grande, con tavolo per quattro
o più persone

FORMULE PER RINGRAZIARE E REAGIRE

Grazie tante.

Prego.

Grazie mille.

Non c'è di che.

Grazie.

Mille grazie.

Figurati.

Grazie di cuore.

Di niente.

Ti ringrazio.

DESCRIVERE OGGETTI: AGGETTIVI, MATERIALI E FORME

1 *Seleziona le espressioni che è possibile usare per descrivere questo specchio.*

- ○ di carta
- ○ rotondo
- ○ rettangolare
- ○ morbido
- ○ triangolare
- ○ duro
- ○ di vetro
- ○ quadrato
- ○ liscio

ELETTRODOMESTICI

2 *Rispondi alle domande.*

Quale elettrodomestico usiamo per:

1. guardare un film? _____
2. lavare i vestiti? _____
3. lavare i piatti, le pentole, i bicchieri? _____
4. tostare il pane? _____
5. pulire la casa? _____

I NUMERI DA 10000 A UN MILIARDO

3 *Scrivi i numeri in lettere, o viceversa.*

a. 370000 = _____
b. 4600000 = _____
c. _____ = tre milioni
d. 1000000000 = _____
e. _____ = seicentoventimila
f. _____ = sette milioni e novecentomila

LA CASA

4 *Completa gli annunci con le parole della lista.*

cottura | servizi | terra | ascensore | mansarda
camere | terrazza | abitabile | quadrati

Affittasi _____ in centro. 60 metri
_____ con angolo _____, soggiorno
e due _____ da letto. Quinto piano con
_____. 700€ al mese.

Vendesi bellissima villa di due piani con grande
_____. Al piano _____: soggiorno e
cucina _____. Al primo piano: tre camere
da letto e doppi _____.

FORMULE PER RINGRAZIARE E REAGIRE

5 *Abbina le parole di sinistra e quelle di destra e forma le espressioni.*

1. Grazie di
2. Tante
3. Grazie
4. Ti
5. Di
6. Non c'è

a. mille.
b. di che.
c. niente.
d. cuore.
e. ringrazio.
f. grazie.

FRASI UTILI

6 *Completa le frasi equivalenti con le lettere mancanti.*

1. Non ne ho bisogno. = NON ☐I ☐ERV☐.
2. Non lo so. = NON N☐ HO ID☐☐.
3. Posso aiutarla? = LE SE☐☐E UNA M☐☐O?
4. Per fortuna! = ME☐☐ M☐LE!

LA FAMIGLIA ALLARGATA

Ciao, sono Arturo e questa è una parte della mia famiglia.
Adriano è mio padre. Serena è sua moglie, ma non è mia madre.
Lui e Serena si sono messi insieme dopo il divorzio di mio padre e mia madre, dieci anni fa. Mio padre e Serena hanno avuto tre figli: Agnese, Filippo e Dimitri.
Anche mia madre ha un nuovo compagno, Paolo, ma lei non ha avuto altri figli.

DIMITRI ARTURO SERENA FILIPPO ADRIANO AGNESE

Serena è la **seconda moglie del padre** di Arturo.
= Serena è la **matrigna** di Arturo.
Paolo è il **nuovo compagno della madre** di Arturo.
= Paolo è il **patrigno** di Arturo.

ATTENZIONE: per alcune persone le forme *matrigna* e *patrigno* possono avere un significato negativo. Quindi spesso usiamo espressioni più neutre, come: *la compagna di mio padre*, *il marito di mia madre*, ecc. Per indicare i fratelli acquisiti, per esempio *il mio fratellastro* e *la mia sorellastra*, possiamo dire semplicemente *mio fratello* e *mia sorella*.

Altri familiari:
la **nuora** (la moglie del figlio)
il **genero** (il marito della figlia)
i **suoceri** (i genitori della moglie / del marito)
il **cognato** (il fratello della moglie / del marito)
la **cognata** (la sorella della moglie / del marito)
vedovo / vedova (quando a un uomo / una donna muore la moglie / il marito)

LAVORI IN CASA

pulire il pavimento

stirare

passare l'aspirapolvere

spolverare

Espressioni con *fare*

fare le pulizie

fare il letto

fare il bucato / la lavatrice

fare la lavastoviglie

LA FAMIGLIA ALLARGATA

1 Osserva l'immagine e <u>sottolinea</u> la parola corretta tra quelle **evidenziate**.

GUSTAVO 💙 ADA

NICOLA 💙 LOREDANA   SILVIO 💙 ANITA

1. Loredana è la **sorella / compagna** di Silvio.
3. Nicola è il **genero / cognato** di Gustavo.
5. Ada è la **suocera / madre** di Silvio.

2. Ada è la **nuora / suocera** di Anita.
4. Anita e Loredana sono **sorelle / cognate**.
6. Gustavo è il **suocero / cognato** di Nicola.

'ALMA.tv ▶

Guarda il video
La famiglia nella rubrica
Italiano in pratica.

2 Leggi le definizioni e scrivi il nome di famiglia.

1. il fratello di mia moglie
   = mio _____

2. la figlia di mia madre e del suo ex marito
   = mia _____ /
   la mia _____

3. la moglie di mio figlio
   = mia _____

4. la nuova moglie di mio padre
   = la mia _____

5. il padre di mio marito
   = mio _____

LAVORI IN CASA

3 Abbina le frasi di destra e le frasi di sinistra, come nell'esempio.

1. Il letto è in disordine.
2. I piatti sono sporchi.
3. Il frigo è vuoto.
4. La casa non è pulita.
5. Tutte le camicie sono sporche.

a. Devo fare la spesa.
b. Devo fare il letto.
c. Devo fare la lavastoviglie.
d. Devo fare il bucato.
e. Devo fare le pulizie.

4 Completa con i verbi della lista. Attenzione: ci sono due verbi in più.

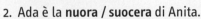
prendere | passare | avere | stare | essere | fare

1. _____
   freddo
   10 anni
   ragione
   un gatto

2. _____
   un caffè
   il resto
   l'autobus
   una gonna ai saldi

3. _____
   il bucato
   la fila
   tardi
   le pulizie
   il segretario

4. _____
   un esame
   l'aspirapolvere
   due settimane al mare

(FRASI UTILI)

5 Completa le espressioni corrispondenti ai significati indicati.

1. ☐a ☐ai!
   = Incredibile!

2. C☐☐e m☐i non sei venuto?
   = Perché non sei venuto?

3. Possiamo ☐ar☐☐ de☐ t☐?
   = Possiamo parlare in modo informale?

10 VOCABOLARIO

AGGETTIVI PER IL CIBO

 dolce

 piccante

 aspro

 salato

 amaro

IL CIBO

 peperoni

 zucchine

 spinaci

 carne macinata

 verdure / ortaggi

 legumi

CONTENITORI PER IL CIBO

 confezione (di uova...)

 scatola (di cioccolatini...)

 pacco (di pasta, di zucchero...)

 vasetto (di marmellata, di miele...)

IL GELATO

 cono

 coppetta

 panna

 gusti (fragola, cioccolato...)

AGGETTIVI PER IL CIBO

1 *Completa con le lettere mancanti.*

 1. Il limone è as☐☐☐.

 2. Il panino con la salsa messicana è p☐cc☐☐☐e.

 3. Lo zucchero filato è ☐☐l☐e.

 4. Il succo di spinaci è a☐a☐☐.

IL CIBO

2 *Seleziona gli alimenti che un vegetariano può mangiare.*

○ spinaci   ○ pane
○ pesce   ○ cereali
○ legumi   ○ salame
○ peperoni   ○ prosciutto
○ frutta   ○ riso
○ funghi   ○ carne macinata
○ zucchine   ○ pomodori
○ patate   ○ insalata

CONTENITORI PER IL CIBO

3 *Scrivi accanto ai contenitori il numero dell'immagine corrispondente.*

vasetto: _____   scatola: _____

confezione: _____   pacco: _____

1

2

3

4

IL GELATO

4 *A quale dialogo si riferisce questa foto?*

○ **Dialogo 1**
● Buongiorno. Una coppetta da 3 euro con cioccolato e crema, per favore.
▶ Panna?
● Sì, grazie.

○ **Dialogo 2**
● Buongiorno. Cono o coppetta?
▶ Cono con cioccolato e crema, per favore.
● Vuole anche la panna?
▶ No, grazie.

○ **Dialogo 3**
● Buongiorno. Vorrei una coppetta piccola con cioccolato e crema.
▶ Ecco qua.
● Ah, scusi, può metterci anche un po' di panna?
▶ Mi dispiace, Lei ha fatto uno scontrino da 2 euro, con la panna costa 2 euro e 50.
● Ah, ho capito. Allora va bene così, grazie.

FRASI UTILI

5 *Sottolinea l'espressione corretta tra quelle evidenziate.*

1. In questo ristorante non hanno niente per vegani...
   Uffa! / Che uffa! E io che cosa mangio?!

2. A me il caffè piace amaro. Per me non **ha / fa** senso metterci lo zucchero.

3. ● Oh no! Ho dimenticato le chiavi di casa in ufficio!
   ▶ **Non c'è di che! / Che brutto!** Adesso ci devi tornare!

4. ● Tieni, ti ho portato un regalino.
   ▶ Una scatola di cioccolatini al peperoncino! Grazie, che **bello / bene**! Io adoro le cose piccanti.

FONETICA

NOTA BENE: per evitare sovrapposizioni inquadra solo il QR code indicato e copri quelli vicini

LEZIONE 1

Lettere separate o unite?

 36 ▶ *1* Ascolta la frase più volte. Poi rispondi alla domanda sotto.

> Il tango è nato in Argentina, il valzer in Austria.

Come si pronunciano le lettere **evidenziate**?

○ Separate, perché fanno parte di parole diverse.
○ Unite: sembrano una sola parola.

 37 ▶ *2* Adesso ascolta e ripeti le frasi.

1. Studio italiano per interesse.
2. Abita e lavora a Palermo.
3. Non ho capito niente.
4. Ho un amico inglese.
5. Non è mai andata a sciare in inverno.

3 In coppia. Leggete i dialoghi, poi invertite i ruoli e leggete ancora. Fate attenzione alle lettere **evidenziate**.

1.
▶ Siamo stati in vacanza in Irlanda. E voi?
● In Olanda.

2.
▶ Piero non ha mai imparato a giocare a tennis.
● Salvo invece è bravissimo.

3.
▶ Non abbiamo mai visto il mare.
● Davvero? Neanche in estate?

LEZIONE 2

Le consonanti doppie

 38 ▶ *1* Ascolta e ripeti le coppie di parole.

	CONSONANTE SEMPLICE	CONSONANTE DOPPIA
1.	nono	nonno
2.	sete	sette
3.	copia	coppia
4.	pala	palla
5.	casa	cassa
6.	caro	carro

 39 ▶ *2* Ascolta e completa ogni parola con una o due consonanti. Usa le consonanti della colonna verde. Poi confrontati con un compagno. Alla fine ascoltate ancora e ripetete.

	CONSONANTE	PAROLE	
1.	n	ca____e	ca____e
2.	t	no____e	no____e
3.	s	ba____e	ba____e
4.	l	be____a	be____a
5.	p	pa____a	pa____a
6.	r	mo____a	mo____a
7.	m	ca____ino	ca____ino
8.	p	ca____elli	ca____elli

3 In coppia. Pronunciate i nomi di questi animali.

giraffa   gallina   ippopotamo

scimmia   pappagallo   gatto

LEZIONE 3

Le frasi con il punto esclamativo!

 40 ▶ *1* Il punto esclamativo indica entusiasmo, sorpresa, rabbia, disperazione, ecc. Ascolta le frasi: quali finiscono con il punto (.) e quali con il punto esclamativo (!)?

1.	a. Fa' attenzione_	b. Fa' attenzione_
2.	a. Domani viene Gino_	b. Domani viene Gino_
3.	a. Non mi sento bene_	b. Non mi sento bene_
4.	a. Piove_	b. Piove_
5.	a. Non mi piace_	b. Non mi piace_

2 Ascolta ancora e ripeti le frasi.

3 In coppia (studente A e studente B). A turno e in ordine ogni studente legge una delle sue frasi. Esprimete l'emozione indicata dal colore.

■ = arrabbiato   ■ = sorpreso   ■ = contento

■ = nessuna emozione particolare

STUDENTE A	STUDENTE B
1. ■ Vieni qui!	1. ■ Vieni qui.
2. ■ Danilo dorme ancora.	2. ■ Danilo dorme ancora!
4. ■ Sono le 9!	4. ■ Sono le 9.
5. ■ Ci siamo sposati ieri.	5. ■ Ci siamo sposati ieri!

ALMA Edizioni | DIECI

LEZIONE 4

Coppie di consonanti

1 Ascolta e completa con la consonante giusta.

p o b?
1. _anca / _anca
2. _asta / _asta
3. rom_o / rom_o
4. _a_à / _a_à

l o r?
1. _ana / _ana
2. ma_e / ma_e
3. _otto / _otto
4. _ima / _ima

d o t?
1. quan_o / quan_o
2. ri_o / ri_o
3. _opo / _opo
4. da_o / da_o

2 Ascolta ancora e ripeti le parole.

3 Tutta la classe gioca insieme.
Uno studente legge la prima parola a voce alta, lo studente alla sua destra la seconda, eccetera.
Se c'è un errore di pronuncia, lo studente che sbaglia ricomincia dalla prima parola.

INIZIO →	bollo →	torto →	dito →	palla
bomba ←	passo ←	torso ←	Tito ←	falò
bere →	karma →	toro →	corro →	baro
tue ←	mela ←	farò ←	balla ←	tenda
pollo →	mera →	dorso →	tenta →	doro
pere ←	basso ←	due ←	calma ←	pompa
tordo →	collo →	paro →	FINE	

LEZIONE 5

L'enfasi

1 Con l'intonazione è possibile dare molta importanza a una parte del discorso.
Ascolta le frasi una prima volta e vedi dov'è l'enfasi.
Poi ascolta ancora e ripeti.

1. Sto mor<u>en</u>do di <u>fame</u>!
2. Guarda <u>questo</u> che car<u>i</u>no!
3. Stasera vieni <u>prima</u> di <u>ce</u>na o <u>dopo</u> <u>ce</u>na?
4. <u>Oggi</u> non voglio vedere <u>nes</u>suno!

2 In coppia. Leggete le situazioni, poi insieme <u>sottolineate</u> le sillabe dove secondo voi va l'enfasi nelle frasi **evidenziate** (può andare in uno o più punti).
A turno leggete le frasi **evidenziate** a voce alta.
Poi invertite i ruoli e leggete ancora.

SITUAZIONI	
1. Parli al commesso di un negozio di abbigliamento. Ti piace una maglietta, ma trovi solo la small e la large: **Sto cercando la media.**	2. Lavori in farmacia. Arriva una persona che si sente male e vuoi capire bene che problema ha: **Le fa male la pancia, o lo stomaco?**
3. Sei a casa e parli al tuo partner. Suona il telefono, ma tu sei occupato/a: **Rispondi tu al telefono?**	4. Stai vedendo un film a casa con un amico. Sei molto annoiato/a: **Questo film è troppo lungo.**

LEZIONE 6

I suoni [kw] e [gw]

43 ▶ 1 Ascolta le parole e seleziona il suono che senti.

	1	2	3	4	5	6	7	8	9	10	11
kw	○	○	○	○	○	○	○	○	○	○	○
gw	○	○	○	○	○	○	○	○	○	○	○

44 ▶ 2 Adesso ascolta e completa le frasi. Poi leggi le frasi a voce alta insieme a un compagno. Ognuno legge una frase, poi invertite i ruoli e leggete ancora.

1. Il pullman per L'☐☐☐☐la è ☐☐☐sto, che facciamo?

2. A Pas☐☐☐ vado in montagna con una ☐☐☐da alpina. Mi porta in alta ☐☐☐ta!

3. Tutte le sere mia zia se☐☐☐ un ☐☐☐z in tv.

4. Ho mal di denti, mi fa male ☐☐☐sta ☐☐☐ncia☐☐☐. Spero di ☐☐☐rire presto.

FONETICA

LEZIONE 7

La sospensione

45 ▶ **1** *Usiamo la sospensione per riflettere mentre parliamo. Ascolta i dialoghi: nelle frasi* **evidenziate**, *dove bisogna inserire i tre punti di sospensione? Segui l'esempio.*

1. ▶ Tu che cosa prendi? La pasta o il risotto?
   - **Non lo so. Forse la pasta.** …

2. ▶ Che ore sono?
   - **Sono le due e mezza.**

3. ▶ Scusi, dov'è piazza Maggiore?
   - **Giri a destra e prenda la seconda a sinistra.**

4. ▶ Che cosa dobbiamo comprare?
   - **Il pane il riso l'acqua e basta.**

5. ▶ Che cosa Le do, signora?
   - **Volevo due etti di salame.**

2 *In coppia. Ripetete i dialoghi del punto* **1**. *Poi invertite i ruoli e ripetete ancora.*

LEZIONE 8

Segnali discorsivi

1 *Leggi il dialogo e abbina i segnali discorsivi* **evidenziati** *e il significato corrispondente in questo contesto.*

- ▶ Senta, scusi! Che autobus devo prendere per piazza Cavour?
- **Eh**, oggi spostarsi è complicato perché nevica. Si blocca tutto. Non ci sono autobus.
- ▶ **Ah, no?**
- **Allora**, faccia così: prenda la metro B fino alla fermata Termini. Poi prenda la linea A in direzione Battistini e scenda alla fermata Ottaviano.
- ▶ Sembra una cosa lunga. **Mah.**
- **Su**, almeno vede Roma sotto la neve, è una scena bellissima!

a. Non si scoraggi.

b. Non sono per niente contento.

c. Mi dispiace, ma devo darLe una notizia negativa.

d. Ora inizio a darLe un'informazione.

e. Sono sorpreso.

46 ▶ **2** *In coppia. Ascoltate il dialogo e verificate le vostre risposte al punto* **1**. *Alla fine ripetete il dialogo due volte (invertite i ruoli dopo la prima volta).*

LEZIONE 9

Intonazione ed emozioni

47 ▶ **1** *La frase sotto (come molte altre) può avere intonazioni diverse. Leggi le situazioni, poi ascolta e abbina le varie versioni della frase alla situazione corrispondente.*

viene anche Agata stasera

situazione	frase numero
a. Stasera c'è una festa a casa di un amico; hai saputo che ci sarà anche Agata, che ti sta molto simpatica e non vedi da tempo.	_____
b. Stasera hai una cena di lavoro importante; purtroppo partecipa anche Agata, una collega che detesti.	_____
c. Stasera vai al compleanno di tuo cugino; hai saputo che la sua ex moglie, Agata, sarà presente: strano, lei e tuo cugino si sono separati un anno fa!	_____

2 *In coppia (studente A e B). A dice la sua prima frase con l'intonazione che preferisce: è contento, o scontento, o sorpreso. B indovina che stato d'animo ha. Poi B dice la sua prima frase, ecc. Alla fine potete ripetere le vostre frasi con un'intonazione diversa dalla precedente.*

STUDENTE A	STUDENTE B
1. sta nevicando	1. sta arrivando Fabiana
2. mi ha telefonato Enrico	2. non c'è carne in questa lasagna
3. qui non c'è il wi-fi	3. ho tre giorni di vacanza

LEZIONE 10

Scioglilingua

48 ▶ **1** *Finiamo il lavoro sulla fonetica con tre famosi scioglilingua italiani. Ascoltali più volte e ripetili a voce alta.*

1.
sopra la panca
la capra campa
sotto la panca la capra crepa

2.
tre tigri contro tre tigri
tre tigrotti
contro tre tigrotti

3.
dietro il palazzo c'è un povero cane pazzo
date un pezzo di pane al povero pazzo cane

2 *In coppia. Leggete più volte gli scioglilingua a voce alta. Poi memorizzateli (ognuno di voi memorizza una frase). Poi l'insegnante dice il nome di un animale (capra, tigre, cane): la coppia che lo desidera ripete lo scioglilingua corrispondente (ognuno ripete la propria frase).*

ESERCIZI

E EPISODI A FUMETTI DI
VIVERE E PENSARE ALL'ITALIANA

NOTA BENE:
le chiavi degli esercizi sono disponibili
su www.almaedizioni.it/dieciA2

SEZIONE A Le lingue del cuore

1 L'italiano nel mondo
Completa il testo con le parole della lista.

e poi | **sempre** | **infine** | **quante** | **dopo**
come | **ogni (x2)** | **o** | **secondo (x2)** | **perché**

1. Avete un amico straniero che non parla italiano? Fate un gioco: _____ parole italiane conosce? La risposta è semplice: moltissime. *Ciao, arrivederci, cappuccino, spaghetti, bravo, maestro...* Una lista lunghissima di vocaboli che _____ straniero capisce e usa.

2. Certo, l'italiano non è studiato _____ l'inglese, ma il suo fascino è sempre grandissimo e milioni di stranieri in tutto il mondo continuano a scegliere la nostra lingua. _____ alcuni studi, l'italiano è la quinta lingua più studiata nel mondo, _____ inglese, spagnolo, francese e tedesco, e gli studenti aumentano _____ anno.

3. Ma quali sono le ragioni di questo successo? In tutte le statistiche al primo posto delle motivazioni c'è _____ la cultura: l'italiano piace _____ è la lingua della bellezza, dell'arte, dell'architettura, della musica, del design, della moda. _____ c'è lo stile di vita, quello che in inglese si chiama l'*Italian way of life*: l'italiano è la lingua della buona cucina, dello stare insieme, della *dolce vita*. L'italiano è la lingua del piacere.

4. _____ l'Unione Europea, i cittadini europei devono conoscere almeno 3 lingue: la prima è naturalmente la lingua madre; la seconda è l'inglese, la lingua di servizio, del lavoro. _____, al terzo posto, c'è la lingua che scegliamo per interesse _____ per piacere: è la lingua del cuore. Per milioni di persone nel mondo questa lingua è l'italiano.

2 La lingua
~~Cancella~~ *le espressioni che* __non__ *possiamo usare prima o dopo la parola* lingua, *come nell'esempio.*

~~dire~~	comprare	studiare	
stare	correre	imparare	**una lingua**
conoscere	iscriversi	capire	
parlare	uscire		

	straniera	musica	madre
lingua	costosa	del cuore	padre
	difficile	castana	

3 Perché studi l'italiano?
Inserisci in uno dei due spazi la parola in verde, *come nell'esempio.*

1. **Hellen, Stati Uniti**
   per
   Amo l'Italia __per__ la _____ sua cultura.

2. **Estefanía, Argentina**
   sempre
   Mi piace la musica italiana. _____ ascolto _____ le canzoni di Laura Pausini.

3. **Yong, Cina**
   secondo
   _____ me _____ l'Italia è un Paese bellissimo!

4. **Philippe, Francia**
   anche
   Studio l'italiano perché è una lingua musicale e _____ perché mio nonno è italiano _____.

5. **Björn, Svezia**
   molto
   Lavoro nel campo della moda. L'italiano è _____ importante _____ per il mio lavoro.

6. **Jennifer, Australia**
   primo
   Tra i miei interessi al _____ posto _____ c'è la cucina.

4 Parole italiane nel mondo
Inserisci le parole nell'articolo, come nell'esempio.
Le parole sono in ordine.

√ci | queste | origine | era
tantissime | a | significa

Il mandolino va in Corea e diventa una donna incinta

ci

Nelle lingue di tutto il mondo sono più di 9000 parole

italiane. Molte di parole sono del mondo degli affari,

come quelle che derivano da *banca* (*bank* in inglese,

banque in francese, *banco* in portoghese...) o da

cassa, credito, capitale... Anche *manager* è una parola

di italiana!

Inglesi, francesi, spagnoli usano l'italiano come

lingua comune: oggi sembra strano, ma nel 1200

la realtà.

Anche nella musica le parole italiane sono:

pianoforte, viola, violoncello, andante, adagio... Volte

queste parole cambiano significato nelle altre lingue.

Per esempio, *mandolino* in coreano (*mandollin*)

"donna incinta".

La Lettura, Corriere della Sera

SEZIONE B | Il bel canto

5 Intervista a Kobe Bryant
*Leggi l'intervista al giocatore di basket Kobe Bryant (1978 – 2020) in alto a destra e <u>sottolinea</u> l'opzione corretta tra quelle **evidenziate**.*

● Buongiorno, Kobe. Come stai?
▶ Bene, grazie. Sono **felicissimo / felicissime** di essere in Italia. Io sono cresciuto qui. L'Italia è un Paese che ho nel cuore.
● E **da / per** quanto tempo sei stato in Italia?
▶ Sette anni. **Dai / Dalle** sei ai tredici anni.
● Parli ancora molto bene l'italiano. Con chi ti eserciti?
▶ Con **– / le** mie sorelle.
● Parliamo della tua carriera. **Da / Per** quanto tempo hai giocato a Los Angeles nell'NBA?
▶ Moltissimo! **Circa / Fa** 20 anni.
● Davvero tanti! Di solito i giocatori cambiano squadra **spesso / mai**.
▶ Sì, è vero. Io sono stato fortunatissimo. **Ho / Sono** cominciato a giocare con la mia squadra **a / per** 18 anni e **ho / sono** finito la carriera nello stesso team.
● Ma il tuo sogno **eri / era** giocare per un periodo anche in Italia, vero?
▶ Sì, perché l'Italia è il mio secondo Paese. E **poi / ma** ci sono giocatori **bravissimo / bravissimi** qui.
● **Quando / Quanto** incontri i tuoi ex colleghi parlate in italiano?
▶ Sì, sì, certo!

Radio Deejay

6 Il bel canto di Andrea Bocelli
Completa la biografia di Bocelli con le parole mancanti.

Andrea Bocelli è nato
_____ 22 settembre
del 1958 in un piccolo paese
vicino a Pisa.
_____ cominciato
a studiare pianoforte molto
giovane, a 6 anni, prima
_____ capire che il canto era la sua vera passione.
Ha studiato diritto all'università e durante gli studi
ha lavorato come cantante in ristoranti e locali.
_____ 1992 è stato un anno importante per lui:
è diventato famoso in Italia e ha sposato Enrica
Cenzatti. Con Enrica è rimasto _____ 10 anni (il loro
matrimonio _____ finito nel 2002) e ha avuto due
figli. _____ 1994 ha vinto il festival della canzone
italiana di Sanremo e da quel momento ha fatto
concerti in tutto _____ mondo e ha collaborato
con molti artisti italiani e stranieri.

'ALMA.tv ▶
Guarda il Linguaquiz
Cominciare e finire.

7 **Imparare una lingua**

Completa il testo con le sillabe della lista.

TEN | SIM | ZIO | TAR | SCO | LA | FRE | BA | TUT

L'anno _____rso ho provato a studiare spagnolo da so_____, ma non ho imparato molto. Imparare una lingua senza un insegnante e altri studenti è difficile, soprat_____to perché non puoi esercitarti a parlare. Così ho deciso di fare un corso in___sivo in una scuola. Il corso è durato tre mesi e io ho _____quentato tutte le le_____ni, ma a volte sono arrivata in ri_____do per il lavoro (faccio l'infermiera). È stato un po' faticoso, ma ho imparato molto. Il pros_____o anno forse faccio il secondo livello, ma per adesso _____sta così, ho bisogno di una pausa!

SEZIONE C Che cosa so fare

8 **L'università più antica d'Italia**

Nel testo ci sono 6 parole in più. ~~Cancellale~~ e scrivile in alto a destra, come nell'esempio.

L'ARCHIGINNASIO, SEDE DELL'UNIVERSITÀ FINO AL 1803.

L'università di Bologna è ~~molto~~ antichissima. Ha quasi 1000 anni fa: è nata nel 1088. All'inizio c'erano solo corsi di diritto. Poi sono arrivati anche i corsi di astronomia, medicina, filosofia, grammatica, greco... Adesso in questa università puoi di prendere una laurea in più di cento materie diverse.

Si sono hanno iscritti ai corsi dell'università di Bologna personaggi famosissimi, come lo scrittore Dante Alighieri (1265-1321), il pittore tedesco Albrecht Dürer (1471-1528) e lo scienziato polacco Niccolò Copernico (1473-1543).

Oggi l'università ha una struttura multicampus: sono mai nati quattro campus in città italiane e uno all'estero, a Buenos Aires.

Ogni anno frequentano l'università circa di 90000 studenti. Molti sono studenti internazionali.

atuttatesi.it

Le parole in più:

1. _____molto_____ 2. _____ 3. _____

4. _____ 5. _____ 6. _____

9 **Percorsi**

Sottolinea nei testi le parti equivalenti alle espressioni della lista. Poi riscrivi i testi con le espressioni della lista. Fa' tutti i cambiamenti necessari, come nell'esempio.

1. **Saverio, 27 anni**

✓ **prendere la patente** | **saper guidare bene** | **esame**

Posso guidare solo dall'anno scorso. Sono bravo con la macchina, ma imparare le regole della strada è stato duro. Ho dovuto fare il test tre volte prima di superarlo!

> *Ho preso la patente solo l'anno scorso.*

2. **Camilla, 43 anni**

amare | **diplomarsi** | **frequentare** | **difficilissimo**

Ho sempre avuto la passione per la matematica, ma quando ho finito il liceo, ho deciso di non andare all'università. La facoltà di matematica è molto difficile e ho avuto paura di non essere abbastanza brava.

3. **Carlo, 47 anni**

saper parlare bene | **laurearsi** | **trasferirsi**

Io e mia moglie non abbiamo problemi con l'inglese. Io ho preso una laurea in letteratura americana, lei da ragazza è andata a vivere a Dublino e ci è rimasta per 3 anni.

10 **Che cosa manca?**

Completa le frasi con le parole mancanti. Attenzione: in un caso <u>non</u> devi aggiungere nessuna parola.

1. _____ ho mai imparato a guidare.

2. Ludovica sa _____ cucinare molto bene.

3. Ieri sono andata a ballare e oggi _____ sono svegliata tardissimo.

4. Stefania ha preso la patente tre anni _____.

5. Vorrei iscrivermi alla facoltà _____ ingegneria.

6. Vi _____ divertite in vacanza?

ITALIANO IN PRATICA

SEZIONE D Titolo di studio?

11 Un'iscrizione a un corso

3 ▷ *Ascolta e completa con le parole mancanti.*

Giulio	_____ _____?
Segretaria	Avanti, prego.
Giulio	Grazie. Sono qui per _____ _____ _____ al corso di lingua russa.
Segretaria	Sì, sì, _____ _____, Giulio Banfi.
Giulio	Esatto.
Segretaria	Bene, _____ _____ _____ ho bisogno del Suo codice fiscale.
Giulio	Sì, certo, lo conosco _____ _____: GLBNF94H18H601L.
Segretaria	Data e luogo di nascita?
Giulio	18 luglio 1994, Firenze.
Segretaria	Titolo di studio?
Giulio	Ho una _____ _____ _____.
Segretaria	Quindi come professione metto "psicologo"?
Giulio	No, no, _____ _____ _____ in psicologia, ma _____ _____ faccio il musicista.
Segretaria	Ah, che bello!
Giulio	Eh sì.
Segretaria	_____ _____ _____ _____ la lingua russa?
Giulio	Allora... Due anni fa ho cominciato a _____ _____ _____.
Segretaria	Qui a Firenze?
Giulio	No, a Bologna, all'università... Ho frequentato per un mese, ma poi _____ _____ interrompere. Ho fatto solo poche lezioni. Non ricordo molto.
Segretaria	Ho capito. In ogni caso dobbiamo fare un _____ _____ _____.
Giulio	Un test? Come Le ho detto ancora non parlo russo... _____ _____ solo poche frasi...
Segretaria	_____ _____, tranquillo, abbiamo solo bisogno di verificare il Suo livello. Non è un esame. Per esempio: Lei _____ _____ l'alfabeto cirillico?
Giulio	Sì, certo. È la prima cosa che ho imparato.
Segretaria	Benissimo, è già qualcosa. Come vede _____ _____ _____ _____. Comunque, prima finiamo di _____ _____ _____ e poi facciamo il test. Vuole frequentare un corso individuale o di gruppo?
Giulio	Mah, _____ _____ _____.
Segretaria	Allora, sia i corsi individuali che i corsi di gruppo hanno una quota di iscrizione di 50 euro. Le _____ _____ costano 45 euro l'ora, il corso di gruppo viene 600 euro...

12 Un'italiana di seconda generazione
*Sottolinea l'opzione corretta tra quelle **evidenziate**.*

La scrittrice Rania Ibrahim: genitori arabi, accento milanese

Islam in Love è il **ultimo / primo** romanzo di Rania Ibrahim. Racconta la storia d'amore tra Laila, giovane inglese **di / da** origini arabe, musulmana, e Mark, inglese figlio di un politico di estrema destra.
Il padre e le madre di Rania si **sono / hanno** trasferiti in Italia negli anni '70 dall'Egitto, dove lei ha vissuto solo **quando / per** due anni. "La prima lingua che ho **frequentato / imparato** è l'arabo, ma non **vorrei / so** scrivere bene in questa lingua **perché / ma** ho fatto tutti gli studi in italiano dalle scuole elementari fino all'università (ho una **laurea / patente** in scienze politiche). **Secondo / Dopo** me, la lingua madre è quella della scuola, quella che sappiamo **scrivere / scriviamo**", racconta. "Gli scrittori **di / come** me, italiani di origine straniera, sono un ponte tra culture. Abbiamo la lingua del Paese dove siamo **cresciuti / cresciuta**, ma conosciamo bene anche la cultura **dei / di** nostri genitori".

vanityfair.it

---

13 Le parole dell'istruzione
Completa lo schema con le parole della lista, come nell'esempio. Attenzione: ci sono 4 parole in più.

✓licenza media | codice fiscale | esame
medicina | diploma | lingue straniere
economia | patente | laurea | liceo | psicologia

TITOLI DI STUDIO	FACOLTÀ
licenza media	

VIVERE E PENSARE ALL'ITALIANA
ORARI FLESSIBILI

TESTI: CHIARA PEGORARO
DISEGNI: VALERIO PACCAGNELLA

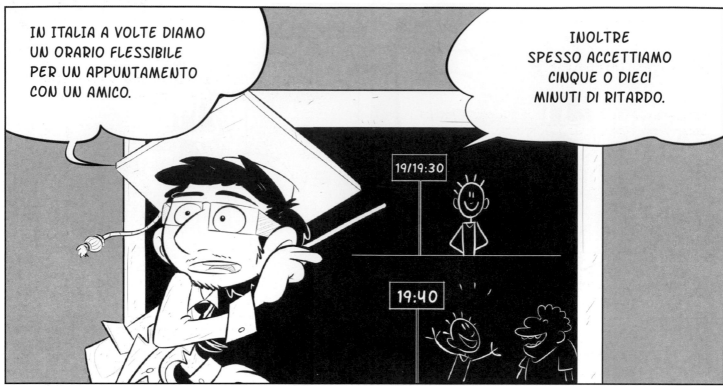

1 *Per Piero quando può essere accettabile arrivare un po' in ritardo in Italia?*

○ Quando hai appuntamento con una persona giovane.

○ In alcune città, per esempio a Bologna.

○ Quando hai appuntamento con una persona che conosci bene.

2 *Da o di? Completa.*

1. È ora _____ andare.

2. Ti aspetto ____ tre quarti d'ora!

3. Sono in ritardo solo ____ dieci minuti!

3 *Seleziona il significato nell'episodio delle espressioni **evidenziate.***

1. Che significa? **Mah!**   ○ Non lo so.   ○ È uno stupido!

2. **Tutto a posto?**   ○ Sembri così stanco!   ○ Come va?

3. **Va be'...**   ○ Ok.   ○ Adesso andiamo.

4. **Non c'è problema.**   ○ Hai sbagliato.   ○ Tranquillo.

SEZIONE A Un'infanzia

1 L'adolescenza del cantante Tiziano Ferro

Completa con i verbi della lista all'imperfetto (prima persona singolare), come nell'esempio.
Attenzione: i verbi non sono in ordine.

odiare | discutere
praticare | essere
mangiare | ✓andare
avere | adorare
stare | alzarsi

_____ il figlio "perfetto": _____*andavo*_____ bene a scuola, non _____ mai con i miei genitori, e già _____ cantare... Ma non _____ amici e non _____ bene con me stesso. _____ il mio corpo: _____ troppo e male (spesso _____ durante la notte per mangiare *junk food*) e non _____ nessuno sport.

2 Abitudini di ieri e oggi

Coniuga i verbi tra parentesi all'imperfetto. Poi abbina persone e argomenti della lista, come nell'esempio.
Attenzione: c'è un argomento in più.

✓trasporti | mezzi di comunicazione | scuola
cibo | viaggi | moda | informazione

1. **Daniela:** _____
   Oggi uso il cellulare per chiamare e mandare mail, prima invece (*io – parlare*) _____ con il telefono fisso e (*scrivere*) _____ lettere.

2. **Emanuele:** _____
   Oggi portiamo tutti gli occhiali da sole; prima le persone (*preferire*) _____ portare il cappello.

3. **Cristian:** _____
   Oggi quasi tutti leggono le notizie sul cellulare, ma prima le (*noi – leggere*) _____ sul giornale.

4. **Diletta:** _____
   I miei nonni (*andare*) _____ in vacanza solo in Italia, io invece vado spesso all'estero.

5. **Silvano:** _____*trasporti*_____
   Io mi sposto in motorino, mio nonno (*andare*) _____ a piedi.

6. **Simona:** _____
   I miei nonni non (*mangiare*) _____ mai frutti esotici, io invece li mangio spesso.

3 L'emigrazione italiana negli USA

Completa l'articolo con le lettere mancanti. Poi sotto <u>sottolinea</u> *l'opzione giusta tra quelle* **evidenziate**.

Tra il 1876 e il 1915 dall'Italia sono part☐☐☐ quasi 15 milioni di emigranti. La maggior parte di loro partiva dal Sud Italia e and☐☐☐ negli Stati Uniti, a New York.
Di solito non part☐☐☐☐☐ intere famiglie, ma solo gli uomini. Pens☐☐☐☐☐ di restare solo per un periodo, ma alla fine spesso riman☐☐☐☐☐ per tutta la vita.
Come (*loro*) raggiung☐☐☐☐☐ l'America? In nave, con un viaggio che dur☐☐☐ un mese. A New York arrivavano a Ellis Island (una piccola isola vicino a Manhattan) e dov☐☐☐☐ superare molti controlli medici. Se non li super☐☐☐☐☐, dovevano tornare in Italia.
L'integrazione negli Stati Uniti non er☐ facile. C'erano molti pregiudizi sugli italiani (considerati mafiosi, disonesti, sporchi...). Così spesso gli italiani viv☐☐☐☐☐ tutti insieme in uno stesso quartiere, dove non c'er☐☐☐ americani (le "Little Italy", che ancora oggi esistono in molte città degli Stati Uniti).

1. **Molti / Pochi** emigranti venivano dal Sud Italia.
2. Gli uomini di solito partivano **con / senza** la famiglia.
3. Molti uomini partivano con l'idea di **restare / non restare** in America tutta la vita.
4. Solo le persone **sane / oneste** potevano rimanere negli Stati Uniti.
5. Gli italiani avevano una **buona / cattiva** reputazione.
6. Gli italiani **abitavano / non abitavano** negli stessi quartieri degli americani.

SEZIONE B Aspetto e personalità

4 Aggettivi

~~Cancella~~ gli aggettivi che <u>non</u> vanno bene con l'espressione **evidenziata**.
Poi scrivi gli intrusi (al singolare) nella colonna corrispondente, come nell'esempio.

avere i capelli:

~~stupidi~~   ricci   lunghi   lisci   magri   bassi   intelligenti   biondi   alti   grigi   corti   castani   timidi

AGGETTIVI CHE USIAMO PER IL CORPO	AGGETTIVI CHE USIAMO PER IL CARATTERE
	stupido/a

5 L'aspetto fisico

Completa le frasi con Renato o Paolo, come nell'esempio.

Paolo

Renato

1. _____Paolo_____ è più grasso di _____Renato_____.
2. _____ è meno alto di _____.
3. I capelli di _____ sono lunghi.
4. _____ ha la barba.
5. _____ ha i capelli ricci.
6. _____ è più magro di _____.
7. _____ non ha i baffi.

6 Test sul carattere

Completa il test con le preposizioni della lista, come nell'esempio. Poi fa' il test e scopri il tuo profilo.

✓con | da | negli | da | della | di | a
tra | sul | di | in

Sei timido/a o socievole?

1. **Quando hai un problema:**
   a. Chiedi consiglio a tante persone.
   b. Chiedi aiuto a un amico o a una persona _____ tua famiglia.
   c. Cerchi _____ risolvere la situazione da solo/a.

2. _____ **bambino/a:**
   a. Stavi sempre _____ la gente.
   b. A volte stavi con gli amici, a volte _____ solo/a.
   c. Non parlavi molto, ma avevi ottimi amici.

3. **In una riunione di lavoro dici sempre quello che pensi?**
   a. Sì, sempre.
   b. _____ volte.
   c. Mai.

4. **La tua serata ideale:**
   a. _____ discoteca o a una festa.
   b. _Con_ un gruppo _____ amici.
   c. A casa a guardare un film o a leggere.

5. **Hai incontrato il tuo / la tua partner ideale. Come lo / la conquisti?**
   a. Lo / La guardo a lungo _____ occhi.
   b. Con un messaggio romantico _____ cellulare.
   c. Gli / Le mando un regalo o un mazzo di fiori.

Risultati per maggioranza di risposte

a. **SOCIEVOLE**
Adori stare con gli altri, soprattutto in occasione di feste o cene. Attenzione: non parlare sempre tu!

b. **EQUILIBRATO/A**
Ti piace la compagnia ma anche stare da solo/a. Sei gentile con tutti, ma di solito non parli con le persone che non conosci.

c. **TIMIDO/A**
Non sei molto socievole e non ti piace parlare dei tuoi sentimenti, ma sei bravo/a ad ascoltare gli altri.

SEZIONE C **Una vita avventurosa**

7 Artemisia Gentileschi
In ogni paragrafo: ordina le parole della lista corrispondente e completa la biografia della famosa pittrice. Segui l'esempio.

1. delle | è | importanti | italiane | più | pittrici | una

2. a | bambina | con | dipingere | il | impara | padre

3. vive | una | 17 | anni | drammatica | a

4. di | Firenze | a | avvenimento | decide | trasferirsi

5. dipingere | continua | a | entra | e

6. dopo | anno | lascia | e | marito | qualche | il

7. per | padre | stare | il | Londra | con | anziano

1. Artemisia Gentileschi _____*è una delle più importanti pittrici italiane*_____.
   È famosa non solo per il suo talento artistico, ma anche per il suo coraggio.

2. Artemisia nasce a Roma nel 1593.
   Da _____,
   il pittore Orazio Gentileschi, amico di Caravaggio.
   In quest'epoca le donne non possono frequentare le scuole d'arte.

3. _____
   esperienza: il pittore Agostino Tassi la violenta.

4. Dopo questo orribile _____
   e sposa un fiorentino.

5. A Firenze _____
   all'Accademia delle Arti del Disegno (è la prima donna a farlo).
   Qui conosce Michelangelo Buonarroti e Galileo Galilei.

6. _____ torna a Roma
   da sola. Comincia un periodo di lunghi viaggi: Venezia, Napoli, Londra.

7. Va a _____ e
   dipingere insieme a lui. Dopo la morte del padre, torna a Napoli, dove muore nel 1653.

   enciclopediadelledonne.it

ACCADEMIA DELLE ARTI
DEL DISEGNO, FIRENZE

8 Leonardo da Vinci
*Sottolinea l'opzione corretta tra quelle **evidenziate**.*

Leonardo nasce **il / nel** 15 aprile 1452 a Vinci, vicino **da / a** Firenze. Già **da / quando** ragazzo, è molto **bravo / buono** a disegnare. **– / Il** suo maestro è un pittore e scultore **moltissimo / molto** famoso di Firenze, Andrea Verrocchio. **Con / A** trent'anni Leonardo decide di **lasciare / partire** Firenze e di andare a Milano. A Milano continua **di / a** dipingere (per esempio *L'ultima cena*), ma crea **anche / ancora** macchine da guerra e altre costruzioni.
Il / Nel 1499, **dopo / quando** l'arrivo dei soldati francesi a Milano, Leonardo torna a Firenze.
Nel / Al 1517 decide di andare in Francia, alla corte del Re Francesco I. Qui finisce il ritratto di Monna Lisa. Muore due anni **dopo / fa**, ancora in Francia.
Secondo / Infine una leggenda, muore tra le braccia del suo amico Francesco I.

ULTIMA CENA, CHIESA DI SANTA MARIA DELLE GRAZIE, MILANO

ITALIANO IN PRATICA

SEZIONE D C'ero prima io!

9 Combinazioni
Seleziona la parte che va bene con il verbo a sinistra.

1. **chiedere:** ○ una domanda ○ un'informazione
2. **avere:** ○ ragione ○ per ragione
3. **stare:** ○ tra la gente ○ nella gente
4. **fare:** ○ fila ○ la fila
5. **stare:** ○ insieme ○ con insieme
6. **andare:** ○ via ○ di via

10 Stare in fila
Inserisci le parole della lista al posto giusto, come nell'esempio. Le parole sono in ordine.

✓quando | monumenti | la
turno | delle | a | o | chiedere

Agli italiani non piace fare la fila

TripAdvisor ha intervistato 6000 persone in tutta
Europa per sapere come si comportano _{quando} sono in fila
per visitare musei e storici e se le abitudini cambiano
in base al sesso, all'età e al Paese di origine.

Il popolo che più odia fare fila sono gli spagnoli
(il 55,7% non rispetta l'ordine della fila). Gli italiani
sono al secondo posto (con il 40,2%). Molto educati
sono gli inglesi: in Gran Bretagna più del 70% delle
persone aspetta il suo senza superare gli altri.

In Italia, gli uomini sono meno educati donne (il 63%
delle donne rispetta l'ordine contro il 56% degli
uomini) e i giovani sono meno educati degli anziani
(il 46% contro l'86%).

Quali sono le tecniche più usate per superare?
1) Trovare un "buco" nella fila e cominciare fare
la fila da lì. 2) Trovare un amico un conoscente in
fila e mettersi a parlare con lui. 3) Dire: "Devo solo
un'informazione...".

adnkronos.com

---

11 La signora Ada dal parrucchiere

49 ▶ *a* *Ascolta il dialogo e seleziona il nuovo look della signora Ada.*

b *Ascolta ancora e* <u>sottolinea</u> *l'affermazione corretta tra quelle* **evidenziate.**

1. La signora Ada da ragazza **andava / non andava** spesso dal parrucchiere.
2. La signora Ada da ragazza aveva i capelli **cortissimi / molto lunghi.**
3. La signora Ada vuole un taglio **moderno / classico.**
4. La signora Ada **vuole / non vuole** cambiare il colore dei capelli.
5. Per la signora Ada il nero **è / non è** un colore adatto alle donne della sua età.

c *Ascolta ancora e completa gli spazi con le parole mancanti.*
Poi seleziona il significato delle espressioni che hai completato.

1. Allora niente shampoo, uso solo una crema al karité, è _____ come base per il colore.
   ○ più buono   ○ più economico

2. _____ _____
   _____, signora, sono ancora bellissimi!
   ○ Lei sbaglia   ○ Lei ha ragione

3. Li voglio più moderni... ma _____ troppo corti _____ troppo lunghi.
   ○ qui... e qui...   ○ non... e non...

4. Va bene, _____ il catalogo dei colori, signora...
   ○ non c'è   ○ qui c'è

SEZIONE A Gli affetti di uno scrittore

1 Monica Bellucci, modella e attrice
Completa il testo con le espressioni della lista.

da | dopo | di | soprattutto | quando | di
nessuno | per | un certo punto | per | a

__Quando__ ero bambina, adoravo guardare le foto di moda sui giornali. ____da____ ragazza sognavo di diventare anche io una modella, ma sembrava un desiderio impossibile: nella mia famiglia __nessuno__ lavorava nello spettacolo e anche io mi sentivo obbligata a fare una vita "normale".
____dopo____ il liceo, nel 1988, mi sono sentita pronta a seguire i miei sogni e sono partita ____per____ Milano. Ho iniziato subito ____a____ lavorare per stilisti importanti, in Italia e all'estero.
Ho cercato anche ___di___ entrare nel mondo del cinema e a __un c.p.__ ho avuto la grande occasione: nel 1990 ho fatto l'attrice ____per____ la prima volta e poi mi hanno chiamata per molti altri film.
Lavorare nel cinema è bellissimo, ma non voglio smettere ___di___ fare anche la modella.
Adoro la moda e __soprattut__ mi piace lavorare con gli stilisti Dolce e Gabbana.

repubblica.it

2 Intervista al compositore Giovanni Allevi
*Sottolinea l'opzione corretta tra quelle **evidenziate** nell'intervista pubblicata sulla rivista Vanity Fair.*

VF In che momento **capivi / hai capito** che volevi fare il compositore?

GA Tardi, a 28 anni. In realtà da ragazzo **suonavo / ho suonato** spesso le mie composizioni, ma un giorno mio padre mi **diceva / ha detto**: "Non perdere tempo. Studia Bach". Così ho seguito il suo consiglio e a un certo punto **smettevo / ho smesso** di scrivere musica. Solo quando **diventavo / sono diventato** grande, ho ricominciato a suonare pezzi miei.

VF È vero che quando **eri / sei stato** bambino tuo padre ti vietava di suonare?

GA Sì, mio padre non **voleva / ha voluto** un figlio musicista. Ogni volta che suonavo **si arrabbiava / si è arrabbiato** e **chiudeva / ha chiuso** sempre il pianoforte con la chiave.

VF Perché era così severo con te?

GA Lui da giovane **sognava / ha sognato** di fare il musicista, ma alla fine non **riusciva / è riuscito** a realizzare il suo desiderio. Si comportava così perché **voleva / ha voluto** proteggermi dalla musica e dalle delusioni, ma poi **diventava / è diventato** il mio più grande fan.

vanityfair.it

3 Jovanotti, da DJ a cantante
Completa con le preposizioni mancanti.

__da__ ragazzo facevo il DJ. __a__ un certo punto ho provato __di__ scrivere canzoni e ho capito che quella era la mia vera passione, così ho smesso __di__ fare il DJ e ho cominciato __a__ fare il cantante. Nelle mie canzoni parlo spesso d'amore (mia moglie e mia figlia sono importantissime __per__ me, penso sempre __a__ loro), ma cerco anche __di__ parlare di temi difficili come la guerra, i problemi dell'ambiente, la fame nel mondo… Il successo aiuta __a__ portare questi messaggi a un grande pubblico in poco tempo.

4 Coppie dello show business

I verbi **evidenziati** *sono coniugati al tempo giusto (✓) o sbagliato (✗)? Se sono sbagliati, scrivi la forma verbale corretta sotto le frasi.*

                                   ✓ ✗

1. Gli attori Riccardo Scamarcio e Valeria Golino **stavano** insieme dal 2006 al 2016. ○ ○

    _____

2. Nel 2008 la modella Carla Bruni **ha sposato** il politico francese Nicolas Sarkozy. ○ ○

    _____

3. Quando Sofia Loren ha conosciuto Carlo Ponti, il suo futuro marito, lei **ha avuto** 15 anni (lui 37). ○ ○

    _____

4. Flora Carabella, la prima moglie di Marcello Mastroianni, lo ha lasciato perché lui **aveva** spesso relazioni con altre donne. ○ ○

    _____

5. George Clooney **stava** con la showgirl italiana Elisabetta Canalis per due anni (dal 2009 al 2011). ○ ○

    _____

5 Un matrimonio VIP

Completa il testo con i verbi tra parentesi al passato prossimo o all'imperfetto.

Come (*nascere*)

_____

l'amore tra l'influencer Chiara Ferragni e il rapper Fedez? I due (*conoscersi*)

_____

nel 2015 a un pranzo tra amici. Mentre (*mangiare*)

_____ ,

(*arrivare*) _____ Matilda, la bulldog di Chiara, alla moda come la sua padrona. Dopo quel pranzo, Fedez (*scrivere*) _____ una canzone su Matilda:

Il cane di Chiara Ferragni ha il papillon di Vuitton e un collare con più glitter di una giacca di Elton John.

Grazie a questa canzone, Chiara e Fedez (*innamorarsi*)
_____ . (*Essere*) _____
fidanzati dal 2016 al 1° settembre 2018, poi (*sposarsi*)
_____ a Noto, in Sicilia. Nel 2016 (*avere*)
_____ anche un bambino: Leone Lucia Ferragni, già una star sui social come i suoi genitori.

d.repubblica.it

6 Mentre + imperfetto

Completa le frasi con i verbi della lista.

ha fatto | pioveva | si truccava | guardava
leggeva | cucinava | hanno fatto | si è fatto

1. Mentre Susanna _____ un video sul cellulare, Marino _____ un libro.

2. Mentre Tiziano _____ , Luciana gli _____ una foto.

3. Tommaso e Gloria _____ una passeggiata mentre _____ .

4. Vittorio _____ la barba mentre Giovanna _____ .

'ALMA.tv ▶

Guarda il video
Parole d'amore nella rubrica
Italiano in pratica.

SEZIONE C Dive

7 Una stella del cinema

A quali elementi della lista si riferiscono le dichiarazioni di Stefania Sandrelli, una diva del cinema italiano?
Fai gli abbinamenti, poi completa le dichiarazioni con il pronome diretto giusto.

1. la passione per il cinema | **2. il mestiere dell'attrice** | **3. il successo** | **4. una parte nel film "Il padrino" di F. F. Coppola**
5. i figli Amanda e Vito | **6. l'età che avanza** | **7. tutti i miei film**

__ ho contati: sono 110! ☐

__'ho sempre avuta, anche quando ero bambina. ☐

__ ho avuti da due uomini diversi. ☐

__'ho rifiutata perché ero giovane e pazza! ☐

__'ho ottenuto subito: avevo 16 anni! ☐

__'ho accettata: mi diverto con i miei nipoti e mi piaccio ancora. ☐

__'ho imparato da sola, senza scuole di cinema o teatro. ☐

8 Gli amori di Federico Fellini

Completa il testo con le lettere mancanti. Poi indica se le frasi sono vere (V) o false (F).

Non è un segreto per nessuno: il regista de *La dolce vita*, Federico Fellini, amav_ le donne e le ha celebrat_ con il su_ cinema. L'amore della sua vita è stata Giulietta Masina. Fellini _'ha conosciut_ quando lei avev_ 21 anni e lui 22. Per lui è stat_ un colpo di fulmine, per lei no: all'inizio l_ sembrava brutt_. Lui _'ha scelt_ come protagonista per tanti suoi film e _'ha sposat_. I due hanno avut_ un figlio (ma il bambino è mort_ pochi giorni dopo la nascita) e hanno passat_ insieme tutt_ la vita. Federico ha amat_ molt_ anche un'altra attrice de_ suoi film: Sandra Milo. È stat_ la su_ amante per 17 anni. Lei si è innamorat_ di lui la prima volta che _'ha vist_: era l'uomo dei suoi sogni. Quando lui _'ha baciat_, lei è svenuta per l'emozione. A un certo punto della lor_ relazione Federico l_ ha anche chiesto di sposarl_, ma lei non ha voluto (tutti e due erano già sposat_, lei aveva anche due figli).

urbanpost.it

	V	F
1. Federico si è sposato con Giulietta e poi con Sandra.	○	○
2. All'inizio Federico non piaceva a Giulietta.	○	○
3. Sandra si è innamorata subito di Federico.	○	○
4. Sandra e Giulietta hanno lavorato come attrici per Federico.	○	○
5. Federico ha avuto solo una relazione lunga.	○	○
6. Sandra ha fatto due figli con Federico.	○	○

ITALIANO IN PRATICA

SEZIONE D Viva gli sposi!

9 Sposi e invitati

Unisci gli elementi delle tre colonne e forma frasi logiche, come nell'esempio.

	tirano	"Congratulazioni!".
	partono	per la luna di miele.
Gli sposi	ricevono	il riso.
	si mettono	le fedi.
Gli invitati	dicono	il pranzo di nozze.
	organizzano	i confetti.

10 Reagire a una notizia

*Sottolinea l'espressione logica tra quelle **evidenziate**. Attenzione: in un caso vanno bene tutte e due le espressioni.*

1. ▶ Devo darti una notizia importante: io e Ilaria aspettiamo un bambino.
   ● **Che peccato! / Congratulazioni!**

2. ▶ Domani andiamo a comprare il regalo per il **matrimonio / divorzio** di Cinzia, va bene?
   ● Sì, **ottimo / pessimo**. Io sono libera.

3. ▶ Non mi sono mai innamorata in vita mia.
   ● **Sul serio? / Davvero?** Io mille volte!

4. ▶ Maurizio e Carola vivono ancora qui a Milano?
   ● **Ma insomma! / Chissà!** Non li ho più incontrati.

5. ▶ Io e Virginia ci siamo lasciati.
   ● **Veramente? / Auguri!** Mi dispiace.

11 Matrimonio: pro o contro?

50 ▶ a *Ascolta e indica con una ✓ di chi sono queste opinioni: di Sonia o di Giulio? Attenzione: una frase è valida per tutti e due e una frase non è valida per nessuno.*

	SONIA	GIULIO	NESSUNO
1. Livia e Mario hanno deciso di sposarsi troppo presto.			
2. Livia e Mario sono innamorati.			
3. Se un matrimonio finisce, non è un grande problema.			
4. Sposarsi è una spesa inutile.			
5. La gente si sposa solo per ricevere regali.			
6. Sposarsi può essere un pretesto per fare una festa divertente.			

b Ordina le parole e seleziona il significato corretto dell'espressione che hai formato.
Poi ascolta ancora e verifica.

1. dici | che | cosa | ma

   _____?
   ○ Puoi ripetere, per favore?
   ○ Non sono d'accordo.

2. fine | è | la | mondo | non | del

   _____.
   ○ Purtroppo è un brutto problema.
   ○ Non è un grande problema.

3. senso | il | ha | non | matrimonio
   Secondo me oggi _____
   _____.
   ○ Non capisco perché la gente si sposa.
   ○ Sposarsi è necessario.

4. ho | non | questo | detto

   _____...
   ○ Non hai capito.
   ○ Preferisco parlare dopo.

5. verità | vuoi | la | sapere

   _____?
   ○ Devo essere sincera?
   ○ Tu sei sempre troppo curioso.

VIVERE E PENSARE ALL'ITALIANA
COMMENTI INDISCRETI

TESTI: CHIARA PEGORARO
DISEGNI: VALERIO PACCAGNELLA

ATTIVITÀ

1 Vero o falso?

                                                                        V F   V F

1. Prima Val era più magro. ○ ○   3. Al nonno Val sta antipatico. ○ ○

2. In questo momento Val ha la ragazza. ○ ○   4. Il nonno vuole cambiare il look di Val. ○ ○

2 Val o Piero?

                                                                        V P   V P

1. Chi è più alto? ○ ○   3. Chi ha i capelli più corti? ○ ○

2. Chi ha i capelli più chiari? ○ ○   4. Chi porta gli occhiali? ○ ○

3 Il nonno usa un'espressione che ha lo stesso significato delle due frasi sotto. Quale?

Coraggio! | Non essere triste! ⬚

SEZIONE A Muoversi

1 Lo sport in Italia
Completa lo schema con le parole della lista.

ciclismo | pallavolo | sci | corsa (x2) | nuoto (x2) | calcio

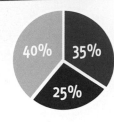

Gli italiani e lo sport

40% | 35% | 25%

■ Pratica uno o più sport con regolarità.
■ Pratica sport ogni tanto.
■ Non pratica nessuna attività fisica.

Gli sport preferiti degli uomini italiani

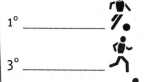

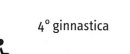
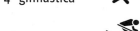

1° _____

2° _____

3° _____

4° ginnastica

5° _____

6° _____

Gli sport preferiti delle donne italiane

1° ginnastica

2° _____

3° _____

4° ballo

5° _____

6° trekking

primaonline.it

2 Un forum medico
*Sottolinea l'opzione corretta tra quelle **evidenziate** e coniuga i verbi tra parentesi all'imperativo con Lei.*

Gentili dottori, ho 73 anni. Vorrei cominciare **di / a** fare sport, ma ho paura **di / –** farmi male perché ho problemi **alle ossa / agli ossi**. Quali attività **me / mi** consigliate di fare? In palestra mi annoio. Anna (Torino)

RISPONDE LA DOTTORESSA PACINI
Gentile Anna, alla Sua età fare sport è molto importante, **o / ma** (*ricordare*) _____ di scegliere attività fisiche molto dolci e soprattutto non (*esagerare*) _____! (*Camminare*) _____ tutti i giorni, almeno **per / da** mezz'ora. (*Provare*) _____ **il / lo** yoga o la ginnastica dolce. **Se / Lei** Le piace la musica, (*ballare*) _____! I balli lenti sono perfetti per stare **in / nella** forma senza rischi e **danno / fanno** molto bene anche all'umore. (*Cercare*) _____ uno spazio dove organizzano serate danzanti e (*chiedere*) _____ **a / ai** Suoi amici di venire con Lei. In ogni caso (*dormire*) _____ sempre almeno 8 ore a notte per recuperare energie. Dott.ssa Stefania Pacini

3 Contrari in *in-* e *s-*
Scrivi il contrario degli aggettivi, come negli esempi.

1. consigliato ×< _____
2. contento ×< *scontento*
3. _____ ×< inutile
4. vantaggioso ×< _____
5. felice ×< *infelice*
6. adatto ×< _____
7. _____ ×< scomodo

'ALMA.tv ▶
Guarda il Linguaquiz
Singolari e plurali.

SEZIONE B Dica 33!

4 Studio medico Alberelli

10 ▶ *Ascolta e completa con le parole mancanti.*

Dottoressa Buonasera, signor Pompei.

Paziente Buonasera, Dottoressa Alberelli.

Dottoressa _____, mi dica: che succede?

Paziente Eh... Mi sento molto _____.
_____ _____.

Dottoressa Ma ha la _____?

Paziente Sì, ma non altissima: ho 37 e _____
la mattina e 38 la sera. Poi ho il naso chiuso
e _____ _____...
ma soprattutto ho sempre sonno, sono
_____ _____. Ho paura
di avere l'_____.

Dottoressa Vediamo. Venga qui. Tolga il _____,
per favore... Dica trentatré... Trentatré...

Paziente Trentatré... Trentatré...

Dottoressa Eh, sì, è influenza. Gira in questa
_____. La soluzione è semplice:
_____ e aspettare.

Paziente Ma devo prendere _____?

Dottoressa Può prendere l'aspirina. Preferisce le
_____ o le compresse?

Paziente Eh... Preferisco le compresse. Quante
_____ prendo?

Dottoressa Ne _____ prendere due: una
compressa la mattina e una compressa
la sera, ma solo _____ ha
la _____. Ah, e non vada
_____ lavoro. Le do tre giorni
di _____.

Paziente Tre?! Non sono _____?

Dottoressa No, no, _____ usi tutti: deve
ri-po-sa-re.

Paziente Ok... Mi fa un _____ _____?

Dottoressa Certo. Ecco qui.

Paziente Va bene. Senta, ma... per il naso chiuso?
Devo prendere qualcosa?

Dottoressa Provi queste _____.

Paziente Quante ne devo mettere?

Dottoressa Ne _____ poche. Quattro
la sera. Non sono forti, ma sono comunque
un _____! Poi, se non vuole
prendere troppe medicine e preferisce
un _____,
beva zenzero e limone in acqua calda: sono
_____ contro l'_____.

5 Imperativo e risposte logiche
Coniuga i verbi tra parentesi all'imperativo con Lei.
Poi seleziona la risposta o le risposte logiche.

1. [dal medico]
   ▶ **Che sintomi ha?**
   ○ Dopo pranzo ho sempre un forte mal di testa.
   ○ (*Dire*) _____ trentatré.
   ○ Due compresse.

2. [al telefono]
   ▶ **Direttore, mi dispiace, non posso venire in ufficio,
   ho l'influenza.**
   ○ Nessun problema, ma (*andare*) _____
   dal medico e (*portare*) _____ il certificato
   medico quando torna.
   ○ Eh sì, è normale in questa stagione!
   ○ Ne (*prendere*) _____ due.

3. [in farmacia]
   ▶ **(*Sentire*) _____, avete questo farmaco?**
   ○ Sì, è influenza.
   ○ Sì, ma ho bisogno della ricetta.
   ○ Sì, lo abbiamo in compresse e in bustine.
   Come lo preferisce?

4. [dal medico]
   ▶ **Ho mal di schiena.**
   ○ In gocce?
   ○ Per favore, (*venire*) _____ qui e
   (*togliere*) _____ il maglione, così La
   visito.
   ○ Da quanto tempo?

6 Vocabolario medico
Completa con le parole della lista.

**il mal di gola | lo sciroppo | il certificato medico
il paziente | i farmaci | l'influenza**

1. il dottore prescrive/ } _____
   il paziente prende   } _____

2. il dottore visita _____

3. il dottore scrive _____

4. il dottore cura / } _____
   il paziente ha   } _____

SEZIONE C Terme e salute

7 Le terme di Saturnia
Ordina le parole e forma frasi (sono possibili più soluzioni).

Una fonte di bellezza unica al mondo

L'acqua di Saturnia in Toscana:

vitamine | è | ricca | di

_____ ;

temperatura | di | gradi | naturale | ha | una | 37,5

_____ ;

il | a | aiuta | corpo | suo | il | ritrovare | equilibrio

_____ ;

difetti | cancella | i | della | pelle

_____ ;

lo | rilassa | elimina | stress | e | muscoli | i

_____ .

8 Dieta vegana: sì o no?
Completa il testo con le parole della lista.

degli | nessuna | nessun | più | a | ne
dei | dei | troppa | molto | tutti | di

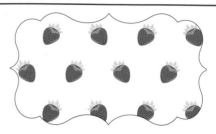

Dieta vegana: l'opinione di due nutrizioniste.

I bambini possono fare la dieta vegana?

Denise Filippin: Sì, l'Academy of Nutrition and Dietetics dice che questa dieta va benissimo anche per i bambini. Non c'è _____ pericolo. Certo, nel caso di bambini _____ piccoli è meglio chiedere consiglio a un medico.

Elisabetta Bernardi: No. Secondo l'Organizzazione Mondiale della Sanità è importante mangiare _____ alimenti di origine animale a partire dai 6 mesi di età. I bambini che non mangiano gli alimenti di origine animale, come per esempio la carne, possono avere _____ problemi di crescita e sviluppo cognitivo e spesso non riescono _____ raggiungere la loro potenziale statura.

Chi fa questa dieta rischia di ingrassare?

Denise Filippin: Assolutamente no. I vegani sono generalmente molto attenti a quello che mangiano e evitano il *junk food*. Non soffrono _____ obesità, sono quasi _____ magri.

Elisabetta Bernardi: Non sono d'accordo con la Dott.ssa Filippin. La carne permette di fare _____ pasti sani con poche calorie. Ecco un esempio: in 70 grammi di carne ci sono 80 calorie, per avere proteine nella stessa quantità e qualità con la pasta e fagioli _____ devi mangiare due piatti (700 calorie).

È vero che la carne fa male?

Denise Filippin: Sì, diversi studi dimostrano che la carne, soprattutto quella rossa, fa male e non c'è _____ ragione di mangiarla.

Elisabetta Bernardi: Non voglio _____ sentir parlare di "allarme carne", basta! La carne è stata collegata, in alcuni studi, a effetti negativi sulla salute, è vero, ma dipende dalle quantità. In Italia non ne mangiamo _____ e la cuciniamo in modo sano. In questo modo non è pericolosa.

vanityfair.it

ITALIANO IN PRATICA

SEZIONE D Il codice verde

9 In ospedale
Abbina le parole della colonna sinistra e le parole della colonna destra. Attenzione: sono possibili più combinazioni.

1. pronto	a. un osso
2. rompersi	b. male
3. farsi	c. d'attesa
4. stare	d. tranquillo
5. sala	e. soccorso

10 Un'emergenza medica
*Sottolinea l'opzione corretta tra quelle **evidenziate**. Poi ordina le frasi e forma il dialogo al pronto soccorso, come nell'esempio.*

3 Ho capito. Ha preso un **medico / colpo** anche alla testa?

☐ Buongiorno. Perché è qui?

☐ Grazie. **C'è / Fa** molto da aspettare?

☐ Sono caduto **durante / mentre** scendevo le scale. **Mi / Ne** fa male tutto.

☐ Sì, qui dietro.

☐ Uhm. Allora dobbiamo fare un **esame / farmaco** per controllare la situazione. Prenda questo **codice / pronto soccorso** giallo.

☐ **Sta / Stia** tranquillo, tra un quarto d'ora La chiamiamo.

11 Il servizio sanitario in Italia
Leggi il testo e indica se le frasi sono vere (V) o false (F).

VIVERE IN ITALIA

La tessera sanitaria

È un documento elettronico molto importante, necessario per avere le cure mediche gratuite. La usi quando va dal medico di famiglia, in ospedale e in farmacia. Con questa tessera ha diritto all'assistenza sanitaria in tutti i Paesi dell'Unione Europea.

Il medico di famiglia

Quando ha un problema di salute, vada dal Suo medico di famiglia. Il medico di famiglia La visita gratuitamente e Le dice se deve comprare delle medicine, andare da uno specialista o fare degli esami. Le fa anche il certificato medico se non può andare al lavoro per malattia.
Il medico di famiglia visita dal lunedì al venerdì, durante il giorno. Normalmente visita nel suo studio, ma se Lei non può spostarsi per motivi di salute, può venire a casa Sua.

Il pronto soccorso

In caso di emergenza deve andare subito al pronto soccorso o chiamare un'ambulanza (faccia il numero 118, può chiamarlo anche se non ha soldi sul cellulare). In Italia il pronto soccorso è gratuito.

	V	F
1. Quando vanno dal medico di famiglia, i pazienti devono avere la tessera sanitaria.	○	○
2. La tessera sanitaria è utile solo in Italia.	○	○
3. Andare dal medico di famiglia è gratuito.	○	○
4. Il medico di famiglia fa le visite specialistiche.	○	○
5. Chi non può lavorare per malattia deve chiedere il certificato medico.	○	○
6. In caso di incidente grave, bisogna andare subito dal medico di famiglia.	○	○
7. Al pronto soccorso bisogna pagare.	○	○

1 Shopping online
Completa le parole del sito di abbigliamento con le lettere mancanti. Scrivi nelle caselle azzurre (☐).

Indossa chi sei, a prezzi speciali
SCONTI FINO AL -70%

Applica filtri

Pr☐☐zo: 1 € – 2370 €

○ solo prodotti con lo sc☐☐to

☐☐glia: ○ XXS ○ XS ○ S ○ M ○ L ○ XL ○ XXL

Tessuto: ○ co☐☐ne ○ la☐a ○ pel☐e ○ seta

Colore:
○ bia☐☐o ○ g☐igio ○ n☐ro ○ bl☐ ○ ☐☐rde
○ ros☐o ○ ros☐ ○ ☐☐allo ○ ☐☐ancione ○ m☐rron☐

Fantasia:
○ a ri☐he ○ a quadr☐☐ti
○ a fio☐i ○ a tin☐☐ unita

2 In un negozio d'abbigliamento
*Completa le frasi con un verbo dalla lista **blu** e un'espressione dalla lista arancione.*
Il verbo va alla forma stare + gerundio, come nell'esempio.

| aiutare | scegliere | provare |
| ✓ guardarsi | leggere | pulire |

| un cliente | ✓ allo specchio | una giacca |
| delle scarpe con il tacco | il negozio | i prezzi |

'ALMA.tv ▶
Guarda
il Linguaquiz
Stare + gerundio.

1. Paolo _____*si sta guardando*_____ _____*allo specchio*_____.

2. Clara e Marta _____ _____.

3. Una commessa _____ _____.

4. La commessa _____ _____.

5. Due signore _____ _____.

6. Lorenzo _____ _____.

3 Domande per lo shopping

Unisci le parole delle tre colonne e forma domande, come nell'esempio.

1. Quanto	a. fa	A. uno sconto?
2. Come	b. costano gli	B. large?
3. C'è	c. la	C. sta?
4. Mi	d. mi	D. occhiali?
5. Posso	e. provare	E. la giacca?

SEZIONE B Consigli per gli acquisti

4 Diventare stilista

Sottolinea l'opzione corretta tra quelle evidenziate.

Le scuole di moda in Italia

Diventare stilista è il tuo sogno e stai **facendo / fare** delle ricerche per trovare la scuola adatta a te? Il nostro consiglio è **studiare / frequentare** un corso di moda in Italia, come fanno **migliaia / migliaia di** studenti internazionali. Infatti l'Italia è un Paese di grandi stilisti e ci sono **ottime / pessime** scuole di moda. Vuoi sapere quali sono? Continua **di / a** leggere e **scoprile / scopri le** in questo articolo!
Ecco / Secondo la rivista *Business of Fashion*, questa è la classifica degli istituti di moda italiani: 1. Polimoda di Firenze, 2. Accademia Costume e Moda di Roma, 3. Istituto Marangoni di Milano.
In queste scuole impari **a / da** conoscere le tecniche, i materiali e la storia del design. Per iscriverti devi avere un diploma di scuola superiore e sapere **– / di** disegnare abbastanza bene. Ricorda che è **meglio / migliore** iscriversi con anticipo perché i posti sono limitati.
Durante / Mentre l'ultimo anno di studi, devi fare uno stage in un'azienda. **Sceglila / La scegli** con attenzione! Molti ex studenti di queste scuole **sono / stanno** lavorando nelle aziende dove hanno fatto lo stage.

studenti.it

5 Imperativo con *tu* e pronomi

Scrivi l'imperativo con tu *del verbo tra parentesi e aggiungi il pronome appropriato, come nell'esempio.*

L'ARMADIO DI AMANDA
5 segreti di stile per essere eleganti con semplicità

1. Accessori? (*Mettere*) ___Mettine___ solo uno: *less is more.*
2. Il cappello: (*usare*) _____ per dare un tocco di stile in più.
   Se sei un uomo, (*togliere*) _____ sempre quando entri in un luogo chiuso.
3. I pantaloni corti: non (*mettere*) _____ per andare in ufficio, neanche se lavori in un luogo molto informale.
4. Le scarpe con il tacco sono molto belle, ma non (*indossare*) _____ se per te non sono comode per camminare.
5. Magliette a righe, a quadretti o a fiori?
   (*Abbinare*) _____ sempre e solo a pantaloni e gonne a tinta unita.

6 Anagrammi sull'abbigliamento
Risolvi gli anagrammi.

1. Questi jeans sono nuovi, ma non sono perfetti: hanno un TIFDTEO _____.
2. In questo periodo nei negozi vendono i prodotti a un prezzo più basso: ci sono i DSLAI _____.
3. È il mio negoziante di UDFAICI _____: compro sempre da lui.
4. Questo vestito non mi TAS EBNE _____ _____: è troppo stretto.
5. Non mi piacciono le camicie a righe o a quadri, preferisco quelle a NATIT IUATN _____ _____.

SEZIONE C Al commissariato di polizia

7 Una denuncia

a *Completa con le parole della lista.*

**nessuno | camera | collane | tornata | contanti
rotta | aiuto | spesa | paio | polizia | notato**

DENUNCIA N° 568375

Commissariato di Genova

Alle ore 16:30 del 10 ottobre dell'anno corrente
il sottoscritto Francesco Verdi, agente del
commissariato di _____ di Genova,
registra la denuncia di furto della sig.ra Annamaria
Milazzo, nata a Volterra il 12/08/1967.

La sig.ra Milazzo dichiara che oggi pomeriggio
è uscita per fare la _____ e quando
è _____ a casa, ha trovato
l'appartamento in disordine e la finestra del salotto
_____.

Il ladro ha rubato un _____ di orecchini
e tre _____ preziose che si trovavano in
un armadio in _____ da letto. Ha preso
anche 100 € in _____ che si trovavano
in cucina, sul tavolo.

La sig.ra Milazzo ha chiesto _____
ai vicini di casa, ma loro le hanno detto che non
hanno _____ niente di strano e che non
hanno visto _____ entrare nella sua
casa.

Francesco Verdi

---

b *Seleziona gli oggetti che il ladro ha rubato alla signora
Milazzo.*

8 Al commissariato

17 ▶ *Ascolta e completa il dialogo con le parole
mancanti.*

Poliziotto	_____ _____ _____?
Donna	A me.
Poliziotto	_____ _____: che cosa deve fare?
Donna	Devo fare una _____ _____ _____. Mi hanno rubato il portafogli.
Poliziotto	Prego, _____ _____. Deve _____ _____ _____ con i Suoi dati. Nome, _____, data di nascita, indirizzo... Vuole una penna?
Donna	_____ _____ _____, grazie.
(....)	
Donna	Sì. _____ _____ _____ _____ al supermercato, quello di via Dante. Io abito a 500 metri da lì. _____ _____ _____ pagare, volevo prendere il portafogli dalla borsa, ma non c'era.
Poliziotto	Era da sola?
Donna	No, ero con mio marito. _____ _____, _____ ha pagato lui.
(...)	
Donna	Aveva anche una collana. Posso fare un identikit se vuole... Mi scusi, è mio marito... Sì, _____, _____ _____ _____... Cosa? Il portafogli è a casa? Veramente? Ma _____ _____ _____!

ITALIANO IN PRATICA

SEZIONE D Devo spedire un pacco.

9 Poste Delivery Express
Leggi e poi indica se le frasi sono vere (V) o false (F).

Posteitaliane

DESCRIZIONE **PRODOTTI** SERVIZI CERCA SPEDIZIONI LINK UTILI

Poste Delivery Express

✓ Consegna in un giorno in Italia (sabato e festivi esclusi),
   2-3 giorni per le altre destinazioni
✓ Pacchi fino a 30 kg
✓ Possibilità di organizzare la spedizione online con ritiro a casa
✓ Possibilità di seguire online tutto il percorso del pacco
✓ Spedizione sicura con firma del destinatario

A partire da

€ **12,90**

CLICCA E SCOPRI DI PIÙ

Con Poste Delivery Express: V   F

1. se spedisci un pacco da Genova a Torino lunedì, arriva giovedì.   ○   ○
2. puoi spedire pacchi solo in Italia.   ○   ○
3. puoi spedire un pacco di 20 kg.   ○   ○
4. devi necessariamente andare all'ufficio postale per spedire il pacco.   ○   ○
5. puoi sapere dov'è il pacco in ogni momento.   ○   ○
6. quando il destinatario riceve il pacco, mette una firma.   ○   ○

10 Preposizioni e luoghi
Completa lo schema con le parole della lista.

pronto soccorso | università | banca | ufficio postale | farmacia | scuola | commissariato | ufficio

andare / essere

- a
- in
- al
- all'

'ALMA.tv ▶

Guarda
il **Linguaquiz**
*Imperativo
con tu o Lei.*

VIVERE E PENSARE ALL'ITALIANA
COME STO?

TESTI: CHIARA PEGORARO
DISEGNI: VALERIO PACCAGNELLA

VAL E PIERO SONO A TRIESTE.

SONO PRONTO! USCIAMO?

VUOI USCIRE VESTITO COSÌ?

EHM, SÌ. PERCHÉ?

CHE TAGLIA PORTI?

LA "M", MA...

METTI QUESTA!

MA...

E NON PUOI USCIRE CON LO ZAINO, TIENI QUESTA.

È UNA BORSA BELLISSIMA, MA...

METTI LA CAMICIA.

1 Indica che cosa secondo Piero è meglio <u>non</u> indossare.

○ le infradito   ○ la canottiera sotto la maglietta   ○ i calzini bianchi

○ fantasie diverse   ○ un numero limitato di colori

2 Seleziona gli abiti e gli accessori di Val nella prima e nell'ultima pagina di questo episodio.

○ zaino   ○ cappello   ○ maglione   ○ giacca   ○ camicia a righe   ○ occhiali da sole

○ infradito   ○ pantaloncini a quadretti   ○ maglietta   ○ borsa   ○ camicia a fiori   ○ pantaloni

3 Trasforma le due frasi in ordini <u>con un verbo</u>. Sono possibili soluzioni diverse.

Niente infradito! [_____]

Niente calzini bianchi! [_____]

ATTIVITÀ

SEZIONE A L'Italia sullo schermo

1 Film italiani per tutti i gusti
Completa il testo con le parole della lista.

ne | da | panorami | grazie | bisogno | per | voglia | drammatico

IL CINEFILO – Blog di cinema e serie tv

Ciao, amici! È quasi Natale, siete pronti per le vacanze? Oggi vi consiglio tre film italiani molto diversi fra loro, perfetti _____ guardare in queste serate invernali.

CINEPANETTONE | Avete _____ di ridere con una commedia un po' stupida ma divertente?
Tutti ne abbiamo _____ ogni tanto! Vi consiglio un film della serie "Vacanze di Natale" che, dagli anni Ottanta, diverte gli spettatori italiani _____ alle sue gag demenziali.

FILM D'AUTORE | Cercate un film d'autore? Il mio consiglio è "Il vento fa il suo giro".
Questo film _____ racconta le difficoltà di un uomo che si trasferisce in un piccolo villaggio in montagna. Una storia molto interessante e tanti bellissimi _____.

DOCUMENTARIO | Che cosa _____ pensate dei documentari? Vi interessano? A me è piaciuto molto "Strane straniere". Racconta la storia di cinque donne arrivate in Italia _____ motivi diversi: l'amore, il lavoro, la curiosità o forse il destino.

2 Un film di culto: "Non ci resta che piangere"
Sottolinea nel testo le parti equivalenti a quelle della lista.
Le parti della lista sono in ordine.
Poi riscrivi il testo con le espressioni della lista.
Fa' tutti i cambiamenti necessari, come nell'esempio.

commedia | da vedere | protagonisti
insegnante | durante | hanno voglia | lentamente

"Non ci resta che piangere" è un <u>film comico</u> italiano divertentissimo, che tutti devono assolutamente vedere. Roberto Benigni e Massimo Troisi hanno scritto e diretto il film e interpretano anche i due personaggi principali. Il film racconta la storia del maestro di scuola elementare Saverio e del suo amico Mario. I due, nell'estate del 1984, fanno un viaggio indietro nel tempo e si ritrovano nel 1492. All'inizio non vogliono rimanere in quell'epoca lontana, ma piano piano le cose cominciano a cambiare...

"Non ci resta che piangere" è una commedia italiana divertentissima,
_____
_____
_____
_____
_____
_____
_____
_____
_____
_____
_____

SEZIONE B Andare al cinema

3 Andiamo al cinema?

a Completa il dialogo tra Claudia (C) e Gianni (G). Ordina le parole di ogni lista e inseriscile nel punto corrispondente.

1. di | va | andare | ti | cinema | al
2. di | che | dici | vedere | ne
3. interessa | mi | molto | non
4. mille | te | ho | volte | detto | l'
5. in | vederli | bisogna | film | versione | i
6. con | film | i | li | puoi | sottotitoli | i
7. spagnolo | l' | del | spettacolo | film | ultimo
8. per | vedere | bene | va | te
9. per | ottimo | è | orario | me

C: Gianni, [1] _____
stasera?

G: Sì, con piacere. Che film vediamo?

C: [2] _____
"Selfie"? È un documentario di un regista napoletano.

G: Sinceramente [3] _____
_____. I documentari sono noiosi... Che altro c'è?

C: Ci sono una commedia spagnola e un horror americano, ma sai che io non guardo film stranieri al cinema.

G: E perché, scusa?

C: [4]_____:
non mi va di vederli in italiano. [5] _____
_____ originale!

G: Guarda che dal mese scorso [6] _____
_____ vedere al cinema
Astra... Me l'ha detto Luisa.

C: Ah sì? Aspetta, guardo su internet. È vero, [7] _____
_____ è in lingua originale!
Allora [8] _____
questo? È alle 23:15. Troppo tardi?

G: No, no, quest' [9] _____.

b Indica se le frasi sono vere (V) o false (F).

	V	F
1. Gianni adora i documentari.	○	○
2. Di solito Claudia va a vedere solo film italiani.	○	○
3. Al cinema ci sono solo film in italiano.	○	○
4. Per Gianni va bene vedere film con i sottotitoli.	○	○
5. Alla fine Gianni e Claudia vanno a vedere un film horror.	○	○
6. Per Gianni l'ultimo spettacolo è troppo tardi.	○	○

4 Pronomi
Completa con i pronomi della lista. Attenzione: ci sono due pronomi in più.

li | ci | ne | te la | me li | glieli | si | te li

1. ▶ Vai spesso in discoteca?
   ● Sì, _____ vado tutte le settimane.

2. ▶ Potete dare voi i biglietti a Paola?
   ● Certo, _____ diamo noi.

3. ▶ Mi puoi mandare una mail con tutte le informazioni?
   ● Sì, certo _____ mando subito.

4. ▶ Questi occhiali da sole non li uso. _____ vuoi tu?
   ● No, grazie, non _____ ho bisogno.

5. ▶ Ai tuoi figli piace dormire fino a tardi?
   ● No, _____ svegliano sempre presto.

5 L'Italia, un grande set
*Sottolinea l'opzione corretta tra quelle **evidenziate**.*

L'Italia, con i suoi **molto / migliaia / mille** panorami diversi, è un set cinematografico ideale, e non solo per i film italiani.
Infatti, **molto / molti / molti i** registi stranieri ammirano le bellezze del nostro Paese e **ce le / ce li / ce l'** hanno "rubate": Martin Scorsese, Ridley Scott, Brian de Palma, James Ivory...
Venezia, **a / da / in** particolare, piace moltissimo ai registi stranieri. **L' / Lo / –** abbiamo vista per esempio in "The Tourist", "Indiana Jones e l'ultima crociata", "Il mercante di Venezia"... E ovviamente in diversi episodi di 007: **li / gli / le** ricordate?
E poi c'è Roma. Tra gli altri, **ce lo / ce l' / ce le** hanno mostrata sullo schermo Federico Fellini ("La dolce vita"), Ron Howard ("Angeli e demoni") e Woody Allen ("To Rome with love").
Sapete perché Allen l'ha **scelto / scelta / scelto**?
Ce lo / Se lo / Glielo abbiamo chiesto: "Roma ha una bellezza speciale, ma quello che è davvero sorprendente per **io / me / mi** sono i suoi abitanti".

WOODY ALLEN SUL SET DI *TO ROME WITH LOVE*

SEZIONE C In giro per festival

SEZIONE C In giro per festival

6 La Mostra del cinema di Venezia
Trova nel testo a destra le parti che hanno lo stesso significato delle espressioni qui sotto, come nell'esempio. Le espressioni non sono in ordine.

la prima edizione si è tenuta

(**tutti gli anni**)

più o meno

durante tutto il giorno

famosi in tutto il mondo

nello stesso momento

importante

che esiste da molti anni

La Mostra di Venezia

La Mostra Internazionale d'Arte Cinematografica è un evento che si tiene ogni anno nel Palazzo del Cinema, al Lido di Venezia. Assegna un prestigioso premio internazionale: il Leone d'oro, simbolo della città (il leone della basilica di San Marco). La Mostra è un festival molto antico: è nato nel 1932. Ha accolto grandi registi di fama internazionale come Orson Welles, Fritz Lang, Wim Wenders, i Fratelli Cohen e molti altri. Il festival si tiene tra agosto e settembre e dura circa 10 giorni, con spettacoli da mattina a sera in più cinema contemporaneamente.

7 Festival musicali italiani
Sottolinea l'opzione corretta tra quelle evidenziate.

A ogni regione il suo festival

Spettacoli / Spettatori da tutto il mondo vengono in Italia per partecipare a eventi **uniche / unici** e vivere forti emozioni. Soprattutto per chi **ama / amano** la musica, l'offerta di festival è ricchissima.

Cominciamo dal Nord. Il Südtirol Jazz Festival porta artisti di **fame / fama** internazionale a **esibirsi / esibire** in Alto Adige.

Dal / Al 1998, il Festival Collisioni (in Piemonte) e il Goa-Boa Festival (in Liguria) combinano musica pop e d'autore. **Ve li / Vi li** suggeriamo **di / a** cuore.

Alla / Per la gioia degli amanti della musica **lirica / alternativa** (punk, rock e indie), ogni **anno / anni** a Bologna c'è l'I-Day Festival.

In Toscana c'è il Puccini Festival: se amate l'opera e **non / –** ci siete ancora stati, dovete **farlo / fare** assolutamente!

In Umbria si tiene **da / di** più di vent'anni il Gubbio Summer Festival, **dove / che** si incontrano mostri sacri e artisti emergenti.

Infine, il Sud. In Campania, durante il Ravello Festival, potete assistere al Concerto all'alba: una meraviglia **di / da** non perdere. In Sicilia invece **ce l'ha / c'è** un incredibile evento enomusicale: il Blues & Wine Soul Festival.

italia.it

SÜDTIROL JAZZ FESTIVAL

FESTIVAL RAVELLO

ITALIANO IN PRATICA

SEZIONE D Benvenuti a bordo!

8 In aereo

Completa l'annuncio con le parole mancanti.

Signore e signori, benvenuti a _____ del _____ AI1984 per Roma Fiumicino.
Vi preghiamo di allacciare le _____ di sicurezza, chiudere il tavolino di fronte
_____ voi e di _____ i telefoni cellulari.
Vi ricordiamo che questo è un volo non _____: è vietato fumare anche nelle toilette.

9 Cartelli

Abbina ordini e cartelli.

1. non aprire il finestrino
2. non bere, acqua non potabile
3. non parlare al conducente
4. non attraversare il prato
5. tenere i cani al guinzaglio
6. timbrare il biglietto

 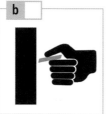   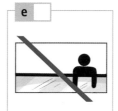 

a   b   c   d   e   f

10 Biglietto, prego.

51 ▶ *a Ascolta e completa i due biglietti della passeggera con le informazioni mancanti.*

1. biglietto acquistato online prima del viaggio

		PNR: **AU5Y**_____
Stazione di partenza _____Termini Orario: _____	**Stazione di arrivo** _____Centrale Orario: 19:10	Treno: Frecciarossa 8416 Servizio: 2ª classe carrozza: 4 posto: _____
☑ sola andata ☐ andata e ritorno Tariffa Super Economy: biglietto non modificabile e non rimborsabile.		Promozione Festa del cinema: - 10 € Importo totale: **33 €**

2. biglietto acquistato sul treno

```
Treno: Frecciarossa _____        Servizio: 2ª classe

Stazione di partenza: _____ Termini   carrozza: 4

Orario: _____                          posto: _____

Stazione di arrivo: _____ Centrale   Promozione Festa del cinema: -10 €

Orario: 18:50                                     Importo totale: _____ €
```

b Ascolta ancora e completa con i pronomi.

1. _____ devo cercare tra le mail nel cellulare...
   Ecco_____ qua.
2. Può dir_____ per favore come finisce il Suo codice
   di prenotazione?
3. _____ è seduta al posto giusto?
4. Forse _____ sono confusa...
5. _____ _____ può fare Lei?
6. Sì, sì, _____ _____'ho, ecco_____.

---

1 Che lavoro fai?
Abbina domanda e risposta, come nell'esempio.

1. Che lavoro fai?
2. Quanto ci metti ad andare al lavoro?
3. Che orario fai?
4. Quanti giorni di ferie hai?
5. Ti trovi bene con i tuoi colleghi?
6. Sei contento del tuo stipendio?
7. Ti piace il tuo datore di lavoro?

a. Dipende. Di solito lavoro dalle 10 alle 19, ma a volte fino alle 21.
b. L'architetto.
c. Sì, ma non con tutti!
d. Sì, guadagno abbastanza bene.
e. Poco, lo studio è vicino a casa mia.
f. Molto. È una persona gentile.
g. Circa quattro settimane all'anno.

2 Il pronome relativo *che*
Ordina le parole e forma frasi. Sono possibili più soluzioni.

1. **che | dipendenti | un'azienda | lavoro | 50 | in | ha**
   ➥ _____

2. **di | un lavoro | Matteo | fa | che | vivere bene | gli permette**
   ➥ _____

3. **la mia famiglia | i giorni | che ho | uso tutti | per andare | a trovare | di ferie**
   ➥ _____

4. **in pensione | è andato | un uomo | 39 anni | conosco | a | che**
   ➥ _____

5. **che | una collega | dalla Colombia | molto simpatica | lavoro | viene | con**
   ➥ _____

3 Un nuovo modo di lavorare: il coworking
a *Inserisci nell'articolo 4* che.

QUANTA VOGLIA DI LAVORARE UNO ACCANTO ALL'ALTRO

Freelance, piccoli imprenditori, consulenti di ogni tipo, startupper: si tratta di figure professionali di solito non hanno orari di lavoro rigidi. Spesso lavorano anche da casa. Ma oggi molti di loro preferiscono passare la giornata lavorativa in un ambiente con altre persone. Per fare questo usano uno dei molti spazi di coworking dagli Stati Uniti sono arrivati anche in Italia. Qui trovano sempre un computer, un tavolo, una sedia, la connessione a internet, una macchina del caffè e spesso altri servizi, come una babysitter, una piscina per una pausa di relax, stampanti 3D... Ma la cosa davvero importante li incoraggia a scegliere il coworking sono le relazioni: gli incontri nascono in questi spazi possono portare a utilissime collaborazioni professionali.

Il Venerdì, La Repubblica

b Indica se le frasi sono vere (V) o false (F) o non presenti nel testo (NP).

	V	F	NP
1. Quasi sempre freelance, piccoli imprenditori, consulenti di ogni tipo e startupper lavorano in un ufficio.	○	○	○
2. Queste figure professionali amano lavorare in compagnia.	○	○	○
3. Gli startupper lavorano per molte ore al giorno.	○	○	○
4. I primi spazi di coworking sono nati in America.	○	○	○
5. In tutti gli spazi di coworking c'è una babysitter.	○	○	○
6. I freelance ci mettono poco per arrivare negli spazi di coworking.	○	○	○
7. Negli spazi di coworking spesso nascono collaborazioni di lavoro.	○	○	○

SEZIONE B Il mio futuro

4 Combinazioni con i verbi

~~Cancella~~ *la parola che non va bene con il verbo, come nell'esempio.*

1. **dare:** un regalo | importanza | una risposta ~~una domanda~~
2. **raggiungere:** gli obiettivi | partner | una città i 35 gradi
3. **essere:** laureato | ritardo | alto | in vacanza
4. **fare:** freddo | l'insegnante | bene | laurea
5. **avere:** voglia | caldo | triste | pazienza

5 Le professioni del futuro

a Scrivi accanto a ogni verbo al presente la forma al futuro, come nell'esempio.

1. è ➥ *sarà*
2. dà ➥ ______
3. dobbiamo ➥ ______
4. nascono ➥ ______
5. creano ➥ ______
6. può ➥ ______
7. (*loro*) sono ➥ ______
8. danno ➥ ______
9. cominciamo ➥ ______
10. costruiscono ➥ ______
11. aiutano ➥ ______

b Completa l'articolo con i verbi del punto 5a, come nell'esempio. I verbi del punto 5a non sono in ordine.

LE PROFESSIONI DEL FUTURO

Uno studio dell'istituto di ricerca FastFuture ha individuato le nuove professioni che ______ nei prossimi anni.

Eccone alcune:

Costruttore di parti del corpo

Grazie ai progressi della scienza ______ possibile creare in laboratorio parti del corpo umano. Oltre ai dottori che le *creeranno*, questo business del futuro ______ origine a altri due nuovi mestieri: i venditori specializzati e i riparatori di parti del corpo.

Personal brander

Si tratta di consulenti che ci ______ a capire che tipo di immagine tutti noi ______ avere sui social media e ci ______ consigli su come curare la nostra identità digitale.

Pilota spaziale, guida turistica dello spazio, architetto per pianeti

Nei prossimi decenni ______ a fare turismo spaziale e ______ necessari profili come piloti specializzati in viaggi spaziali, guide turistiche "galattiche" e architetti e tecnici che ______ case su altri pianeti.

Specialista per la riduzione degli effetti dei cambiamenti climatici

In un futuro non troppo lontano il nostro pianeta ______ sopravvivere solo se troveremo soluzioni contro i cambiamenti del clima.

generazionevincente.it

SEZIONE C Cambiare vita

6 Due *full timer*
25 ▶ *Ascolta e completa con le parole mancanti.*

Speaker Pier e Amelia sono marito e moglie.
_____ _____
_____ festeggeranno 5 anni
di vita come *full timer.* _____
cinque anni fa hanno deciso di mollare
tutto e di _____ _____
_____ in camper. Ma che cosa sono
esattamente i *full timer*?

Pier I *full timer* sono persone che hanno scelto
di vivere su un mezzo a 4 ruote come
_____ _____ un camper
e che vivono a tempo pieno, _____
dedicano tutto il tempo alla loro vita.

Amelia Io e Pier eravamo insoddisfatti della nostra
vita. Io ero impiegata _____
_____ _____ e lui
faceva il cameraman. _____ i
nostri lavori avevano orari e _____
_____ differenti, non ci vedevamo
mai. _____ 5 anni fa abbiamo
deciso di lasciare l'Italia e di iniziare una
nuova vita. _____ _____
_____, abbiamo venduto la casa,
i mobili, la macchina, _____ tutto
quello che avevamo e quello che non abbiamo
venduto _____ _____
_____. Ora tutta la nostra vita è qui,
sul nostro camper.

Pier Molti ci chiedono: ma come fate a vivere
senza lavorare? Innanzitutto abbiamo i
risparmi di una vita di lavoro. _____
_____ non abbiamo bisogno di
molti soldi. Non andiamo mai a mangiare al
ristorante _____ Amelia è un'ottima
cuoca e non abbiamo costi per dormire
_____ ci fermiamo a dormire dove
vogliamo, *on the road.* Giriamo il mondo e
siamo felici.

Amelia A volte penso: ma staremo sempre bene?
E allora mi dico: quando questa vita
non _____ _____
_____, cambieremo un'altra volta.
Nella vita c'è sempre una possibilità di
cambiamento.

7 La vita *slow*: fuga dalla grande città
Sottolinea l'opzione giusta tra quelle evidenziate.

Case a un euro in un borgo abbandonato in Sicilia

Sambuca è un antico borgo siciliano dove non
vive **già / più** nessuno. **Siccome / Perché** gli
amministratori volevano dargli nuova vita, hanno
deciso **a / di** vendere le case al prezzo simbolico
di un euro. Un vero affare, ma a una condizione:
chi le acquisterà **dovranno / dovrà** pagare i lavori
di ristrutturazione. Sembrava un'impresa impossibile,
cioè / invece sono arrivate moltissime richieste da
tutto **il / —** mondo: più di 100000 dall'Inghilterra
al Giappone, dall'Olanda agli Stati Uniti. Alcune
persone hanno **ancora / già** preso l'aereo e sono
andate a Sambuca per vedere le case. **Insomma
/ Siccome** un vero successo che forse **porterò /
porterà** alla rinascita del borgo. **Tra / A** sei mesi gli
amministratori comunicheranno i nomi dei nuovi
abitanti.

darlin.it

8 Connettivi
*Inserisci il connettivo nel punto giusto della frase,
come nell'esempio.*

1. **cioè**
   cioè
   Molti ragazzi italiani fanno l'InterRail, un viaggio
   in treno in una parte d'Europa per un periodo di due
   o più settimane.

2. **siccome**
   Ci mettevo troppo ad arrivare in ufficio, ho cambiato
   lavoro.

3. **infatti**
   Gemma è simpaticissima e molto gentile, tutti la adorano.

4. **perché**
   Non vado in vacanza ho finito i giorni di ferie.

5. **insomma**
   Mia madre e mia sorella sono dottoresse, mio padre
   è infermiere e io faccio il medico: tutta la mia famiglia
   lavora in ospedale.

7 ESERCIZI

SEZIONE D Cercavo la dottoressa Bianchi.

9 Abbreviazioni

Risolvi gli anagrammi delle abbreviazioni e poi scrivi il significato, come nell'esempio.

1. NSGIA ➡ *SIG.NA* = *signorina*
2. OTDT ➡ _____ = _____
3. AHCR ➡ _____ = _____
4. ROPF ➡ _____ = _____
5. FPSORAS ➡ _____ = _____
6. VVA ➡ _____ = _____
7. NGI ➡ _____ = _____

10 Al telefono

Seleziona la reazione o le reazioni logiche.

1.
- ▶ Cercavo la Dott.ssa Milanese.
- ◯ Mi dispiace, non c'è.
- ◯ Grazie.
- ◯ Gliela passo.

2.
- ▶ Mi dispiace, l'avvocato è impegnato in questo momento.
- ◯ Glielo passo.
- ◯ Posso lasciare un messaggio?
- ◯ Posso richiamare più tardi?

3.
- ▶ Quando posso richiamare?
- ◯ In questo momento è occupata.
- ◯ Fra circa un'ora.
- ◯ Pronto?

11 Galateo in ufficio

Abbina le frasi a sinistra e quelle a destra, come nell'esempio.

IN GIRO PER IL MONDO: COSA FARE O NON FARE IN UFFICIO

1. **IN SPAGNA**
   Non lavorare fino a tardi il venerdì pomeriggio.

2. **IN CINA**
   Non avere fretta di uscire dall'ufficio alla fine della giornata.

3. **IN RUSSIA**
   Vestiti in modo formale.

4. **IN BELGIO**
   Arriva sempre in orario.

5. **IN ITALIA**
   Chiedi a un amico di presentarti un possibile cliente.

6. **IN ARABIA SAUDITA**
   Non regalare bottiglie di vino a clienti e colleghi.

7. **IN INGHILTERRA**
   Non fare domande troppo personali ai colleghi.

a. Rimani almeno 30 minuti in più rispetto al tuo orario di lavoro e non andare mai via prima del tuo datore di lavoro.

b. In questo Paese non apprezzano i ritardatari.

c. Il fine settimana è già iniziato!

d. Molte persone qui non bevono alcol per motivi religiosi e culturali.

e. Molta gente qui non ama parlare di cose private al lavoro.

f. Qui è normale usare le conoscenze per raggiungere gli obiettivi.

g. L'immagine è importante!

blog.vikingop.it

VIVERE E PENSARE ALL'ITALIANA

MA PIOVE!

TESTI: CHIARA PEGORARO
DISEGNI: VALERIO PACCAGNELLA

VAL E PIERO SONO A MILANO.

CHE MERAVIGLIA! TRE GIORNI A MILANO, FAREMO TANTE COSE, VERO?

CERTO, CERTO...

ALLORA, SABATO SERA ANDIAMO A VEDERE L'OPERA...

TEATRO ALLA SCALA

E DOMENICA POMERIGGIO C'È LA PARTITA DEL MILAN ALLO STADIO SAN SIRO, CHE BELLO!

SAN SIRO

OGGI POSSIAMO ANDARE A VEDERE IL DUOMO, TI VA?

TSK!

DUOMO

NON TI VA? ALLORA FACCIAMO UNA BELLA PASSEGGIATA SUI NAVIGLI?

MA PIOVE!

222

ATTIVITÀ

1 Per Val o per Piero?

Quando piove bisogna:

		V	P
1.	chiudersi in casa.	○	○
2.	fare cose normali.	○	○

		V	P
3.	coprirsi molto.	○	○
4.	prendere l'ombrello e uscire.	○	○

2 Rispondi alle domande su Milano. Come si chiama...

1. lo stadio della città? _____

2. il teatro dell'opera? _____

3. la galleria dello shopping in centro? _____

4. il famoso museo a Brera? _____

3 Trova i due verbi al futuro nell'episodio e scrivi accanto l'infinito.

FUTURO	INFINITO

FUTURO	INFINITO

1 Indovinelli

Abbina ogni indovinello all'immagine corrispondente. Attenzione: c'è un'immagine in più.

1 [ ] Fa il giro del mondo, ma rimane sempre fermo in un angolo.

2 [ ] Ha quattro gambe, ma non cammina.

3 [ ] Quando la usi, diventa più piccola.

4 [ ] Quando è pulita, è nera. Quando è sporca, è bianca.

5 [ ] Sta in casa quando è bel tempo, esce quando piove.

a	b	c	d	e	f

2 Oggetti essenziali

Inserisci i pronomi della lista nelle risposte, come nella domanda iniziale.

che | che | in cui | ✓cui | con cui

cui ⤵

Qual è l'oggetto senza ~~gli~~ *cui* gli abitanti del tuo Paese non sanno vivere?

Francisca, Argentina

Secondo me è la tazza per il *mate*, una bevanda molto forte generalmente beviamo in compagnia.

Kevin, USA

Sicuramente la macchina, ci spostiamo spesso anche per andare in posti vicini.

Patrizia, Italia

Il bidet, un oggetto presente in tutte le nostre case e usiamo tutti i giorni.

Akira, Giappone

Il *bento*, una scatola ogni mattina mettiamo il pranzo da portare in ufficio.

3 L'Italia dei superlativi

Completa le descrizioni con il superlativo relativo, come nell'esempio.

1. **università / antica**
   Bologna ha ___*l'università più antica*___ del mondo occidentale (1088).

2. **Stato / piccolo**
   In Italia c'è _____ del mondo, il Vaticano.

3. **numero / alto**
   L'Italia e la Cina hanno _____ di siti Unesco al mondo.

4. **festival di cinema / antico**
   La Mostra di Venezia è _____ (1932).

5. **strada / stretta**
   _____ d'Italia è a Civitella del Tronto, in Abruzzo (40 cm).

SEZIONE B Uso, riuso, regalo

4 Elettrodomestici
A quali elettrodomestici si riferiscono le istruzioni?

1. Mettere il cibo all'interno (non tutti i contenitori vanno bene per questo tipo di cottura). Selezionare il tempo e l'intensità. Aspettare il BIP. Attenzione: il cibo può diventare molto caldo in pochi minuti.

   elettrodomestico: _____

2. Mettere i vestiti all'interno (separare i tessuti o i colori troppo diversi). Aggiungere il sapone e l'ammorbidente. Selezionare il tipo di lavaggio e la temperatura.

   elettrodomestico: _____

3. Togliere eventuali resti di cibo da piatti e pentole. Non è necessario sciacquarli. Inserire le stoviglie in modo ordinato nella macchina. Aggiungere il detersivo in polvere o in gel e selezionare il programma.

   elettrodomestico: _____

5 Il condizionale presente
Coniuga i verbi tra parentesi al condizionale e poi abbina le frasi o parti di frasi, come nell'esempio.

1. Buongiorno, sono l'architetto Bianchini. *g*
2. Ci (*piacere*) _____ vedere quel film,
3. (*Io – fare*) _____ un viaggio molto volentieri,
4. Sono quasi le nove. Per non fare tardi
5. Carlotta e Mauro (*dovere*) _____ fare un po' di sport:
6. Luisa (*volere*) _____ vivere a Milano,
7. Oggi vado a fare la spesa:

a. ma nei cinema della nostra città non c'è.
b. (*tu – venire*) _____ con me per aiutarmi a portare i sacchetti?
c. ma non riesce a trovare un lavoro lì.
d. non sono molto in forma.
e. ma non ho giorni di ferie.
f. (*voi – dovere*) _____ partire tra poco.
g. (*Lei – potere*) ___*Potrebbe*___ passarmi la Dott.ssa Rigoni?

6 Una restauratrice speciale
Sottolinea l'opzione corretta tra quelle evidenziate.

GIOVANNA, LA GIOVANE ARCHITETTA CHE RESTAURA LE FIAT 500 D'EPOCA

Giovanna ha 23 anni ed è laureata **in / entro** architettura. Ha sempre avuto la passione per le automobili storiche e **un po' / alcuni** anni fa ha comprato una vecchia 500 **da / di** riparare **perché / siccome** non aveva abbastanza soldi per comprarne una **in / cui** buone condizioni. Così ha cominciato **di / a** cercare informazioni sui forum online per restaurarla. Grazie **da / a** internet ha conosciuto tantissimi appassionati **con / di** auto d'epoca **che / di cui** l'hanno aiutata con molti consigli. Così è riuscita a **arrivare / raggiungere** il suo obiettivo. Le **piacerà / piacerebbe** usare la sua 500 tutti i giorni, ma cerca **a / di** non farlo troppo spesso perché le auto d'epoca non sono ecologiche. Giovanna ha poi restaurato molte altre Fiat 500 per lavoro e ha **anche / cioè** creato un canale YouTube per spiegare come fa. Infatti, su internet c'erano molte spiegazioni scritte, ma **fino / entro** a oggi non esistevano dei *videotutorial* per imparare. Il suo canale si chiama "Nana's Garage" e ha **migliaio / migliaia** di iscritti. Se anche voi amate le Fiat 500, **dovreste / dovresti** unirvi a loro!

repubblica.it

SEZIONE C Annunci immobiliari

7 Parole della casa
Abbina le parole a sinistra e quelle a destra.

1. doppi
2. cucina
3. angolo
4. metri
5. senza
6. piano

a. terra
b. cottura
c. ascensore
d. servizi
e. quadrati
f. abitabile

8 La casa ideale
Completa il testo con le parole della lista. Attenzione: c'è una parola in più.

piante | ascensore | ottimo | terrazza
angolo | luminose | arredato | attico
metro quadrato | piccolo

Marta

Il mio sogno sarebbe vivere in un _____.
Infatti, le case all'ultimo piano sono sempre molto _____ e spesso hanno anche una bella _____.
Adoro le _____ e avere uno spazio all'aperto è importante per me.
L'appartamento può anche essere _____, le dimensioni non sono un problema. Siccome vivo da sola e mangio spesso fuori casa, per me andrebbe bene anche un monolocale con un _____ cottura.
L'_____? Non ne ho bisogno: fare le scale a piedi è un _____ modo per restare in forma! L'ultimo desiderio? Sono appassionata di mobili vintage, quindi lo vorrei _____ con stile!

9 Una casa in affitto

52 ▶ *a* *Patrizio ha visitato una casa da affittare e ne parla con Chiara, la compagna. Ascolta e sottolinea l'opzione corretta tra quelle evidenziate.*

1. Patrizio ha parlato dell'ascensore con **l'agente immobiliare / con un abitante del palazzo**.

2. **Riparare il vecchio ascensore / Sostituire l'ascensore** costa troppo.

3. Chiara e Patrizio adesso hanno **un angolo cottura / una cucina piccola**.

4. Per Chiara la cosa più importante è **il silenzio / la terrazza**.

5. Alla fine Chiara e Patrizio decidono di **prendere / non prendere** questa casa.

b *Adesso leggi l'annuncio della casa in affitto e correggi le informazioni false, come nell'esempio.*
Puoi riascoltare il dialogo più volte. Sono possibili soluzioni diverse.

l'ascensore è vecchio e non funziona

AGENZIA IMMOBILIARE "CASA MIA"

Appartamento di tre stanze in zona centrale. Quinto piano con ascensore nuovo. Cucina abitabile con piccolo tavolo, lavastoviglie e forno. Molto silenzioso. Camera matrimoniale con vista panoramica. Terrazza.

'ALMA.tv ▶

Guarda il video
Casa dolce casa nella rubrica
Italiano in pratica.

ITALIANO IN PRATICA

SEZIONE D Dove devo buttarlo?

10 Risposte logiche
Seleziona la risposta logica.

1. **Le serve una mano?**
   - ○ Sì, grazie. Molto gentile.
   - ○ No, no, ce l'ho, grazie.

2. **Grazie mille del Suo aiuto.**
   - ○ Meno male.
   - ○ Non c'è di che.

3. **I bicchieri rotti vanno nel cassonetto del vetro?**
   - ○ Si figuri.
   - ○ Non ne ho idea.

4. **Vuoi questo televisore? Non è nuovo, ma funziona perfettamente.**
   - ○ No, grazie, non ne ho bisogno.
   - ○ Va bene, lo prendo anche se è da riparare.

5. **Perché butti questo tavolo?**
   - ○ Perché mi serve a casa.
   - ○ Mi serve spazio a casa.

11 Abitudini del passato
Completa con le parole della lista.

fumare | **raccolta** | **mentre** | **avere**
senza | **prendere** | **cintura** | **andare**

Come cambiano i tempi! Oggi è impossibile (o quasi):

1. vivere _____ password

2. _____ in treno o in aereo

3. _____ in motorino senza casco

4. _____ l'aereo con spray, forbici, ecc.

5. non _____ il cellulare o una mail

6. non mettere la _____ di sicurezza in auto

7. non fare la _____ differenziata

8. parlare al telefono _____ guidi

12 Ogni rifiuto nel cassonetto giusto
*Sottolinea l'opzione corretta tra quelle **evidenziate**.*

1. SACCHETTO DI PLASTICA

Il sacchetto di plastica non va nel cassonetto della carta. **Quindi / Siccome** segui questa regola: se **ci / in cui** metti la carta da buttare, ricorda **a / di** lasciarlo nel cassonetto della plastica.

2. POST-IT

Dove devi buttare i post-it **cui / che** usi per la lista della spesa o **a / in** ufficio? Te **lo / li** diciamo noi: insieme alla carta e al cartone.

3. GLI SCONTRINI

Gli scontrini sono fatti di una carta speciale, **impossibile / possibile** da riciclare. **Allora / Ecco** perché devi buttarli nell'indifferenziato.

4. BUSTINA DI TÈ

Non c'è niente di **meglio di / meglio** una bella tazza di tè. E dopo? **Bisogna / Butta** l'etichetta nel cassonetto della carta e la bustina di tè usata nel cassonetto dell'umido.

comieco.org

9 ESERCIZI

SEZIONE A Matrimoni

1 Stare per + infinito o stare + gerundio?
Completa le frasi con la costruzione corretta.

1. dormire

Manuela _____
_____.

Paola _____
_____.

2. bere

Noi _____
_____.

Matteo _____
_____.

3. fare

Ilaria _____
_____
un colloquio di lavoro.

Loro _____
_____
un colloquio di lavoro.

4. comprare

La donna con i capelli rossi _____
il biglietto.
L'uomo con la maglietta blu _____
il biglietto.

2 I divorzi in Italia
Abbina le parti a sinistra e quelle a destra e forma frasi.

In Italia continua a aumentare il numero di divorzi.
Ecco i dati:

1. Il 30% delle coppie
2. In media i matrimoni
3. L'85,5% dei coniugi si
4. Il 58,5% delle coppie che
5. L'età media di chi divorzia
6. È boom di separazioni tra

a. lascia di comune accordo.
b. è 47 anni per gli uomini e 44 per le donne.
c. sposate divorzia.
d. durano 17 anni.
e. gli uomini che hanno più di 60 anni.
f. divorzia ha figli.

ilfattoquotidiano.it

3 Sapere e conoscere al passato
Coniuga i verbi tra parentesi al passato prossimo o all'imperfetto e risolvi gli anagrammi.

1. Un anno dopo il divorzio, Giandomenico si è **OAITSRPSO** _____ con una donna che (lui – conoscere) _____ dai tempi della scuola.
2. Che bello, oggi (io – sapere) _____ che Aurora è **TICNINA** _____! Aspetta una bambina.
3. Mirella è **OVDEAV** _____. È stata sposata con un uomo che è morto dieci anni fa. Davvero non lo (tu – sapere) _____?
4. I genitori di Angelo sono separati. Un mese fa (io – conoscere) _____ la sua **ANTMIRGA** _____, non è molto simpatica.
5. Ieri io e Lara (conoscere) _____ una signora che fa la **ADBENTA** _____. Potrebbe aiutarci con il nonno. Che ne pensi?

'ALMA.tv ▶

Guarda il Linguaquiz
Conoscere e sapere.

SEZIONE B La parità in casa

4 Connettivi
Sottolinea l'opzione corretta tra quelle **evidenziate**.

Le pulizie di casa, ancora un lavoro per donne

Nel nostro Paese il *gap* tra uomo e donna non è forte come in passato **ma / e** ancora esiste: le donne che in una famiglia si occupano delle pulizie sono il 56%, una media più alta che nel resto d'Europa (49%). Anche la collaborazione fra i partner nel lavoro in casa è insoddisfacente, **mentre / infatti** solo il 19% delle coppie collabora (30% in Europa).

La stessa situazione troviamo per la cura dei figli: gli uomini sono più presenti di prima, **comunque / invece** non abbastanza. **Prima di tutto / Insomma**, gli stereotipi della donna che cucina, stira, fa le pulizie e si occupa dei figli, e dell'uomo che lavora soprattutto fuori di casa, sono **evidentemente / evidente** ancora vivi.

Ci spiega la sociologa Chiara Saraceno: "Negli ultimi anni gli uomini hanno iniziato a collaborare di più, **o / ma** sono ancora selettivi. **Per esempio / Comunque** si occupano dei figli ma non amano fare le pulizie in casa. **Insomma / Prima di tutto** perché i lavori di routine sono "distruttivi" fisicamente. **Inoltre / Siccome** non danno una gratificazione immediata.

Non è facile uscire da questa situazione: gli uomini dicono che non collaborano in casa **invece / perché** non hanno un "senso pratico" per questo tipo di lavori. La verità è che gli uomini **storici / storicamente** hanno avuto più potere e hanno scelto di non occuparsi della casa e della famiglia. Le donne **invece / mai** non hanno avuto la possibilità di scegliere. Ma è arrivato il momento di cambiare."

donnamoderna.com

5 Parità e faccende domestiche
Completa l'articolo con le parole della lista.

parte | solamente | neanche | invece | secondo
mai | partner | dopo | tutto | infatti | non

PULIRE CASA FA MALE ALLA COPPIA

_____ lo Spontex HomeLoving Project, le pulizie di casa sono il motivo principale di conflitto all'interno di una coppia. _____, sei italiani su dieci (63%) litigano frequentemente con il _____ su questo punto.

La maggior _____ degli uomini dice che la compagna "vuole avere _____ sotto controllo" (71%), "vuole fare tutto lei" (66%) e "si sente l'unica padrona di casa" (63%). Le donne invece dicono che gli uomini "_____ vogliono fare niente" (63%), "non aiutano _____" (61%) e "fanno _____ le cose che gli piacciono" (58%).

I problemi non finiscono _____ quando la coppia trova un accordo sulla divisione del lavoro: infatti lei generalmente preferisce pulire casa la mattina, _____ lui preferirebbe farlo _____ cena.

dilei.it

6 Lavare i vestiti
Completa le istruzioni con le parole appropriate. Sono possibili più soluzioni.

come _____ il bucato

- separa i _____ di abbigliamento in 4 gruppi: neri, bianchi, colorati, delicati

- decidi quale gruppo lavare per primo e mettilo nella _____
- seleziona la temperatura e il programma adatto al tipo di _____ (lana, cotone, ecc.)

- _____ il sapone nella macchina

- quando il lavaggio è finito, _____ immediatamente i vestiti (preferibilmente all'aperto)

- quando i vestiti sono asciutti: se li devi _____, fallo subito e mettili nell'armadio dopo qualche ora

SEZIONE C
"Tipicamente" italiano?

7 Un nuovo modo di vivere
Ordina le parole delle liste a destra e forma le frasi dell'articolo. Sono possibili più soluzioni.

In _____ _____ _____. In Italia l'età media nel 2065 sarà di 50 anni.	diventa | vecchi sempre | si Occidente | più
In _____ _____ _____ in comunità: con gli amici.	Danimarca | di nascendo | modo vivere | un sta | nuovo
Il modello sono villaggi _____ _____ _____ dividono gli spazi comuni con gli altri membri della comunità.	in | casa | abitante una | cui | ogni ha | e | si
Una _____ _____ _____ aiuta a socializzare e a non sentirsi soli.	utile | anche | i soluzione | single che | per | genitori

quifinanza.it

8 Stereotipi
Guarda tutti i pronomi si *evidenziati nell'articolo e* sottolinea *quelli impersonali.*

Gli stereotipi non sono cambiati moltissimo. In una mappa spagnola del 1761 che si trova nella biblioteca nazionale di Madrid, si vedono i diversi popoli europei e si leggono le opinioni dell'epoca su alcuni di loro:

- gli inglesi sono tutti biondi e si ubriacano spesso perché bevono molta birra
- in Spagna non si può parlare male della corrida: la adorano tutti
- si capisce subito chi viene dalla Germania: i tedeschi sono tutti altissimi e robusti
- i francesi hanno un bell'aspetto e si vestono sempre alla moda
- con gli italiani si deve stare attenti: gli uomini sono gelosissimi.

foliamagazine.it

9 Notizie al telegiornale

53 ▶ *a Ascolta: vero (V) o falso (F)?*

	V	F
1. La manifestazione per la pace c'è già stata.	○	○
2. La squadra di pallavolo italiana ha vinto contro il Brasile.	○	○
3. Il festival di Venezia comincia con una festa dentro un cinema.	○	○
4. Prima gli italiani cucinavano più spesso.	○	○
5. Domani in Italia ci sarà brutto tempo.	○	○

b Ascolta ancora e completa con le parole mancanti.

Politica interna
Oggi pomeriggio a Roma grande manifestazione per la pace. Parteciperanno più di _____ persone provenienti da tutta Italia.

Sport
Dopo _____ difficoltà, ieri incredibile vittoria della squadra femminile italiana di pallavolo contro la Polonia. Le ragazze della nazionale _____ _____ giocare la finale contro il Brasile, in diretta tra un'ora su questo canale.

Cultura
Al via domani l'_____ edizione del festival del cinema di Venezia. Stasera la festa di apertura sulla terrazza dell'hotel Danieli. Presenti le _____ star del cinema internazionale.

Costume e società
Cambiano le abitudini degli italiani a tavola.
_____ _____ ancora molto per il cibo, ma _____ _____ meno. Aumenta _____ la vendita di piatti pronti nei supermercati.

Meteo
Da domani il tempo peggiora _____.
Stanno _____ _____ forti piogge in tutta Italia e freddo _____ al nord.

ITALIANO IN PRATICA

SEZIONE D Diamoci del tu!

10 Dare del tu o del Lei

In generale queste persone si danno del tu o del Lei in questi contesti?

	DEL TU	DEL LEI
1. il figlio alla madre dà...	○	○
2. un ragazzo a un anziano che non conosce dà...	○	○
3. due colleghi che lavorano insieme da molto tempo si danno...	○	○
4. due ragazzi si danno...	○	○
5. un cameriere in un ristorante al cliente dà...	○	○

11 Dare del tu: sì o no?

a *Sottolinea l'opzione corretta tra quelle* **evidenziate**.

QUANDO IL "TU" DIVENTA MALEDUCATO

Scena: aeroporto di Milano Linate, sala delle partenze, quattro **del / –** pomeriggio. Un uomo va **a / al** bar e ordina un caffè. Il barista **glielo / gli** fa, lui lo beve, non **le / gli** piace. **Allora / Siccome** l'uomo dice al barista, che ha **circa / mentre** 50 anni: "Ehi, guarda che il caffè non **si / –** fa così".

Domanda: perché **qualche / alcune** persone danno del tu ai baristi, ai camerieri, ai commessi? Voi direte: ma è una piccola cosa! D'accordo: **ma / o** spesso le piccole cose creano grandi problemi. Dare del tu a baristi, commessi, camerieri è maleducato. Perché loro devono **– / a** dare del Lei ai clienti. E allora non c'è parità.

Il tu si **può / possono** usare **quando / mentre** l'interlocutore è molto più giovane. Quando tutte e due le persone possono usarlo. Quando **si chiede / chiede**: *Ci diamo del tu?* Quando è un modo di manifestare simpatia o di creare unione. In questi casi, **chi / che** lo riceve è contento.

Devo dire che mi dispiace quando i miei colleghi giovani **mi / me** danno del Lei. **Sicuramente / Sicura** lo fanno per essere educati, ma io mi chiedo sempre: non mi danno del tu perché **sono / ho** i capelli grigi?

In ogni caso **– / non** c'è dubbio: troppa formalità è meno grave di troppa informalità!

Beppe Severgnini, *Italians*

b *Indica se le frasi sono vere (V) o false (F).*

Secondo Severgnini:

	V	F
1. il cliente del bar è stato maleducato.	○	○
2. si dà sempre del tu ai commessi.	○	○
3. si dovrebbe dare del Lei a tutti.	○	○
4. è brutto quando i colleghi giovani gli danno del Lei: si sente vecchio.	○	○
5. nel dubbio tra il tu o il Lei, meglio dare del Lei.	○	○

12 Corretto o scorretto?

Fa' tutte le modifiche necessarie nei dialoghi.

Infermiera: Ti senti bene?
_____

Paziente: Sì, grazie, signora.
_____

Collega: Piacere, Roberto Porro. E Lei?
_____

Collega: Carolina Ricci. Possiamo darci del Lei?
_____

Ragazzo: Senta, come è andato l'esame?
_____

Ragazza: Credo bene, e il Suo?
_____

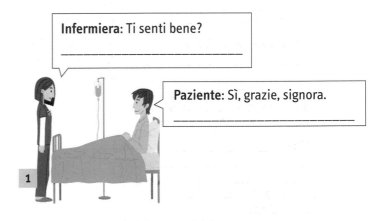

VIVERE E PENSARE ALL'ITALIANA
BACI E ABBRACCI

TESTI: CHIARA PEGORARO
DISEGNI: VALERIO PACCAGNELLA

1 Completa con il verbo tra parentesi nella forma impersonale con *si*. Poi indica se le informazioni sono vere o false.

In Italia:

                                                            V   F

1. (*abbracciare*) _____ _____ gli estranei in ogni tipo di contesto.   ○ ○

2. spesso (*dare*) _____ _____ baci sulle guance per salutare qualcuno.   ○ ○

3. (*baciare*) _____ _____ prima la guancia sinistra.   ○ ○

2 Leggi i due messaggi: qual è la forma base delle due parole **evidenziate**? La trovi nell'episodio!

Come stai? Ci vediamo presto?
Tanti **bacini** ♥

Un **bacione** da Venezia!

SEZIONE A Street food all'italiana

1 Lo spritz
*Sottolinea l'opzione corretta tra quelle **evidenziate**.*

> Gli italiani lo chiamano "spritz" (o "spriss" a Venezia, dove l'hanno inventato), **mentre / quando** gli americani lo chiamano "sole nel bicchiere". È diventato una bevanda di successo negli Stati Uniti e **infatti / però** oggi si trova in **tutti / ogni** cocktail bar di New York. Il prestigioso quotidiano New York Times spiega in un articolo **siccome / perché** gli americani adorano questo long drink veneziano, colorato e fresco.
>
>
>
> Prima **di / per** tutto, l'America ama lo spritz perché è un aperitivo facile **da / di** preparare: prosecco, Aperol e acqua frizzante o seltz. **Più / Inoltre** è un cocktail leggero e poco alcolico, che **si / –** può bere tutta la notte (a Venezia si **cominciano / comincia** a berlo nei bar e nelle osterie già **prima / dopo** di pranzo). **Però / Infine** viene dall'Italia, un Paese associato alla moda e all'eleganza.
> **Comunque / Insomma** non c'è solo lo spritz: in America, infatti, **sono / stanno** ottenendo un grande successo anche bevande italiane molto **amare / salate** come il Campari, il Fernet Branca e il Cynar.
>
> huffingtonpost.it

L'ORA DELL'APERITIVO A VENEZIA

2 Specialità "da strada"

33 ▶ *Completa le parti di dialogo. Devi ordinare le parole di ogni lista e inserirle nel punto corrispondente. Poi ascolta e verifica.*

1. **succede | come | alimentari | stanno | abitudini cambiando**
2. **la | basta | però | tradizionale | più | pizza | non**
3. **latticini | parmigiano | molte | perché intolleranti | persone | ai | sono**
4. **e | forse | sempre | viviamo | più freneticamente | perché**
5. **specialità | sono | che | dimentichiamo di | street food | dolci, | come | molte**
6. **comprare | in | tutti | altre | supermercati mentre | possono | si | i**

---

giornalista
Gli italiani hanno meno tempo per mangiare?
Le nostre [1] _____
_____
_____ in altri Paesi?

---

pizzaiolo
Eh... Tutti amano ancora la classica pomodoro e mozzarella, [2] _____
_____
_____, quindi abbiamo dovuto creare tante ricette... diciamo più "moderne"...

---

pizzaiolo
Poi abbiamo ridotto l'uso di mozzarella e [3] _____
_____
_____.

---

giornalista
Il cibo "da strada" sta vivendo un momento di grande successo in tutto il mondo, [4] _____
_____
_____ non abbiamo più tempo per mangiare seduti a tavola...

---

giornalista
Non [5] _____
_____
_____ la deliziosa granita siciliana di frutta o caffè. Alcune di queste ricette sono abbastanza difficili da trovare fuori dalla regione di provenienza, [6] _____
_____
_____ della penisola, come la piadina.

SEZIONE B **Non lo mangerò mai!**

3 I migliori chef al mondo
Completa l'articolo con le parole della lista.

di | inoltre | che | cioè | tra | volta
mentre | però | migliore | terzo

Per la seconda _____

Massimo Bottura ha ricevuto a Bilbao il premio per il

_____ ristorante del mondo (_____ il *World's 50 Best Restaurants*) con la sua Osteria Francescana di Modena, _____ il secondo posto va a un ristorante spagnolo di Girona e il _____ a un ristorante di Mentone, in Francia. Nella classifica sono _____ presenti altri quattro chef italiani. _____ i vincitori ci sono anche: Clare Smyth, migliore chef donna dell'anno (è nordirlandese, _____ lavora a Londra), Gastón Acurio, peruviano _____ Lima e Cédric Grolet, _____ fa il pasticciere in Francia, a Parigi.

repubblica.it

4 Frasi equivalenti
Seleziona la frase con lo stesso significato della frase evidenziata.

1. **Per me non ha senso mangiare cibo italiano quando vado all'estero.**
   ○ Secondo me, mangiare cibo italiano all'estero è un'ottima idea.
   ○ Secondo me, mangiare cibo italiano all'estero è una pessima idea.

2. **Evito sistematicamente di comprare carne al supermercato.**
   ○ Non compro mai carne al supermercato.
   ○ Cerco di non comprare carne al supermercato.

3. **Quando viaggio, al ristorante ordino solo ricette locali. Idem per il vino.**
   ○ Quando viaggio, al ristorante ordino solo ricette e vino locali.
   ○ Quando viaggio, al ristorante ordino solo ricette locali, ma non bevo vino.

5 Pronomi e passato prossimo
Completa con i pronomi della lista e la vocale corretta del participio passato.

ne | ci | le | l' | mi | ne | li

1. In questo ristorante fanno molte ricette interessanti.
   _____ vengo spesso e _____ ho assaggiat☐ molte.

2. Queste verdure non sono di stagione.
   Dove _____ hai comprat☐?

3. Al matrimonio di Carlotta c'erano davvero troppi piatti (tre antipasti, due primi e due secondi).
   Non _____ ho assaggiat☐ tutti.

4. Questa chef è molto famosa. _____ ho vist☐ spesso in TV.

5. Flavio _____ ha chiesto di comprare due confezioni di fragole, ma _____ ho pres☐ solo una.

6 Prodotti a chilometro zero
Inserisci le parole della lista nell'articolo, come nell'esempio. Le parole sono in ordine.

✓che | aziende | tra | potrai
vicino | cui | i | si | come | per

che

Un prodotto a chilometro zero è un alimento arriva da agricole della tua zona. Con i prodotti a chilometro zero, la distanza produttore e consumatori è minima. Questo significa che se abiti in Val d'Aosta non mangiare arance tutti i giorni e che a Firenze al mercato casa non troverai la zucchina bianca di Trieste.

La cultura del chilometro zero è sempre più comune in Italia. Per esempio, forse nella piazza del tuo paese c'è un distributore automatico di latte, o forse si organizzano mercati in i contadini della zona possono vendere loro prodotti.

Di solito quando si dice "chilometro zero", parla di frutta, verdura, cereali e carne, o prodotti formaggi e vino.

Ma con il tempo il significato della parola si è arricchito e ora si possono anche fare, esempio, vacanze a chilometro zero.

ohga.it

SEZIONE C Errori e orrori in cucina

7 La cucina peggiore del mondo
Completa con le parole mancanti.

"Cucinaremale" è una pagina Facebook _____ oggi ha migliaia di iscritti. _____ inizio doveva essere semplicemente una vetrina di "disastri in cucina", ma presto _____ _____ trasformata in una parodia dell'attuale ossessione culinaria. Raccoglie le foto e le storie di persone che, anche se _____ provano, non sono _____ niente brave a cucinare. Ci trovate foto di torte brutte, uova rotte _____ errore, sughi fatti con ingredienti assurdi, verdure bruciate. Vietato bluffare con foto prese da internet o piatti fatti male intenzionalmente _____ ottenere più *like*: tutto deve essere autenticamente orribile.

Divertentissimi i commenti:

"Un piatto così non _____ mangio neanche se sto morendo di fame!"

"La batteria del computer è un piatto più sano _____ questo!"

"Questa torta _____ puoi usare per giocare a frisbee."

dissapore.com

8 Risposta logica
Seleziona la risposta logica (in un caso sono due).

1. ▶ Ho una cattiva notizia: la torta si è bruciata.
   ○ Uffa, volevo assaggiarla!
   ○ Dipenderà dal forno, è vecchissimo.

2. ▶ Per TripAdvisor questo è il miglior ristorante di Pisa.
   ○ Che noia, tutte queste critiche!
   ○ Sarà vero?

3. ▶ Mi dispiace, non abbiamo piatti vegani.
   ○ Ottima idea!
   ○ Che disperazione!

4. ▶ Ho fatto un corso per diventare *sommelier*.
   ○ Che bravo!
   ○ Non c'è di che.

9 La pasta alla carbonara
*Leggi il testo e poi sotto <u>sottolinea</u> l'opzione corretta tra quelle **evidenziate**.*

La carbonara è uno dei piatti preferiti degli italiani: secondo una ricerca Doxa-AIDEPI, è tra le 3 ricette del cuore dei *millennials*, con le lasagne e gli spaghetti al pomodoro, e la preferita in assoluto per il 18% degli italiani... Ma poi si litiga sulla ricetta perfetta. Guanciale sì, pancetta no... Bacon: non ne parliamo neanche.

Pecorino sì, parmigiano no, ma il mix dei due formaggi è ok per qualcuno.

L'olio? Assolutamente no per molti, mentre altri lo mettono.

Il tipo di pasta? Per alcuni si deve usare per forza lo spaghetto, mentre altri preferiscono la pasta corta, come i rigatoni.

L'uovo: intero o solo il rosso? Dipende da quante porzioni si devono preparare (per enormi quantità un po' di bianco può essere utile).

Aglio e cipolla sarebbero da evitare, ma poi molti non seguono questa regola (di nascosto!).

È invece meglio non parlare neanche della possibilità di aggiungere la panna, se si vogliono evitare incidenti diplomatici internazionali.

repubblica.it

1. **Le lasagne sono / La carbonara è** il piatto preferito per il 18% degli italiani.

2. Il bacon **si può / non si può** mettere nella carbonara.

3. Per la carbonara **c'è / non c'è** un solo tipo di formaggio adatto.

4. **Alcuni / Tutti** aggiungono l'olio.

5. **Sicuramente / Secondo qualcuno** è meglio usare gli spaghetti.

6. Il bianco dell'uovo si può aggiungere se si cucina per **poche / molte** persone.

7. Nessuno in Italia mette **la cipolla / la panna**.

'ALMA.tv ▶

Guarda il video *Spaghetti alla carbonara* nella rubrica L'italiano per la cucina.

ITALIANO IN PRATICA

SEZIONE D Cono o coppetta?

10 Come comprare da mangiare in Italia
Completa l'articolo con le parti di testo della lista.

a volte è gratis (soprattutto al sud), a volte no. | sistematicamente con il caffè. In genere la mancia |
piccola, in genere si scelgono uno o due gusti | esiste una regola precisa, osservate i clienti abituali e fate come loro |
ma non tutti la danno | paga: se non lo volete, rimandatelo indietro. | è possibile sedersi senza costi extra, a volte |
si chiedono "a fette". Bisogna indicare

1. In una pizzeria al taglio

La pizza non si chiede "a fette", ma in modo approssimativo, per esempio così: *Mi dà un pezzo piccolo con i funghi? No, più piccolo. Ok, così.*
Alla domanda *Mangia qui o porta via?* si risponde *Mangio qui.* o *Porto via.*

2. Al banco freschi al supermercato

Anche i salumi non _____
_____
la quantità che si desidera, per esempio:
Volevo due etti di prosciutto, per favore.

3. Al ristorante

Raramente in Italia si fa un pasto completo (antipasto, primo, secondo e contorno, dolce). Molte persone prendono uno o due piatti. Ma il pasto si conclude quasi
_____
_____, cioè i soldi
che si lasciano alla fine per i camerieri, corrisponde al 10% del conto, _____
_____. Se sullo scontrino c'è scritto "servizio", la mancia è compresa nel conto.
Il pane spesso si _____
_____.

4. Al bar

A volte si paga prima di ordinare al banco, a volte dopo: non _____
_____! Lo stesso vale per i tavolini: a volte _____
_____ si paga (soprattutto nei luoghi turistici).

5. In gelateria

Se si prende un cono o una coppetta _____
_____...
Di più e fino a quattro per coni e coppette più grandi.
La panna _____

11 Frasi utili sul cibo
Completa le frasi a sinistra con le parole della lista. Poi a destra abbina funzioni e frasi.
Attenzione: in un caso una funzione corrisponde a due frasi.

panna | gusto | salato | cono | granita | senso

1. Ho voglia di qualcosa di _____.
2. Che ne dici di una _____?
3. Non ha _____ ordinare antipasto, primo e secondo: è troppo!
4. Scusi, questo verde che _____ è?
5. Un _____ da 3 euro, grazie.
6. Una coppetta con la _____, grazie.

FUNZIONE	FRASE NUMERO
ESPRIMERE UN'OPINIONE	_____
RICHIEDERE UN'INFORMAZIONE	_____
ESPRIMERE UN DESIDERIO	_____
RICHIEDERE UN PRODOTTO	_____
PROPORRE	_____

ZOOM GRAMMATICALE

AGGETTIVI

aggettivo	comparativo di maggioranza	superlativo assoluto	superlativo relativo
buono	più buono / migliore	buonissimo / ottimo	il più buono / il migliore
cattivo	più cattivo / peggiore	cattivissimo / pessimo	il più cattivo / il peggiore
grande	più grande / maggiore	grandissimo / massimo	il più grande / il massimo
piccolo	più piccolo / minore	piccolissimo / minimo	il più piccolo / il minore

PRONOMI

diretti	indiretti	riflessivi	dopo una preposizione
mi	mi	mi	(con) me
ti	ti	ti	(con) te
lo / la / La	gli / le / Le	si	(con) lui / lei / Lei
ci	ci	ci	(con) noi
vi	vi	vi	(con) voi
li / le	gli	si	(con) loro

combinati

	lo	la	li	le	ne
mi	me lo	me la	me li	me le	me ne
ti	te lo	te la	te li	te le	te ne
gli / le / Le	glielo	gliela	glieli	gliele	gliene
ci	ce lo	ce la	ce li	ce le	ce ne
vi	ve lo	ve la	ve li	ve le	ve ne
gli	glielo	gliela	glieli	gliele	gliene

PREPOSIZIONI E LOCUZIONI

a	*Ho preso la patente a 25 anni.* *Sai giocare a tennis?* *Lo yoga serve a rilassarsi.* *Lo sport aiuta a dormire meglio.* *Quando hai cominciato a ballare tango?* *Ho provato a telefonarti, ma non mi hai risposto.*
da	*Studiamo italiano da 6 mesi.* *Da bambina mia sorella era molto timida.* *In Italia ci sono molte città da scoprire.*
di	*Devo finire di preparare la valigia.* *Per favore, cerca di non fare tardi!* *Diego e Marina hanno smesso di frequentarsi.*
entro	*Bisogna pagare l'iscrizione al corso entro venerdì.* *Chiamami entro le 20, poi sono al cinema.*
per	*Viola ha studiato violino per 5 anni.*
prima di	*Prima di partire devo portare il gatto da Tobia.*
tra / fra	*Enzo e Clara si sposano tra qualche mese.*

AVVERBI

lento	>	lentamente
veloce	>	velocemente
naturale	>	naturalmente
particolare	>	particolarmente

VERBI

PASSATO PROSSIMO DEI VERBI RIFLESSIVI

SVEGLIARSI	
io	**mi sono** svegliat**o/a**
tu	**ti sei** svegliat**o/a**
lui / lei / Lei	**si è** svegliat**o/a**
noi	**ci siamo** svegliat**i/e**
voi	**vi siete** svegliat**i/e**
loro	**si sono** svegliat**i/e**

ZOOM GRAMMATICALE

VERBI

IMPERFETTO REGOLARE

	-ARE	-ERE	-IRE	-IRE
io	andavo	avevo	dormivo	finivo
tu	andavi	avevi	dormivi	finivi
lui / lei / Lei	andava	aveva	dormiva	finiva
noi	andavamo	avevamo	dormivamo	finivamo
voi	andavate	avevate	dormivate	finivate
loro	andavano	avevano	dormivano	finivano

IMPERFETTO IRREGOLARE

	ESSERE	FARE	DIRE	BERE
io	ero	facevo	dicevo	bevevo
tu	eri	facevi	dicevi	bevevi
lui / lei / Lei	era	faceva	diceva	beveva
noi	eravamo	facevamo	dicevamo	bevevamo
voi	eravate	facevate	dicevate	bevevate
loro	erano	facevano	dicevano	bevevano

IMPERATIVO REGOLARE

	tu	Lei	noi	voi
ASPETTARE	aspetta	aspetti	aspettiamo	aspettate
PRENDERE	prendi	prenda	prendiamo	prendete
DORMIRE	dormi	dorma	dormiamo	dormite
FINIRE	finisci	finisca	finiamo	finite

IMPERATIVO IRREGOLARE CON *TU / LEI*

	tu	Lei		tu	Lei
ANDARE	va', vai	vada	AVERE	abbi	abbia
BERE	bevi	beva	DARE	da', dai	dia
DIRE	di'	dica	ESSERE	sii	sia
FARE	fa', fai	faccia	TOGLIERE	togli	tolga
USCIRE	esci	esca	VENIRE	vieni	venga

GERUNDIO REGOLARE

-ARE	-ERE	-IRE
parlando	leggendo	dormendo

GERUNDIO IRREGOLARE

FARE → facendo   DIRE → dicendo   BERE → bevendo

FUTURO REGOLARE

	-ARE	-ERE	-IRE
io	lavorerò	prenderò	finirò
tu	lavorerai	prenderai	finirai
lui / lei / Lei	lavorerà	prenderà	finirà
noi	lavoreremo	prenderemo	finiremo
voi	lavorerete	prenderete	finirete
loro	lavoreranno	prenderanno	finiranno

FUTURO CONTRATTO

ANDARE → andrò	AVERE → avrò
DOVERE → dovrò	POTERE → potrò
VEDERE → vedrò	VIVERE → vivrò

FUTURO IRREGOLARE

ESSERE → sarò	BERE → berrò
DARE → darò	FARE → farò
RIMANERE → rimarrò	TENERE → terrò
VENIRE → verrò	VOLERE → vorrò

CONDIZIONALE PRESENTE REGOLARE

	-ARE	-ERE	-IRE
io	lavorerei	prenderei	finirei
tu	lavoreresti	prenderesti	finiresti
lui / lei / Lei	lavorerebbe	prenderebbe	finirebbe
noi	lavoreremmo	prenderemmo	finiremmo
voi	lavorereste	prendereste	finireste
loro	lavorerebbero	prenderebbero	finirebbero

CONDIZIONALE PRESENTE CONTRATTO

ANDARE → andrei	AVERE → avrei
DOVERE → dovrei	POTERE → potrei
VEDERE → vedrei	VIVERE → vivrei

CONDIZIONALE PRESENTE IRREGOLARE

ESSERE → sarei	BERE → berrei
DARE → darei	FARE → farei
RIMANERE → rimarrei	TENERE → terrei
VENIRE → verrei	VOLERE → vorrei

ALMA Edizioni | DIECI